Psychologie

in der Herderbücherei

Psychologie

in der Herderbücherei

Herderbücherei

Band 496

Über das Buch

Die Partnerwahl ist die folgenreichste Entscheidung im Leben. Wer sie vernünftig treffen will, sollte sich nicht damit beruhigen lassen, daß Liebe dem Spiel des Zufalls anheimgegeben sei. Denn Psychologie und Psychoanalyse haben die unbewußten und halbbewußten Motive, Wünsche und Ziele aufgeschlüsselt, die bei der Wahl des Partners zum Tragen kommen. Frühkindliche Prägungen, Geschwisterkonstellationen und überhaupt der jeweilige individuelle Lebensstil sind maßgebliche Faktoren bei der Partnerwahl. Kurzum: Wer mehr über sich selbst, seine geheimen Absichten und Gefühle weiß, der wird auch seine Partnerbeziehungen kritisch zu kontrollieren verstehen. Spätere – oft unkorrigierbare – Konflikte wären zu vermeiden, wenn über diese Fragen mehr sachkundige Informationen vorlägen. Gerade Eltern und Pädagogen stellt sich das dringliche Problem, wie sie jungen Menschen dabei helfen können, ihre Partnerbeziehungen konfliktfreier zu gestalten.

Reinhold Ruthe leistet in diesem Buch die längst fällige Aufklärungsarbeit über die Hintergründe der Partnerwahl, um so für Liebe und Partnerschaft neue Möglichkeiten zu erschließen. Untermauert durch Beispiele aus der Praxis der Eheberatung, stellt Ruthe allgemeinverständlich dar, was man heute in Psychologie und Psychotherapie von der Partnerwahl weiß. Wer sein Buch gelesen hat, dem wird Partnerwahl kein Spiel mit vielen Unbekannten mehr sein.

Über den Autor

Reinhold Ruthe, geboren 1927 in Löhne (Westfalen), leitet heute nach einer Zusatzausbildung zum Eheberater und einem individualpsychologischen Studium mit Lehranalyse eine evangelische Familienberatungsstelle für Lebens-, Ehe-, Verlobten- und Erziehungsfragen. Er ist außerdem als Dozent für Psychologie an einer staatlichen Krankenpflegeschule und an einem staatlichen Altenpflegeseminar tätig. Er schrieb zahlreiche Bücher über die Gebiete Sexualpädagogik, beratende Seelsorge, Pädagogik und Parapsychologie.

Reinhold Ruthe

Psychologie der Partnerwahl

Herderbücherei

Veröffentlicht als Herder-Taschenbuch
Lizenzausgabe mit freundlicher Genehmigung
des Claudius Verlages GmbH München

Inhalt

Vorwort

Die Liebe zwischen Frau und Mann ist eines der häufigsten Themen der Weltliteratur. Trotzdem ist sie dadurch nicht verständlicher geworden. Die meisten jungen Leute hoffen, daß ihnen einmal – vielleicht, wenn sie gar nicht daran denken – sozusagen aus heiterem Himmel die Liebe beschert werden wird.

Fast alle Mädchen träumen von der Liebe wie von einem paradiesischen Zustand, der ewig andauert (bis übers Grab hinaus), obwohl sie bei den eigenen Eltern diesen paradiesischen Zustand kaum antreffen können. Zwar wissen sie, daß heute vor dem Gesetz Frau und Mann gleichwertig und gleichberechtigt sind, und doch warten die meisten noch immer – wie im vorigen Jahrhundert – auf das Wunder der Liebe. Nur wenige werden aktiv und sehen sich selbst nach einem passenden Mann um, der ihren Vorstellungen und Träumen entspricht und den sie lieben könnten, falls er ihnen durch irgendwelche Zeichen zeigen oder mit Worten sagen würde, daß er sich für sie interessiere, sie näher kennenlernen möchte, ihre Freundschaft suche, sie verehre und sie liebe. Einige Mädchen machen die Erfahrung, daß zuviel weibliche Aktivität die Auserwählten zur Flucht veranlaßt.

Die jungen Männer, besonders die, die die Bindung zur elterlichen Familie im Selbständigkeitsstreben schon weitgehend gelockert haben, verlieben sich leicht und werben um das junge Mädchen, in das sie sich verliebt haben. Ob dieses „Verliebtsein" wirklich Liebe ist, können die jungen Männer nicht feststellen. Sie fühlen sich zutiefst beglückt, wenn sie merken, daß ihre Liebe erwidert wird. Sie dürfen gelegentlich Fehler machen und werden trotzdem bejaht, werden in ihrer Liebe ernst genommen, anerkannt, bewundert und in ihrem Mann-Sein ermutigt und in irgendwelchen Schwierigkeiten beraten. Man hat eine Freundin gefunden, bei der man sich aussprechen, über Schwierigkeiten klagen und sich – wenn man Ungerechtigkeiten hinnehmen mußte – auch gründlich ausschimpfen kann. Dadurch wird man einen ganzen Haufen von Aggressionen los und spürt, wie befreiend sich das auswirkt. So ein junger, verliebter Mann ist oft selbst über sich erstaunt, wie leicht es ihm fällt, sich innerlich zu wandeln, den eigenen Egoismus zu zügeln, Freude machen, sich um Verständnis bemühen und plötzlich andere Meinungen aufnehmen und gelten lassen kann.

Und doch: eine solche gefühlsgeschwängerte Verliebtheit kann zwar der Anfang einer echten, dauernden Liebesbeziehung sein, ist aber meist nur ein hochauflodernden Liebesfeuer, das oft schon nach kurzer Zeit – wie ein Strohfeuer – in sich zusammenfällt und verlischt. Dann war es wahrscheinlich nur eine starke sexuelle Anziehung, die nach Aufnahme sexueller Beziehungen (oft schon nach dem ersten Koitus) ihr eigentliches Ziel erreichte und verblüffend schnell ihr Ende fand. Trotzdem ist eine solche Erfahrung keineswegs unnütz gewesen. Beim nächsten Verliebtsein werden beide zurückhaltender und vorsichtiger sein, werden sich nicht mehr rosaroten Gefühlswallungen hingeben, sich realistischer verhalten und auch den Verstand miteinschalten. Beide werden sich gegenseitig Bewährungsaufgaben stellen, um sich ein sachlicheres Bild vom andern machen zu können.

Aber auch eine langdauernde, echte Liebesbeziehung braucht nicht unbedingt zu einer Ehe zu führen. Im Unterschied zu einer kurzen Verliebtheit wird man auf eine solche echte Liebe gern zurückblicken und sie als kostbare Erinnerung bewahren.

Liebe und Ehe werden oft als unbedingt zusammengehörig angesehen. Theoretisch kann sowohl ein Mädchen oder ein junger Mann lieben, ohne daß diese Liebe erwidert wird, und trotzdem weiterlieben. Wie schon erwähnt, kann eine Liebesbeziehung – aus irgendwelchen Gründen – nicht in eine Ehe einmünden. Unter besonderen Umständen kann eine Liebesbeziehung zwischen Frau und Mann ein ganzes Leben bestehenbleiben, obwohl die beiden Liebenden nicht heiraten. Auch eine Liebesheirat bietet keineswegs die hundertprozentige Sicherheit, daß sie ein Leben lang hält.

Im Grunde ihres Herzens streben auch heute noch und höchstwahrscheinlich auch weiterhin sowohl das junge Mädchen wie der junge Mann eine Heirat an. Obwohl viele heranwachsende Töchter und Söhne das elterliche Zusammenleben in der Familie keineswegs für vorbildlich halten und in Zeitschriften mit viel Überzeugungskraft behauptet wird, die Ehe sei „tot" und passe nicht mehr in unsere Zeit, hält auch weiterhin die Mehrzahl der jungen Leute wie die alten das Verheiratetsein für die beste Form des Zusammenlebens von Mann und Frau und die beste Möglichkeit der Erziehung der eigenen Kinder.

Wie die Statistik zeigt, hat die Ehefreudigkeit sogar bei denen zugenommen, die als Geschiedene auf eine mißglückte Ehe zurückblicken können. Man müßte meinen, sie hätten genug von einer Ehe, aber meist heiraten sie schon kurz nach der Scheidung wieder. Als sogenannte „gebrannte Kinder" lernten sie aus den Fehlern, die die Weiterführung der ersten Ehe unmöglich machten, und wählen mit verstärkter Sorgfalt den neuen Partner.

Freilich: das Zusammenleben von Eheleuten in unserer Zeit hat sich nachhaltig geändert. Viele Frauen bleiben auch nach der Heirat berufstätig, sind einerseits nicht mehr finanziell vom Ehemann abhängig und ermöglichen durch ihren Verdienst der Familie einen höheren Lebensstandard und den Kindern eine kostspieligere und längere Berufsausbildung. Aus dem Hausmütterchen von früher wurde eine Kameradin des Mannes, die sich nicht mehr seiner Autorität unterzuordnen hat. Weil sie sich auch außerhalb der Familie in ihrer Arbeit bewährt, persönliche Bekannte hat und Geld verdient, ist ihr weibliches Selbstgefühl gestiegen. Vielfach greift deshalb auch der Mann bei der Hausarbeit zu, hilft, wo er kann, und scheut sich nicht mehr, auch sogenannte weibliche Arbeiten zu übernehmen.

Trotzdem: die Ehescheidungsziffern nehmen zu. Von den 30 Millionen Eheleuten werden in der Bundesrepublik jährlich ca. 70 000 Ehen geschieden. Hinter diesen Zahlen verbergen sich tiefliegende Probleme, die die Eheleute nicht bewältigen konnten. Die Erwartungen an die Ehe sind eminent groß, die Vorbereitung darauf oft geradezu kläglich und die Kenntnis der unbewußten Motivation, die die Partnerwahl und das Zusammenleben beeinflussen, sehr gering.

Das Buch des Eheberaters Reinhold Ruthe will vorbeugend helfen, das Mißverhältnis von Sehnsucht und Erwartung auf der einen, und die Unkenntnis und Leichtfertigkeit auf der anderen Seite aufzuzeigen, die zu Ehekonflikten, Ehekrisen und Schwierigkeiten in der Ehe führen können oder müssen. Wer als einzelne oder als einzelner mit den eigenen Lebenskonflikten nicht fertig wurde, darf nicht erhoffen, daß er sie in einem festen

Partnerverhältnis sicher, oder wenigstens besser und leichter lösen können wird.

Anhand von Beispielen aus der Beratungspraxis werden die psychologischen Hintergründe aufgedeckt, die die Partnerwahl beeinflussen und sogar bestimmen. Es ist kein Rezeptbuch für Eheglück. Die eheliche Partnerschaft ist keineswegs nur eine Frage des Zusammenpassens, sondern eine Frage der Gemeinschaftsfähigkeit. Es geht um gegenseitige Verantwortung, um Treue, um das Bemühen, den Partner zu verstehen, um Geben und Bekommen, um gegenseitige Rücksicht und Nachsicht, und natürlich auch um sexuelles Zusammenstimmen und – das ist selbstverständlich – auch um echte Zuneigung und Liebe.

Trotz allem: das Risiko bleibt bei jeder Eheschließung. Harmonie und Dauer einer ehelichen Partnerschaft hängen ab von der beiderseitigen Gesinnung, den andern zu lieben, so wie er ist, und dem ernsthaften Streben, sich gegenseitig das Leben leichter zu machen. Ideale Partner gibt es nicht, aber jeder kann an sich – weniger am andern – arbeiten, ein besserer Partner für den andern zu werden, wenn er sich und seine verborgenen, unbewußten, psychologischen Zielsetzungen und Strebungen kennt.

Das Buch bietet für Eltern, Lehrer und Erzieher eine gründliche Information, wie wir Kindern und Jugendlichen helfen können, gemeinschaftsfähig – also gute Partner – zu werden, und wie Fehlentwicklungen aufgearbeitet werden können, ehe Jugendliche und Erwachsene Partnerschaften anzustreben beginnen.

Vielleicht hilft das Buch auch schon jungen Menschen, sich ihrer unbewußten Neigungen und Ziele bewußt zu werden und sich nicht mehr in unkontrollierten Sehnsüchten treiben zu lassen.

Kurt Seelmann

Menschliches Verhalten und Handeln
ist zielgerichtet

Das gilt auch für die Partnerwahl.

Frau B., 35 Jahre alt, erscheint in der Beratung als selbstsichere und selbstbewußte Frau. Ihr ganzes Auftreten verrät: sie weiß, was sie will. Ihr Mann, 32 Jahre alt, ist im Büro eines Steueranwalts tätig und ist als ausführendes Organ zuverlässig und arbeitet auf Anweisung willig und tatkräftig. Frau B. möchte, daß ihr Mann sich selbständig macht und sich als Steuerberater eine eigene Praxis einrichtet.

Die Gespräche ergeben: Frau B. ist als ältestes Kind mit vier Jahren Abstand von drei weiteren Geschwistern sehr schnell in eine Führungsrolle der Familie hineingewachsen. Die Mutter war schwach und kränklich, und Frau B. übernahm schon mit 8 Jahren wesentliche Mutterpflichten. Umsichtig und entscheidungsfreudig dominierte das Mädchen in der Familie. Schon als Kind entschied es sich für eine Rolle, nämlich die Aufsicht zu führen, zu bestimmen und die Geschicke der Familie mit zu lenken. Das Mädchen entschied sich zur Selbständigkeit, übernahm gern die Verantwortung und hatte mit 14 Jahren die Mutter völlig an die Wand gespielt.

Mit 23 Jahren lernte Frau B. den angehenden Steuerberater kennen, der bezeichnenderweise einige Jahre jünger war. Beide verstanden sich glänzend. Frau B. besaß in allem die Initiative, dominierte auf vielen Gebieten – durchaus mit sanfter Entschiedenheit. Der Mann hatte als Kind eine „wunderbare Mutti" gehabt, wie er meinte; war überbeschützt und verwöhnt worden. Seine Mutter hatte alles für ihn getan, hatte ihm alle Arbeit abgenommen und ihn entsprechend unmündig, unselbständig, entscheidungsunfähig und anlehnungsbedürftig gemacht. Der Mann war sehr intelligent, aber nicht in der Lage, ohne Anleitung und Anweisung zu arbeiten. Er brauchte eine starke „Mutter" über sich. Der Steueranwalt als Vorgesetzter übernahm diese

Mutterrolle im Beruf, Frau B. diese Rolle in Ehe und Familie. Was macht diese Ehekonstellation deutlich? (Die Beratungskonflikte bleiben hier unberücksichtigt.)

Die Partnerwahl der beiden war *zielgerichtet*.

Frau B. wählte – wenn auch unbewußt – einen anlehnungsbedürftigen, unselbständigen Mann aus, den sie bemuttern, gut beeinflussen und lenken konnte. Und Herr B. fand in der Frau genau die Partnerin, die seinen Wünschen, verborgenen Absichten und Zielen entsprach.

Kennt man einen Menschen sehr gut, so läßt sich oft mit erstaunlicher Sicherheit (und gar nicht selten verhältnismäßig leicht) voraussagen, wie er auf ein konkretes Erlebnis reagieren und sich – vor Entscheidungen gestellt – entscheiden wird. Selbstverständlich verfolgt er auch bei der Partnerwahl dieses *Zielgerichtetsein*, das er sich oft schon sehr früh – aufgrund von eigenen (erfreulichen und schmerzlichen) Erfahrungen gesteckt hat. Freilich sind dem einzelnen die eigenen Ziele selbst nahezu unbekannt, weil sie in das Unbewußte seiner Seele abgesunken sind und von daher die Impulse zu seinem Handeln, Fühlen und Wollen geben. Ob er ernsthaft wirbt oder nur unverbindlich flirten will, welche Schritte er wagt oder unterläßt, ob er erst lange für die Partnerin schwärmt (ohne daß sie etwas davon weiß) oder sich ihr schnell nähert und die Möglichkeit nicht übersieht, ins Gespräch zu kommen, ja sogar in seinen Früherinnerungen, Phantasien und Träumen läßt sich für den geschulten Beobachter seine *Zielstrebigkeit* erkennen und verfolgen.

Merkwürdigerweise beurteilen noch immer die meisten namhaften Forscher die menschliche Situation nicht so. Sie machen kausal-mechanisch bestimmte Abläufe für sein Handeln und natürlich auch für die Partnerwahl verantwortlich. Nach ihnen hinge jede Entscheidung, jede Handlung, jedes aufsteigende Gefühl usw. jeweils von einer vorausgegangenen *Ursache* ab.

Da ich mich damit in späteren Abschnitten noch eingehender auseinandersetzen werde, soll es hier nur bei der grundsätzlichen Erwähnung bleiben. Mein Beitrag wird nicht vom *Getriebensein* handeln, sondern er setzt *Verantwortlichkeit* auch in Liebe und Partnerschaft voraus, selbst wenn es oft so scheinen mag, als ob die Liebe jeden von uns eines Tages ganz einfach plötzlich überfiele und sozusagen willenlos mache.

Freilich: der Mensch ist immer zugleich beides, Subjekt und Objekt, ein Handelnder und einer, der behandelt wird. Er wird aktiv und trägt gleichzeitig die Folgen seiner Entscheidungen, die angenehmen und die weniger angenehmen, die bösen und die begrüßenswerten. Es ist dabei uninteressant, ob die Verhaltensweisen bewußt oder unbewußt gesteuert werden. *Er* muß den Kopf hinhalten. Der Mensch als Handelnder und Leidender kann aber nur aus seinem sozialen Kontext verstanden werden. Jedes Kind schon strebt nach einem Platz in der Gesellschaft. Es will dazugehören, denn ohne Gemeinschaft, ohne Kommunikation kann es nicht existieren, wie viele Untersuchungen an Säuglingen und Kleinkindern ergeben haben. Es kann sich nicht befriedigend entwickeln und reifen. Auch der Erwachsene lebt aus der Dynamik und in der Spannung „ich und die anderen" innerhalb seiner Umwelt.

„Konflikte und Probleme entstehen durch Zusammenstöße mit anderen Menschen, nicht etwa durch irgendwelche Kämpfe im Inneren. Wenn wir daher das Kind in seinen Beziehungen zu anderen beobachten, können wir bald die Gründe für sein Verhalten verstehen."[1]

Viele Menschen verstehen es, die Verantwortung auf andere abzuschieben. Findet ein Mädchen keinen Partner, sind die Eltern, die Arbeit, seine Schüchternheit – so glaubt es – und seine schiefen Zähne (für die der Vater kein Geld herausrückte) usw. an dieser Misere schuld. Es macht anderen und sich vor, es sei dem unentrinnbaren Zusammenhang von Ursache und Wirkung unterworfen und könne nur mehr oder weniger geduldig sein Schicksal tragen. Aber solange ein Mensch sich für verantwortlich hält (auch das ist eine persönliche Zielsetzung und Entscheidung), muß er die Folgen seines Selbstbetruges tragen. Er flieht vor der Verantwortung, er leugnet die Willensfreiheit und unterwirft sich einem blinden Schicksal oder einem pseudowissenschaftlichen Naturgesetz. Wer das Steuer seines Lebens aus der Hand gibt, muß damit rechnen, daß ein starker und unkontrollierbarer Strom ihn mitreißt. Bei Licht besehen, überlassen sich aber nur wenige Menschen diesem sogenannten unentrinnbaren

---

[1] Don Dinkmeyer/Rudolf Dreikurs, Ermutigung als Lernhilfe, Ernst Klett Verlag, Stuttgart 1970, S. 16.

Strom. Wir alle verfolgen Ziele, die wir auf tausend verschiedene Weisen, auf legitime und illegitime, auf auffällige und unauffällige, auf krankhafte und gesunde Art zu erreichen versuchen. Zweifellos können das neurotische Ziele und neurotische Fehlhaltungen sein.

Schauen wir uns die Geschichte eines Mädchens an, das – nach eigener Aussage – vom ersten Liebhaber auf ziemlich gemeine Weise (ohne Vorankündigung) sitzengelassen wurde. Es glaubte, sich deshalb an allen Männern rächen zu müssen. Es etablierte sich als käufliche Dirne, nahm ihren Freiern erhebliche Summen ab und enttäuschte sie alle, indem es sich beim Koitus „eiskalt" verhielt und auf keinerlei Zärtlichkeit reagierte. Als es zufällig von der Verheiratung seines ersten Liebhabers hörte, erhängte es sich vor der Tür seiner ehelichen Wohnung. Kennt man nur diesen Lebensabschnitt, so könnten die dramatischen Racheabsichten vielleicht ursächlich gesehen werden: Offenbar liebte es diesen Mann über alles und wurde durch sein liebloses Verhalten so tief getroffen, daß ihm an einem regulären Weiterleben nichts mehr lag. Erfährt man aber zusätzlich, daß Racheäußerungen schon in der frühen Kindheit sozusagen zu seinem Alltag gehörten, so läßt sich eine Leitlinie festlegen, wie sie in der letzten Episode erzählt wurde. Diese Frau verhielt sich – wohl weil sie schon als Kleinkind ausgesprochen nett aussah – sehr egoistisch und manipulierte ihre Mutter, indem sie sich stets rächte, wenn ihr auch nur einer ihrer vielen Wünsche versagt wurde. So sprang sie eines Tages in ihrem schönsten Sonntagskleidchen in einen schmutzigen Teich, nur weil ihr die Mutter ein erbetenes Eis nicht genehmigte, als sie gerade danach Lust verspürte. Vielleicht wird man nach dieser Ergänzung sogar das ziemlich gemeine Sitzenlassen des jungen Mannes milder beurteilen.

Der Psychotherapeut Fritz Künkel beurteilt solche Menschen so: „Sie handeln wie Kinder, die sagen: ,Wenn das Spiel uns nicht gefällt, spielen wir nicht mehr mit. Dann seid ihr schuld daran, daß wir nicht spielen können. Warum spielt ihr nicht so, wie *wir* es haben wollen?'" [2]

---

[2] Fritz Künkel, Die Arbeit am Charakter, Friedrich Bahn Verlag, Konstanz 1964, S. 23.

Eine eigenwillige, aber ernst zu nehmende und für Pädagogik und Therapie hilfreiche Deutung liefert die Individualpsychologie Alfred Adlers. Danach *kann* der Mensch sich frei entscheiden und *tut* es auch. Er ist nicht irgendwelchen Trieben ausgeliefert, ist nicht das Opfer von Impulsen, noch wird er von Erbanlagen und Umwelteinflüssen in eine bestimmte Richtung *gezwungen*, sondern dem Menschen ist die schöpferische Fähigkeit gegeben, allen Geschehnissen der Umwelt, auch den Anlagen und Erbkomponenten in ihm, eine individuelle Deutung zu geben. Man kann das kindliche Verhalten nicht als mechanistischen Vorgang deuten, denn das kleine Wesen ist immer aktiv an (äußeren und inneren) Vorgängen beteiligt. Der Mensch wird nicht wie eine Figur auf dem Schachbrett von unkontrollierten Kräften des Schicksals hin und her geschoben und zum Handeln gezwungen.

Von Geburt an wird das Kind in Verhältnisse gezwängt, die von der engsten Umwelt geschaffen und allmählich verändert werden. Das Kind wird vom Objekt zum Subjekt und damit fähig, auch seinerseits aktiv und nicht mehr passiv oder reaktiv am Leben teilzunehmen. Darum ist letztlich des Menschen Sein ein *bewußtes* Sein. Er kann Zukunft gestalten und weiß im voraus, daß er sterben muß.

Neben den Einflüssen, die durch Stichworte wie Vererbung und Konstitution, Familie und Umwelt charakterisiert sind, hängt es vom Kind ab, wie es diese Einflüsse interpretiert und beurteilt. Die individuelle Auslegung des Kleinkindes wird die Grundlage für sein späteres Verhalten. Rudolf Dreikurs kommentiert das so: „Ein Kind reagiert nicht nur, sondern nimmt an seinen Erlebnissen aktiv teil. Es ist weniger wichtig, was ein Kind auf die Welt mitbringt, als was es damit anfängt. Seine Wahrnehmungen sind nie ohne Bewertung, das heißt, sie werden daran gemessen, ob sie angenehm oder notwendig sind, oder wie sie seine Stellung zu anderen beurteilen."[3]

Der Mensch ist ein Doppelwesen. Auf der einen Seite eine triebhafte Natur, auf der anderen Seite ein wertbestimmtes Geistwesen. Durch seine Triebe und Instinkte ist das Tier mit seiner Umwelt fest verzahnt, es lebt in den Tag hinein. Der

---

[3] R. Dreikurs, Psychologie im Klassenzimmer, Ernst Klett Verlag, Stuttgart 1969[3], S. 31.

Mensch hingegen ist ein ralativ umweltfreies und weltoffenes Wesen. Seine Freiheit ist seine Würde und bedeutet Verpflichtung. Der Mensch wird nicht als Ichwesen geboren. Erst im Verlaufe etwa des dritten Lebensjahres erwachen das Ichbewußtsein und damit der Wille. Das Menschenkind erlangt die Fähigkeit zur freien, mehr oder weniger triebunabhängigen Selbstbestimmung und wird zur Person. Stammesgeschichtlich gesehen, heißt daher Menschwerdung soviel wie Personwerdung. Tiere sind zwar beseelt aber ichlos. Wir können Tiere auch nicht als Personen bezeichnen. Das Ich vermag kraft seines Willens in den natürlichen Fluß der Triebe und Gefühle einzugreifen, in freier Entscheidung die Ziele selbst zu bestimmen und so sein Verhalten bewußt zu steuern. Das Handeln erhält den Charakter der eigenen Verantwortlichkeit.

Der Lebensstil

Der Schlüssel unserer Persönlichkeit ist der *Lebensstil*, der *Lebensplan* oder die *Leitlinie*. Schon in den ersten Jahren seines Lebens entwickelt sich dieser Plan. Das Kind entwirft ihn, baut ihn aus und prägt damit seinen Charakter. Dieser Lebensplan entspricht später einem Lebensstil, der auf verschiedene Weise und auf verschiedenen Wegen und mit durchaus widersprüchlich erscheinenden Mitteln praktiziert wird. Schon das Baby hat „eine Nase dafür", welche Methoden sich bewähren, welche „Tricks" ihm nützlich erscheinen und welche Situationen sich in eigene Vorteile ummünzen lassen. Schon als Kleinkind weiß es, wie es aus bestimmten Verhaltensweisen Kapital schlagen und Wasser auf *seine* Mühlen leiten kann.

Sigmund Freud, der in vielem dem Denken seiner Zeit verhaftet war, suchte noch nach Gesetzen der Seele, nach einem Mechanismus, um die *Physiologie der Seele* zu durchschauen und zu beschreiben. Anders Adler: „An die Stelle der Mechanismen setzte Adler etwas, was man mit einem gegenwärtig besonders beliebten und häufig mißbrauchten Wort bezeichnen könnte: *Modelle*. Wie der Marxismus die Geschichte unter anderem als eine Abfolge von Gesellschaftsordnungen definierte und diesem Modelle zugrunde legte, die durch die Produktionsverhältnisse und die ihnen entsprechenden Standes- und Klassenbezeichnungen geformt waren, so schien es Adler verlockend, anstelle der

Mechanismen und charakterlichen Typen Verhaltensmodelle analysierend zu beschreiben. Er hat sie nicht so genannt, sondern von *Leitmotiven* gesprochen, die ihrerseits das eigentliche individuelle Modell bestimmen. Dieses nannte er den *individuellen Lebensstil.*"[4]

Wille und Trieb

Innerhalb der psychoanalytischen Theorie kommt dem Freudschüler Otto Rank neben Alfred Adler das Verdienst zu, sich eingehend mit dem Problem des *Willens* befaßt zu haben. Rank kam nicht von der Medizin, sondern von der Philosophie zur Psychoanalyse. Die Gleichsetzung von Wille und Trieb, wie sie weitgehend die Psychoanalyse bestimmt, wurde von ihm angezweifelt. Rank definiert den Willen als eine „positive führende Organisation und Integration des Selbst, die die Triebe sowohl schöpferisch benutzt als sie auch hemmt und kontrolliert"[5].

Der Mensch ist nicht hilflos und passiv der Umwelt und den Trieben ausgeliefert, die ihn wie einen Spielball hin und her treiben. Sein Wille ist von zentraler Bedeutung für die Selbstwerdung. Durch den Willen kann er sich den Wünschen von außen und innen erwehren, kann sich ihnen gegenüber behaupten. Das Neinsagen und der Trotz sind Äußerungen dafür, daß der Mensch einen Willen hat. Das Kind lernt, sich zur Wehr zu setzen, es lernt, sich aufzulehnen, sich zu rächen, und dieser willentliche, schöpferische, eigenmächtige Entschluß läßt es zur Person werden. Das *Schöpferische* kommt bei Freud und der Psychoanalyse zu kurz. Der angehende Künstler wird nicht allein von seiner Umwelt, seinen Eltern und deren Erziehung bestimmt. Er selbst entwickelt (als Reaktion darauf) eigene Ziele und Absichten. Er wählt seinen Stil selbst und kultiviert bestimmte Absichten.

Ebenso wie Adler glaubte Rank, daß der Mensch nur als Ganzes begriffen werden kann. Beide erkannten im schöpferischen Willen die Quelle der Gesundheit und Krankheit. Für Rank ist es der schöpferische Wille, der das Neue schafft, der sich gegen die Welt stemmt. Es ist nicht der Wille, der mit der Libido und

---

[4] Manès Sperber, Alfred Adler oder das Elend der Psychologie, Molden Verlag, Wien 1970, S. 56.
[5] Otto Rank, Will Therapy and Truth and Identity, New York 1945, S. 111 ff.

der Triebbefriedigung vorwärtsdrängt, sondern ein sich gegen den Tod behauptender Wille. Dieser Wille lebt im Bewußtsein und ist auf die Unsterblichkeit gerichtet. Nach Rank unterscheidet sich der Mensch und hauptsächlich der schöpferische Mensch von allen anderen Wesen durch seinen Unsterblichkeitsdrang, der sich im Willen ausdrückt. Der Unsterblichkeitsdrang zeigt sich in der Schaffung von Symbolen, in Kunstwerken und überhaupt in allen Produkten menschlicher Tätigkeit, die eine geistige Energie voraussetzen.

Der konditionierte Mensch

Eine völlig entgegengesetzte Anschauung ist die des *Behaviorismus* (abgeleitet von *behavior* = Verhalten). Sein Begründer J.B. Watson war der Meinung, jegliche Diskussion über das Bewußtsein, über Wahrnehmung, Aufmerksamkeit und vor allen über den Willen seien überflüssig. Das Ziel des Behaviorismus war eine nach dem Vorbild der Naturwissenschaften betriebene Psychologie, deren Grundkategorien Reize, Reaktionen und zwischen diesen vermittelnde Abhängigkeitsgesetze sind. Alle Zusammenhänge werden nach dem Modell des bedingten Reflexes aufgefaßt. Der freie Wille wird rundheraus bestritten, da es nach der einmal vollzogenen Entscheidung keine Möglichkeit gibt, zu beweisen, daß in einem konkreten Fall auch eine andere Entscheidung hätte gefällt werden können.

Man hat diese betont naturwissenschaftlich ausgerichtete Psychologie oft als *Seelenwissenschaft ohne Seele* bezeichnet. Denn der seelische Grundsachverhalt, mit dem sie arbeitete, war das Reiz-Reaktions-Schema.

Der Lebensprozeß selbst sei eine endlose Kette solcher Spannungslagen von Reiz und Reaktion, selbstverständlich unter Einschluß von Fehlverhalten und unangepaßten Reaktionen. Die bekannten Lernexperimente mit Tieren bauen sich auf dem Mechanismus von Lust – Belohnung und Unlust – Strafe auf. Es gibt keine scharfen Grenzen zwischen dem einen und dem anderen. Das Aufhören der Strafe kann Belohnung, das Versagen von Belohnung Strafe sein. Die behavioristisch orientierte Pädagogik zieht aus dieser Sachlage ihre Folgerungen und argumentiert – wie das im Grunde jede materialistische Pädagogik seit Rousseau getan hat –: Es gilt im Rahmen der Erziehung, das Naturgesetz von dem Zusammenspiel von Lust – Lohn und Unlust – Strafe zur Geltung zu bringen. Immer geht es bei der Erziehung um Abbremsen, Verhindern, Unterdrücken von kindlicher Dynamik, von Wünschen und Begierden und zugleich um ein Wekken, Freimachen und Begünstigen von Dynamik. Erziehung ist danach die Kunst der richtigen, der Natur abgelauschten Handhabung der Lust-Unlust-Balance. Hier wird Erziehung mit Anpassung gleichgesetzt und die Selbstverwirklichung des Menschen, das Hineinwachsen in die Lebensbewältigung aus Einsicht, Gesinnung und Verantwortlichkeit verhindert. Die zielsetzenden Kräfte und schöpferischen Akte des Menschen werden ignoriert und mißachtet.

„Die eindrucksvolle, wenn auch menschlich kaum zu verantwortende Demonstration weitete sich in Watsons Denken zu einer extremen Milieu-Theorie aus, die in dem ‚Anerbieten' gipfelte, aus gesunden Kleinkindern ohne Rücksicht auf deren Anlage und Neigungen durch eine geeignete Auswahl von Umwelteinflüssen je nach Wunsch Ärzte, Advokaten, Künstler, Kaufleute oder auch Landstreicher und Diebe zu machen ... Der Behaviorismus erschien dem gebildeten Laien als eine Art Wunderlehre, die den ‚Ballast' überkommener Anschauungen abschüttelte, dafür eine neue Freizügigkeit der Menschenbildung und die Loslösung von anlagemäßig begründetem Schicksal versprach."[6]

Die finale Betrachtungsweise

Jeder Mensch erlebt zwei Gruppen von Einflüssen in seiner Kindheit. Die eine können wir mit Vererbung und körperlicher Konstitution bezeichnen, die andere müßten wir mit Familie und Umwelt umschreiben. Die Persönlichkeit eines Menschen hängt aber davon ab, wie er sich zu seinen angeborenen Kräften und zur Umwelt verhält, welche Schöpferkräfte er entwickelt, um seinen Platz in der Gemeinschaft auf seine Weise zu bestimmen.

Willensfreiheit bedeutet Zielgerichtetheit. Man muß das Verhalten des Menschen *teleologisch* (zielgerichtet) verstehen, es in seinen Zielen und Zwecken erkennen. Die teleologische Analyse

---

[6] Peter R. Hofstätter, Psychologie, Fischer Lexikon, Frankfurt a. M. 1957, S. 65 ff.

menschlichen Verhaltens ist das entscheidende Grundprinzip der Individualpsychologie.

Das Fragen nach der *Kausalität* hat unser Denken so beeinflußt, daß die *finale* Betrachtungsweise weitgehend außerhalb unseres Gesichtskreises liegt. Wir wachsen mit Warum-Fragen auf, werden in der Erziehung mit Warum-Fragen gefüttert und gewöhnen uns zunehmend an, in determinierten Ursachen ein überzeugendes Alibi für Versagen, Fehler und Fehlhaltungen vorzuweisen. P. Plattner, der viele Bücher über praktische Ehepsychologie geschrieben und sich vornehmlich mit Ehekonflikten und ihrer Auflösung beschäftigt hat, schreibt:

„Es ist gut, wenn die beiden nicht nur nach den Ursachen, sondern auch nach dem Sinn forschen... wohin soll uns diese gegenwärtige Spannung und Disharmonie führen? *Wozu* erleben wir diese Enttäuschungen, dieses Leid? Eine solche Frage ist *zukunfts*gerichtet, und ihre Beantwortung ergibt viel eher Hinweise für eine aufbauende und bejahende Einstellung als die Frage nach dem *Warum*, die in der Vergangenheit verhaftet ist und notwendig in ein Urteil, wenn nicht gar eine Verurteilung mündet. Das ‚Warum' schafft Schuldige, das ‚Wozu' Hoffende."[7]

Dieser unmißverständliche Hinweis zeigt uns auch die Richtung unserer Betrachtungen. Die Vergangenheit ist nicht unwichtig, aber sie ist kein unabänderliches Schicksal. Erbanlagen, Umwelteinflüsse und sogenannte Instinkte werden von verschiedenen Menschen verschieden verarbeitet. Durch Auflehnung und Ablehnung, Anerkennung und Nichtanerkennung, Charme und Härte, Liebenswürdigkeit und Frechheit, durch Demut oder Überlegenheit entwickelt jeder Mensch seinen individuellen Charakter, seinen individuellen Lebensstil.

Die „ungewollte" Schwangerschaft

Kommt es bei einem jugendlichen Paar zu einer Schwangerschaft, so sucht die große Mehrzahl der Menschen nach *Ursachen* (kausale Betrachtungsweise), um die keineswegs immer erfreuliche Tatsache begreifen zu können. Sie sagen zum Beispiel:

[7] P. Plattner, Glückliche Ehen, Goldmann Taschenbücher, Band 1633, 1965, S. 11.

weil die Eltern des jungen Mädchens ihrer Tochter viel zu viel Freiheiten genehmigten und ihre Aufsichtspflicht vernachlässigten;

weil unerwartet eine Reihe von Umständen eintrat, die einen Geschlechtsverkehr begünstigten, auf den die beiden nicht vorbereitet waren;

weil das junge Mädchen befürchtete, sein Freund könnte sich eventuell von ihm abwenden und sich eine hingabefreudigere Freundin suchen;

weil beide neugierig waren, dasselbe zu erleben, worüber Altersgenossen so großsprecherisch erzählten;

weil beide nicht genügend aufgeklärt waren über Verhütungsmöglichkeiten und -techniken;

weil beide ihrem „Glück" vertrauten und nicht daran dachten, sie könnten eventuell auch einmal „Pech" haben;

weil der junge Mann in seiner jugendlichen Leidenschaft sich allzu sorglos verhielt, die Realität aus den Augen verlor und ihm sozusagen alles „wurst" war;

weil beide etwas angetrunken waren, wodurch die Kontrollfunktionen ausgeschaltet waren, geschah die Schwängerung.

Solche und viele andere Feststellungen suchen nach der *Ursache* und machen sich keinerlei Gedanken, ob die Schwängerung – bewußt oder unbewußt – von einem der zwei oder beiden *zielstrebig* zustande kam.

Wer wirklich ganz verstehen will, darf nicht bei den *Warum-Fragen* stehen bleiben. Sie erhellen nur Begleitumstände, die sicherlich für diese Schwangerschaft sozusagen „hilfreich" waren und sie begünstigten. Erst die *Wozu-Fragen* zielen auf die erwünschte Zukunft und enthüllen die eigentlichen Ziele beider oder vielleicht auch nur ihre oder seine. Sicherlich klingt es zunächst fast unglaublich, daß eine uneheliche Schwängerung sogar mit einer bewußten, halbbewußten oder ganz unbewußten Absicht zustande gekommen sein könnte.

Vielleicht wollen beide oder einer von ihnen der häuslichen Familie entfliehen, in der man immer noch als Kind behandelt wird.

Vielleicht sehen beide (oder einer von ihnen) in einer solchen Schwangerschaft ein Mittel, den beiden Elternpaaren (oder einem von beiden) die bis jetzt verweigerte Ehezustimmung abzutrotzen.

Vielleicht hofft sie über das Kind die Bindung zu ihm zu vertiefen und ihm den Absprung in die Ehe zu erleichtern.

Vielleicht wollen beide zeigen, daß sie alles besser und erlebnisreicher zu gestalten vermögen als ihre beiden Eltern, und beabsichtigen, ihr Kind modern und unautoritär zu erziehen.

Ob mich der Partner wirklich liebt?

In diesem Zusammenhang steuert Adler ein Beispiel bei, das die *Zielgerichtetheit* eines dreißigjährigen Mannes erkennen läßt, den er als ordentlich und strebsam schildert und der es trotz Schwierigkeiten in seiner Entwicklung zu Ansehen und guten Erfolgen gebracht hat. Er erscheint beim Arzt im Zustand äußerster Depression und beklagt sich über Arbeits- und Lebensunlust. Er steht kurz vor seiner Verheiratung und wird von großem Mißtrauen und von Eifersucht geplagt. Der Mann befürchtet, daß die Verlobte zurücktreten könnte und die Verlobung löst. Um den Schleier der *verborgenen Absichten* zu lüften, genügt es, wenn einige Erlebnisse aus dem Leben des Betroffenen auf gemeinsame Leitlinien untersucht werden, um den Schlüssel für das sonderbare und unverständliche Verhalten des Verlobten zu bekommen. Alle Handlungen und jede Haltung sind immer Seiten dieses allgemeinen Lebensstiles.

Adler greift ein Erlebnis aus der frühen Kindheit des Verlobten auf und deutet die Zusammenhänge. Der erste Kindheitseindruck besagt, daß der damals Vierjährige mit seiner Mutter und dem jüngeren Bruder auf dem Markt waren. Wegen des herrschenden Gedränges nahm die Mutter ihn, den Älteren, auf den Arm. Als die den Irrtum bemerkte, stellte sie ihn wieder auf die Erde und nahm den anderen auf, während er selbst betrübt und enttäuscht neben der Mutter herlief. Adler schreibt:

„Wie wir bemerken können, klingen bei der Wiedergabe dieser Erinnerungen ähnliche Saiten an, wie wir sie bei der Schilderung seines Leidens vernommen haben. Er ist nicht sicher, der Vorgezogene zu sein, und kann es nicht ertragen, daran denken zu müssen, daß ihm ein anderer vorgezogen werden könnte. – Auf diesen Umstand aufmerksam gemacht, ist er sehr erstaunt und erkennt den Zusammenhang sofort. Das Ziel, auf das hin wir uns alle Ausdrucksbewegungen eines Menschen gerichtet denken müssen, kommt unter dem Einfluß der Eindrücke zustande, die dem Kind durch die Außenwelt vermittelt werden."[8]

Verschiedene Wege – aber ein Ziel

Viele Wege führen nach Rom. Auch auf scheinbar entgegengesetzten Wegen kommt man ans Ziel. Die geschilderte Problematik einer unterschiedlichen Zielansteuerung im täglichen Leben erfahren wir auch im innerseelischen Bereich. Der Charakter eines Menschen ist einheitlich. Und sich widersprechende Charakterzüge können für ein gemeinsames Ziel verantwortlich sein.

Fräulein Annegret z. B. ist auf der Party ihrer Freundin ein süßes und bezauberndes Geschöpf. Die Mutter hört davon, wie liebreizend ihre Tochter gewesen sei, und wundert sich. Sie kennt sie anders, nämlich als gereizte, unleidliche, geifernde „Schlange". Die Familie steht vor einem Rätsel. Annegret selbst steht kopfschüttelnd vor ihren widerstreitenden Charakterzügen. Die einen nennen sie komisch, die anderen pathologisch.

Wie können teuflische und engelgleiche Züge so nahe nebeneinander existieren? Die Warum-Frage erschwert uns die Antwort. Die kausale Betrachtungsweise deckt zweifellos einige Bezugspunkte aus der Vergangenheit auf, sagt aber nichts über die geheimen Leitbildvorstellungen des Menschen.

Warum ist Annegret auf der Party liebenswürdig?

Weil die Stimmung so gut ist?

Weil sie sich nicht blamieren will?

Weil sie nette Menschen gefunden hat?

Weil sie von der Mutter nochmals ermahnt worden ist?

Weil sie ihr neues Kleid zum ersten Mal vorführen kann? Wenn die Behauptung stimmt, daß der Charakter eines Menschen eine Einheit bildet, müssen die entgegengesetzten Verhaltensweisen des Mädchens einen gemeinsamen Sinn verraten.

Es ist wichtig, daß man Einzelerscheinungen im Seelenleben nie als ein für sich abgeschlossenes Ganzes betrachten darf, sondern nur dann für sie ein Verständnis gewinnen kann, wenn man alle Erscheinungen eines Seelenlebens als Teile eines untrennba-

---

[8] Alfred Adler, Menschenkenntnis, Fischer Bücherei, Frankfurt a. M. 1966, S. 33 und 34.

ren Ganzen versteht und versucht, die *Bewegungslinie,* die *Lebensschablone,* den *Lebensstil* eines Menschen aufzudecken und sich klarzumachen, daß das geheime Ziel der kindlichen Haltung mit der Haltung eines Menschen in späteren Jahren identisch ist. Der Mensch zieht aus der Fülle seiner Erfahrungen immer nur ganz bestimmte Nutzanwendungen, die sich bei näherer Untersuchung stets als solche nachweisen lassen, die irgendwie zu seiner Lebenslinie passen, ihn in seiner Lebensschablone bestärken.

Die Vieldeutigkeit der Erscheinungen dürfen wir niemals voneinander isoliert betrachten, sondern im Zusammenhang auf ein gemeinsames Ziel ausgerichtet. Wir fragen: *Wozu* verhält sich das Mädchen das eine Mal „süß und bezaubernd", das andere Mal derart unleidlich? Welcher rote Faden zieht sich durch beide Verhaltensweisen? Die teleologisch arbeitende Betrachtungsweise stellt unter Umständen heraus:

Annegret hat ihren ganzen Charme aufgewendet, um im Mittelpunkt der Party zu stehen. Und das ist ihr auch gelungen. Mit Hilfe des etwas ausgefallenen Kleides lockte sie die Blicke und das Interesse – vor allen Dingen der Jungen – auf sich. Der Köder war gut, die „Fische" bissen an. Mit Hilfe ihres funktionierenden, im Laufe der Jahre trainierten Charmes spielte sie sich für viele unaufdringlich in den Mittelpunkt. Ihre Leitbildvorstellung, Herrscherin zu sein, hatte sich erfüllt. Sie hatte alle in ihrer Gewalt. Sie *regierte* und genoß.

Und zu Hause?

Wer *herrschen* will, setzt alle möglichen Mittel ein. Wer herrschen will, wird erfinderisch. Mal mit süßen Sirenengesängen, mal mit der Faust auf dem Tisch. Mal mit Geschrei, mal mit „Flucht in die Krankheit". Annegret verhält sich so, daß alle Konflikte mit den Eltern, den Geschwistern und den Partygästen vermieden werden. Ihr Erfindungsreichtum ist unerschöpflich. Und ihre „Tricks" (die dem Mädchen gar nicht bewußt sein müssen) ziehen. Es herrscht und lockt auf vielerlei Weise Dienst und Huldigung aus den „Untertanen" heraus.

Ist Annegret nun ein raffiniertes Wesen, eine hinterlistige Schauspielerin? Hat sie das Zeug zu einem ausgekochten Diplomaten? Davon kann keine Rede sein. Sie inszeniert diese Tricks nicht mit kalter Berechnung. Sie setzt den Partygästen und den ahnungslosen Familienangehörigen kein ausgeklügeltes Ziel vor. Annegret belügt nicht, sie spielt nicht mit gezinkten Karten. Aber in den gegensätzlichen Verhaltensweisen, die unbewußt ablaufen, manifestiert sich der einheitliche Lebensstil eines Menschen. Das Ziel bleibt, auch wenn sich die Praktiken und strategischen Pläne ändern. Man könnte diese Situation wiederum mit einigen Sprichwörtern, die uns allen vertraut sind, zusammenfassen: „Getrennt marschieren, vereint schlagen." Oder: „Der Zweck heiligt die Mittel."

Alles Handeln und Verhalten eines Menschen bewegt sich von der Kindheit bis zum gegenwärtigen Augenblick auf einer Linie, auf einer *Bewegungslinie*, wie sie Adler nennt, auf der sich das Leben schablonenartig abspielt. Alle Eindrücke von der Mutterbrust an weisen das Kind in eine bestimmte Richtung und veranlassen es, in bestimmter Weise zu antworten.

Wer die Wahl hat, hat die Qual

Herrn Müller widerfährt es zum soundsovielten Male, daß er sich nicht entscheiden kann. Er ist inzwischen 24 Jahre alt, beruflich als Finanzbeamter in guter Position und könnte schon das Wagnis einer Ehe auf sich nehmen. Er geht ein halbes Jahr mit einem „netten Mädchen", wie er sich ausdrückt, und jetzt ist ihm auf einer Urlaubsfahrt ein anderes Mädchen „über den Weg gelaufen". „Die ist genauso nett, ich kann mich weder für die eine noch für die andere entscheiden, was soll ich tun? Können Sie mir raten?"

Aus den langen Gesprächen sind im Augenblick hier nur einige Gedanken interessant:

Er sagt: „Eigentlich stehe ich dauernd in dem Dilemma. Wenn ich mit einem Mädchen eine Zeitlang zusammen bin, läuft mir prompt ein langhaariges Wesen in die Quere, und ich bin verunsichert. Kürzlich habe ich zwei am Hals gehabt, und das will ich nicht."

Ich: „Es ist also nicht das erste Mal?"

Er: „Nein, vor fünf Jahren passierte es mir das erste Mal. Ich verlobte mich mit einer Mitarbeiterin aus unserem Amt. Ein sauberes und ordentliches Mädchen, meine Mutter war sehr dafür. Auch das Mädchen meinte es ernst."

Ich: „Sie haben sich sicher darüber gefreut!"

Er: „Das kann man nicht unbedingt sagen. Jedenfalls kurz darauf lernte ich in unserem Bowling-Club die andere kennen. Ich flog darauf, ich weiß es noch wie heute. Die Liebe war heiß und augenblicklich da. Ich stand dazwischen, beide Mädchen wußten um meine Schwierigkeit. Langsam kühlten die Gefühle zu beiden ab, und ich war fast glücklich."

Ich: „Fast?"

Er: „Ja, so muß man das wohl sagen, ich war den Druck los, die *Verantwortung*. Ich konnte wieder ruhig atmen."

Und noch ein anderer Ausschnitt aus einem Gespräch mit Herrn Müller.

Ich: „Können Sie mir aus Ihrer frühesten Kindheit ein Erlebnis schildern, an das Sie sich noch erinnern können?"

Er: „Ganz genau. Ich war etwa vier Jahre alt und stand mit einem Dreirad, auf das ich einige schwere Ziegelsteine gepackt hatte, vor einem großen Schaufenster eines Lebensmittelgeschäftes. Ich stritt mich mit einem etwa gleichaltrigen Jungen und fiel mit dem Rad ins Schaufenster. Die Scheibe brach entzwei, ein Gestell mit Weinflaschen kippte um, und es gab einen Riesenkrach. Mein Vater, ein nachtragender Mann, hat monatelang von diesem unverzeihlichen *Fehler* gesprochen, den ich gemacht hatte."

Die Lebensstil-Analyse dieses Mannes ergab, daß dieses frühkindliche Erlebnis eine Linie seines Charakters bloßlegte. Der Lebensstil des Mannes selbst kann mit den Worten umschrieben werden: „Ich will nie wieder im Leben einen *Fehler* machen. Ich will überhaupt im Leben Fehler vermeiden."

Besonders die Partnerwahl dieses Mannes war von der formulierten Tendenz bestimmt: Er will unbewußt keine Verantwortung für einen Menschen übernehmen. Er will den leidigen Kinderfehler, den ihm der Vater monatelang vorgehalten hat, koste es, was es wolle, nicht wiederholen. Er weicht aus, er läßt unmerklich die Beziehung zu beiden Mädchen abkühlen und ist „den Druck los", er kann wieder „ruhig atmen". Selbst sein Gewissen ist beruhigt.

Es bedarf einer besonderen Beratung, um mit dem Klienten zu erarbeiten, daß sogar sein „befreites Gewissen" einem falschen Leitbild aufsitzen kann und daß aus *Verantwortungsscheu Verantwortungslosigkeit* werden kann. Wird er eines Tages doch heiraten und die Mutter hat ihm die Partnerin aufgeschwatzt, hat er den „Sündenbock", der dafür auch die Verantwortung trägt, die er aufgrund seines habitualisierten (gewohnheitsmäßigen) Lebensstiles ablehnen muß.

Es handelt sich also bei dieser Ambivalenz (Doppelwertigkeit) um zwei scheinbar gleichzeitig wirkende Zwecke. Die finale Betrachtungsweise geht aber nicht von der Frage aus: „Wozu dient dir das, daß du dich weder für die eine noch für die andere entscheiden konntest?", sondern formuliert die Frage so: „Wozu dient dir diese Ambivalenz?" Das Hin- und Hergerissensein verrät nur scheinbar entgegengesetzte Ziele. Im Grunde steckt hinter dem Zwiespalt ein einheitlicher Lebensstil.

Die rosa Brille
oder die tendenziöse Apperzeption

Wenn es stimmt, daß der Mensch in seinem Verhalten eine Zielstrebigkeit und eine bestimmte Zweckhaftigkeit erkennen läßt, wird er selbstverständlich alle Eindrücke und Erlebnisse, alles Gehörte und Gelesene, alles Gesehene und Ertastete nur dann akzeptieren und registrieren, wenn es ihm in sein Konzept paßt.

Die Apperzeption (aktive Aufnahme eines Gegebenen ins Bewußtsein) ist niemals ein reiner Registriervorgang. In alles Wahr-nehmen fließen Momente unserer Eigenart und unserer Vergangenheit ein. Neue Erlebnisinhalte und Erfahrungen werden aufgefaßt und in persönlicher Weise verarbeitet. Die Apperzeption verbindet sich in der Regel mit der Vorstellung der Person als einer aktiven und wirkenden Einheit. Die Psychologie unterscheidet die thematische Apperzeption, die als Sinn-*Verleihung* dargestellt wird und die tendenziöse Apperzeption, die als Deformation (als Sinn*fälschung*) angesehen wird. Zweifellos neigt nicht nur der Neurotiker zu einer Mißinterpretation. Es gibt im Umfeld des Menschen kein einziges Faktum, das ihn zur Fehlentwicklung zwingt. Aber es können in ihm viele Verführungsimpulse liegen.

Denken ist immer die Erfassung, Anwendung, Deutung und Herstellung von Beziehungen und Sinnzusammenhängen. Ganz allgemein sprechen wir von auffassen, kapieren und apperzipieren: also das Hineinnehmen des neuen Eindrucks in das schon vorhandene geistige System. Die Psychologie unterscheidet mehrere Gegensatzpaare: Die subjektive und objektive, die persönliche und sachliche Auffassung oder Apperzeption. Thematisch gesehen, faßt der „Subjektive" die Umwelt auf, wie er sie sehen möchte, der „Objektive", wie sie wirklich ist (allerdings: ganz objektiv kann kaum ein Mensch sein und beurteilen!).

Die eigenen Gefühle und Zielvorstellungen verändern das Bild. Der heiter Gestimmte sieht die Welt in hellem Licht, der Schwermütige, Bedrückte in düsteren Farben. Der Liebende findet an der Geliebten nur edle und schöne Seiten. Schlechte Eigenschaften, Fehler, unangenehme Züge werden übersehen, werden nicht wahrgenommen. Die rosa Brille der tendenziösen Apperzeption, der gefärbten Wahrnehmung, läßt das geliebte Wesen in viel glanzvollerem Licht erscheinen, als es sich objektiv darstellt. Es entsteht eine Illusion. Wo Angst regiert, wird die Welt umgedeutet. Das hervorstechendste literarische Beispiel dafür ist Goethes „Erlkönig". Das fieberkranke Kind hält in seinen Delirien den „Nebelstreif" für den Erlkönig, die Weiden für dessen Töchter und hört Stimmen aus dem Säuseln des Windes. Diese Wahrnehmungsumdeutung finden wir nicht nur bei Kranken, sondern in abgestufter Form wohl bei jedem gesunden Menschen.

Tierisches Verhalten ist instinktgesteuert

Der Verhaltensforscher Konrad Lorenz ist der Meinung, daß beim tierischen Verhalten nicht ein Objekt, ein Ziel angestrebt wird, daß auch der Sexualpartner nicht das Ausschlaggebende ist, sondern die Instinktreaktion. Man hat den Eindruck, daß das Tier nicht handelt, sondern „gesteuert wird". So können Tiere, die in der Gefangenschaft gehindert werden, ihr spezielles instinktauslösendes Verhalten zu leben, eine eigenartige Betätigungsunruhe entfalten. Die Steuerung des Tieres geschieht mittelbar durch eine Organisation von Instinkten, die Äußerungen des Menschen sind auf Zwecke und Ziele gerichtet. Der Mensch weiß um ein Dahinter, um einen Horizont, um Zukunft und um Tod. Er will die Natur meistern, sein Leben planen und in Selbstgestaltung verwirklichen. Heinz-Rolf Lückert schildert die Reizabläufe, die das Tier kennzeichnen:

„Die Wanze braucht, damit sie ihr Opfer, ein Warmblütiges, zum Festsaugen erreicht, aus ihrer Umgebung nur zwei Qualitäten, die ihre ‚Umwelt' konstituieren: Buttersäuregeruch läßt sie vom Baum auf ihr Opfer fallen, ca. 37 Grad läßt sie anbeißen; Buttersäuregeruch (gleich Schweiß) und Wärme kennzeichnen ihr Opfer. Bereits an diesem einfachsten Beispiel läßt sich nachweisen, daß äußere Fakten wie zum Beispiel Wind, Außentemperatur, Regenfall etc. beeinflussend in das Geschehen eingreifen können."[9]

Die beim Menschen stetig wachsende Einsicht in den Verlauf und die Ergebnisse seines Handelns ermöglichen zugleich die Steuerung des Verhaltens. Während das Tier eindeutig von dem ihm korrespondierenden Umfeld her charakterisiert wird, baut der Mensch sich seine Umwelt selbst. Die produktive Gestaltungskraft läßt den Menschen in erster Linie nicht als ein reaktives Wesen erscheinen. Der Mensch ist nicht wie das Tier auf die biologische Sphäre festgelegt. Die Bedürfnisse, die sich auf die Umwelt, auf das Anschauen und Verwirklichen der Werte beziehen, sind keine nebensächlichen Zutaten, sondern gehören zu seinem Menschsein. Von Anfang an hat der Mensch über sich hinausgefragt. Das machen die ältesten Dokumente der Zivilisation deutlich. Werke der Kunst, Schöpfungen der Kultur, Gebilde des Rechts und der Musik weisen darauf hin. Der Mensch spürt eine Differenz zwischen dem Gegebenen und dem Aufgegebenen, zwischen der Getriebenheit und der Verantwortlichkeit. Er kann akzeptieren, bejahen, verneinen, kanalisieren und planen.

Tierversuche sind in der modernen Psychologie von großer Bedeutung. Ein Blick in die Geschichte und das Verständnis des Menschen zeigt, daß seit der Antike die Frage nach der Rangstellung des Menschen im Ganzen der Natur immer wieder die nach dem Vergleich des Menschen mit dem Tier einbezog. Die Würde oder Unwürde der Menschen kann nicht aus dem Vergleich mit dem Tier abgeleitet werden. Überhaupt: die menschliche Eigenart kann keinesfalls durch die in der Erforschung des tierischen Lebens gewonnenen Befunde erhellt werden. Der Psychologe Friedrich W. Doucet sagt es noch deutlicher:

„Solange an eine Erklärung der Denkweise des menschlichen Gehirns durch die Funktionsweise der Hirnreflexe von Albino-Ratten geglaubt wird, wird das Partnerbild vom Mitmenschen von der Vorstellung brutaler rättischer Eigennützlichkeit und zerstörerischer rücksichtsloser Erwerbsstrebigkeit verfälscht sein. Nur haben die Gehirne der Albino-Ratten die Grundlagen der Weltraumfahrt nicht schaffen können. Für die Partnerproblematik der menschlichen Gesellschaft im anbrechenden Computer-Zeitalter, im Zeitalter der elektronischen Planung und

[9] Heinz-Rolf Lückert, Konflikt-Psychologie, Ernst Reinhardt Verlag [5]1965, S. 33.

Steuerung der industriellen Produktion, des Konsums sowie der drohenden Bevölkerungsexplosion reicht eine Psychologie des tierischen Verhaltens nicht aus."[10]

Der Mensch ist anders

Wenn ein Mensch von Haß bestimmt und der Haß ein Mittel zur Erreichung seiner Ziele wird, kann er leicht der Versuchung erliegen, „in allen Menschen" oder nur „in allen Frauen" oder „in allen Männern" negative Eigenschaften zu erblicken. Er hört das Gras wachsen, er sieht Fehler, wo keine sind, er hört Untergedanken und Nebentöne, die niemals angeschlagen wurden. Er unterschiebt dem anderen Absichten und Gemeinheiten, die im Grunde völlig aus der Luft gegriffen sind. Er sieht in Gegebenheiten Züge hinein, die niemals von dem Betreffenden beabsichtigt waren. Aber eigene Fehler usw. übersieht er.

Schon das Kind beginnt, allem Geschehen eine Bedeutung beizumessen, die ihm nützlich erscheint. Es muß sich anpassen, es muß sich mit Eltern, Geschwistern und Spielkameraden arrangieren. Es entwickelt seine *besondere* Art des Sehens, Hörens, Tastens und Riechens.

Ein junger Mann von 19 Jahren hat ein liebes, zurückhaltendes Mädchen kennengelernt, das zehn Jahre in einem Fürsorgeheim gelebt hat.

Er erzählt mir, daß er das Mädchen prima fände, daß es arbeitsam und strebsam wäre, nur eins störe ihn: es lege ein unerklärliches Mißtrauen an den Tag.

Manchmal fürchte er, daß das Mädchen ihn gar nicht liebe. Ein Gespräch mit der 17jährigen macht das individuelle Wahrnehmungsschema des Mädchens deutlich. Es kam aus einer großen Familie mit acht Kindern. Die Eltern waren arm, und es gab wenig Geschenke und Süßigkeiten. Die ältesten Geschwister hätten es dauernd bestohlen. Nirgendwo hätte es die kleinen persönlichen Dinge für sich verstecken können.

Und im Heim sei es nicht anders gewesen. Die älteren Kinder hätten es ausgenutzt, erpreßt und bedroht, und von der Leiterin sei es kontrolliert und beobachtet worden.

---

[10] Friedrich W. Doucet, Psychologie der Partnerwahl, Goldmann Verlag, München 1970, S. 99.

Das Mädchen hatte sich in Blockbuchstaben unübersehbar eine Devise über sein Leben gehängt:

Mensch sein heißt mißtrauisch sein!

Das damit verbundene Ziel heißt: Nicht übervorteilt, nicht betrogen, nicht ausgenutzt, nicht hintergangen und nicht 'reingelegt werden!

Das Mädchen ist überzeugt, nur einen Platz im Leben zu finden, wenn es übervorsichtig handelt, wenn es zunächst allen mißtraut und jede Entscheidung und jedes Angebot auf Fehler, Fallgruben und Täuschungen abklopft.

Dem jungen Mann fiel es wie Schuppen von den Augen. Er hatte sich bislang nicht in die Seele seiner Freundin hineinversetzen können. Was er als Lieblosigkeit gedeutet hatte, fand er jetzt als Lebensstileigenart wieder.

Und als er sich eines Tages mit ihr verlobte, gestand er mir: „Vor einem halben Jahr hätte ich fast Schluß gemacht. Heute kann ich meine Braut verstehen. Wir lachen oft gemeinsam über ihre übertriebene Vorsicht. Ich sage dann: ‚Uns kann nichts geschehen, der liebe Gott und meine Braut haben alle Möglichkeiten einkalkuliert.'"

Das *tendenziöse Apperzeptionsschema* entspricht der individuellen Leitlinie, die etwa in der Lebensphase zwischen dem dritten und fünften Lebensjahr vom Kind fixiert wird. Was also der Mensch wahrnimmt und wie er es tut, liegt an seiner besonderen Eigenart, an seiner seelischen Struktur. Und aus der Art und Weise und aus dem Umstand, wie der Mensch wahrnimmt, kann man Schlüsse auf sein Innenleben ziehen.

Der Mensch macht Erfahrungen

Diese Feststellung legt ja den Verdacht nahe, daß sich der Lebensstil eines Menschen im Laufe seines Lebens erheblich verändert. Wir kennen das Sprichwort: „Erfahrung macht klug." Läßt man aber allen falschen Optimismus beiseite, verbirgt sich hinter der Redensart ein allgemeines Wunschdenken. Ich erlebe Klienten in der Beratung, die zum dritten oder vierten Male verheiratet sind und jedesmal den gleichen Fehler bei der Partnerwahl gemacht haben. Sie sind bestimmten Schwierigkeiten entflohen und laufen den unbewältigten und unaufgearbeiteten Problemen wieder in die Arme. Der Geschiedene will lernen, er glaubt auch gelernt zu haben, wenn er sich einem neuen Partner verschrieben hat. Die gegenseitige Anziehung verdunkelt den klaren Blick, die unerkannten und geheimen Absichten und die unbewußten Motivationen. Die Ziele nehmen ihn gefangen und überlagern seine gemachten Erfahrungen. Er interpretiert sie um und paßt sie seinem Lebensstil an. Es bleibt alles beim alten. Alte Fehler wiederholen sich in schöner Regelmäßigkeit. Auch A. Adler steht ausgesprochen skeptisch der Meinung gegenüber, daß der Mensch seine Nutzanwendung aus gemachten Erfahrungen ziehe, wenn er schreibt:

„Die Sprache sagt mit dem ihr eigenen Gefühl, daß man seine Erfahrungen *macht*, womit sie andeutet, daß jeder darüber Herr ist, wie er seine Erfahrungen verwertet. Man kann in der Tat täglich beobachten, wie die Menschen die verschiedensten Folgerungen aus ihren Erfahrungen ziehen. Man stößt beispielsweise auf einen Menschen, der gewohnheitsmäßig irgendeinen Fehler begeht. Auch wenn es gelingt, ihn seines Fehlers zu überführen, wird man verschiedene Resultate finden. So kann er folgern, daß es eigentlich an der Zeit wäre, den Fehler abzulegen. Diese Folgerung ist selten … Die Vieldeutigkeit der Erfahrungen, die Möglichkeit, verschiedene Konsequenzen daraus zu ziehen, läßt uns nun verstehen, warum ein Mensch seine ‚Gangart‘ nicht ändert, sondern seine Erlebnisse so lange dreht und wendet, bis er sie wieder seiner Gangart angepaßt hat. Es scheint das schwerste für die Menschen zu sein, sich selbst zu erkennen und zu ändern."[11]

In der Politik, in der Wirtschaft, im privaten und im öffentlichen Leben ist es das gleiche: Der Mensch lernt nicht aus seinen Fehlern, über die Vergangenheit breitet sich flugs ein Schleier des Vergessens.

Private Logik und innere Ausrede

Dieser Lebensplan ist in der Hand des Kindes und des Heranwachsenden ein Instrument zur Welt- und Lebensbewältigung. Er kann einen negativen und krankhaften Charakter annehmen. Eine unbewußte Verfestigung eines negativen Planes kann Zwänge und Verformungen heraufbeschwören. Ein krankhaftes

---

[11] Alfred Adler, Menschenkenntnis, Fischer Bücherei 1966, S. 25.

und fehlerhaftes Verhalten wird aber vom Kind nicht als krankhaft und fehlerhaft erkannt. Seine „private Logik", wie Alfred Adler diese Verhaltensweise genannt hat, läßt seine Einstellung als richtig erscheinen und manövriert das Kind womöglich in große Schwierigkeiten und unlösbare Konflikte hinein.

Die Konfliktpsychologie faßt diese Vorgänge auch unter dem Begriff *Derealisation* zusammen. Es handelt sich also um Psychismen, die die Wirklichkeit subjektiv färben. Ein Begriff, der in den übrigen tiefenpsychologischen Schulen verbreitet ist, heißt *rationalisieren*. Er meint die nachträgliche Rechtfertigung eines Verhaltens. Man könnte auch von einer inneren Ausrede sprechen. Auch in der Technik haben wir es mit Rationalisieren zu tun. Hier umschreibt der Ausdruck einen Entlastungsvorgang. Daß sich der Mensch dabei irren und betrügen kann, weiß er nicht. Darum darf man diese Vorgänge keineswegs als Lüge und Krankheit darstellen. Zwar täuscht sich der Mensch und versucht unbewußt, andere zu täuschen. Im Brustton der Überzeugung bringt er Gründe vor, die aber einer Selbsttäuschung entspringen.

Diese *private Logik* bei Kindern und Jugendlichen sollte der Erzieher durchschauen lernen, um hinter den unbewußten Absichten, die sich im Fehlverhalten, aber auch in krankhaften, zwanghaften, psychotischen und völlig unverständlichen Handlungen widerspiegeln können, den Lebensstil zu entlarven. Wahrscheinlich entwickelt jeder Mensch seine ihm gemäße private Logik. Solange wir diese private Weltdeutung, dieses individuelle Mißverständnis und diese individuelle Erlebnisinterpretation nicht durchschauen, können wir den Betreffenden nicht verstehen und ihm nicht helfen.

Andere Formen der privaten Logik sind die Identifizierung und die Überidentifizierung. Der Mensch kann damit Unzulänglichkeiten ausgleichen, wenn er sich beispielsweise nach Menschen richtet, die er bewundert. Jugendliche kleiden sich etwa wie eine bekannte Filmschauspielerin, tragen die Haare wie ihr verehrtes Idol.

Auch die sogenannten Projektionsmechanismen gehören hierher. Man verlegt beispielsweise in den anderen das eigene Versagen. So fand Adam die Rechtfertigung für seinen Ungehorsam, indem er der Frau die Verführung in die Schuhe schob. Das bewußte oder unbewußte „Sündenbockdenken", wie wir es aus dem Alten Testament kennen, ist ein weit verbreitetes „Gesellschaftsspiel", ein „Sich-um-die-Verantwortlichkeit-Drücken".

„Wir könnten noch zusammen sein, wenn *er* nicht dauernd nach fremden Mädchen geschaut hätte", erklärte mir eine Ratsuchende.

„Hätte ich nicht so eine strenge Erziehung genossen, könnte ich heute partnerschaftlicher mit jungen Männern umgehen", sagte eine andere.

„Daß ich impotent bin, liegt doch nur an dieser verkorksten pathologischen Gesellschaft mit ihrer repressiven und frustrierenden Erziehung", sagte mir ein Abiturient.

Erst wenn wir die Motivationen aufgespürt haben, sind wir als Erzieher in der Lage zu helfen. In den Fragen der partnerschaftlichen Beziehungen können wir nicht helfen, solange wir die private Logik des Ratsuchenden nicht durchschaut haben. Die private Logik kann widersinnig und eigensinnig, weltfremd oder verrückt sein; der Mensch folgt seinen von unbewußten Gefühlen hervorgerufenen Eingebungen. Er ist davon überzeugt, daß seine Beurteilung – beispielsweise des anderen Geschlechts – richtig ist.

Ein junger Mann ist zu schüchtern, ein Mädchen anzusprechen. Ein junges Mädchen kann nur ältere Männer lieben. Ein junger Mann in der Beratung ließ durchblicken, daß er prinzipiell Wert darauf lege, von einem Mädchen angesprochen zu werden, weil er sonst niemals die Gewißheit hätte, daß er geliebt würde. Vater und Mutter, ein Pfarrer und ein Jugendleiter hatten ihm diesen Unsinn schon auszureden versucht. Sie waren an seiner Privatlogik kläglich gescheitert.

Die private Logik stabilisiert das Selbstgefühl. Der Mensch kann vor sich selbst und anderen bestehen. Er schummelt ein wenig in die eigene Tasche und ist einigermaßen mit sich selbst zufrieden. In diesem Sinne hat die private Logik auch eine Selbstschutzfunktion, denn der Mensch muß ja so handeln, als ob seine Beurteilung die einzig mögliche sei. Aus diesem *circulus vitiosus* findet der Mensch aus eigener Einsicht nicht heraus, weil er seine Überzeugungen und Vorstellungen nicht objektiv beurteilen kann.

Programmierte Anziehung?

Die geheimen Triebfedern menschlicher Anziehung und Partnerwahl bleiben in der Regel verborgen. Wir legen uns Gründe mit
dem Kopf zurecht, warum uns dieser Partner fasziniert und jener
anspricht. Viele tun selbst das nicht einmal. Sie geben sich keine
Rechenschaft, prüfen ihre Motive nicht und lassen sich von ihren
Gefühlen kutschieren. Sie kommen, sehen und siegen, lassen ihre
Gefühle sprechen und das vielzitierte Schicksal entscheiden. Sie
unterwerfen sich Anziehungsmechanismen, die unbewußt vom
Ziel gesteuert werden. Ein undefinierbarer „Unfall" hat sie zu-
sammengeführt, ein mysteriöser Kompaß hat ihre Fährte bestimmt.

Was steckt hinter der menschlichen Anziehung?

Gibt es eine Programmierung bestimmter Gene?

Gibt es eine Programmierung unseres Denkens, Fühlens und
Wollens? Eine einheitliche Antwort hat uns die Wissenschaft bis
heute noch nicht liefern können. Wir können nur einige Zusammenhänge ein wenig durchleuchten. Wir beginnen mit einer der
extremsten Motivationen zur Partnerwahl, die der ungarische
Psychiater L. Szondi anführt: Daß das Erbgut eines Menschen
Einfluß auf die Partnerwahl nimmt, kommt unserem Denken
besonders entgegen, räumen wir doch der Vererbung, die unser
Verhalten und Fehlverhalten bestimmen soll, einen bevorzugten
Platz ein. Szondi nennt seine Theorie „Schicksalsanalyse", weil
das Schicksal des einzelnen von der Empfängnis bis zum Tode
durch eine vererbte Triebbeschaffenheit programmiert sein soll.
Szondi ist immer bestrebt, diesen programmierten Lebensweg
des Menschen durch biologische und experimental-psychologi-
sche Methoden sichtbar zu machen.

Die Ahnen wählen in uns –
die Schicksalsanalyse Szondis

Sie steht offensichtlich in diametralem Gegensatz zur Adlerschen Individualpsychologie. Der Vollständigkeit halber soll sie aber gekennzeichnet und gewürdigt werden. Szondi untersuchte an Hand von vielen hunder Familien die Wahl des Partners, die Wahl der Freunde, des Berufes, der Krankheit und des Todes. Er entdeckte, daß in einzelnen Familien bestimmte Berufe gehäuft vorkommen, daß Berufen bestimmte psychische Merkmale zugeordnet werden können und daß bestimmte Krankheiten gehäuft in Familienverbänden auftreten.

Szondi bemühte sich nun, seine umfangreichen Untersuchungen zu gliedern und nach bestimmten Gesichtspunkten Wechselbeziehungen und Abhängigkeiten nachzuweisen. Er bildete *vier Triebkreise*, die er als *Erbkreise* charakterisierte. Jeder Mensch gehört zwar im Prinzip allen vier Erbkreisen an, weist jedoch die Dominanz eines Triebkreises auf.

Seine Triebkreise sind ohne seine Trieblehre und seine Gentheorie schwer verständlich. Szondi schreibt, daß sich seine Schicksalsanalyse zwischen der Psychoanalyse Freuds und der analytischen Psychologie Jungs bewege, man tut ihm aber wohl nicht unrecht, wenn man sagt, daß seine Schicksalsanalyse fast ausschließlich der Psychoanalyse Freuds verhaftet ist.

Szondi hat ein kompliziertes Triebfaktoren-System aufgebaut und insgesamt acht grundlegende Triebfaktoren herausgefunden, die alle Triebbedürfnisse des Menschen umfassen. Zu ihnen gehören beispielsweise die Bedürfnisse nach Zärtlichkeit, Femininität, Aggressivität, Väterlichkeit, Aktivität, Maskulinität; sadistische Strebungen gehören ebenso hierher wie das Bedürfnis nach Stauung der rohen Affekte (Wut, Haß, Zorn und Rachsucht), desgleichen das Geltungs- und Anklammerungsbedürfnis.

Die individuelle Beschaffenheit dieser Triebfaktoren schlägt sich in der Partnerwahl nieder. Bekommen gewisse Triebfaktoren das Übergewicht, sind sie in krankhafter Weise verkümmert oder extrem ausgebildet, so wird die Partnerwahl negativ beeinflußt. Mit anderen Worten: Der Mensch bringt seine Triebbeschaffenheit mit auf die Welt, er ist ihren günstigen oder ungünstigen Einflüssen ausgeliefert und wird durch sie wie eine Schachbrettfigur geschoben. Szondi geht davon aus, daß die menschlichen Triebhandlungen genetisch vorbestimmt, determiniert werden. Er unterstellt, daß im Menschen gleichsam unsterbliche „Urpartikel" vorhanden sind, die sich von Generation zu Generation vererben. Es handelt sich dabei um Gene, die als Träger spezifischer triebhafter Reaktionen fungieren und seelische, intellektuelle und andere Fähigkeiten speichern. Wenn die Triebe aber dergestalt genetischen Ursprungs sind, dann sind sämtliche Triebreaktionen kausalmechanistisch determiniert. Diese „programmierten Gene" leiten von Generation zu Generation gewisse Impulse weiter und bestimmen dadurch zwangsläufig unser gesamtes Triebleben. Da aber von Vater und Mutter jeweils spezifische Gene mit eigentümlichen Merkmalen vererbt wurden, übernimmt – nach Meinung dieser Vererbungslehre – ein Gen die Führungsrolle und dominiert.

Merkwürdigerweise sind es aber gerade die unterdrückten, die rezessiven oder latenten Gene, die unser Schicksal bestimmen, denn sie lenken triebhaft unsere Wahl. Sie garantieren die „Verwaltung des Trieblebens". Szondi hat dafür einen neuen Begriff eingeführt: *Genotropismus* (abgeleitet von *tropos* = die Richtung). Er beinhaltet die Anziehung von Menschen, die durch verwandte Gene gekennzeichnet und mit ähnlicher Erbmasse ausgestattet sind. Menschen, die durch jene latente Genähnlichkeit zueinander finden oder aufeinander zufliegen, nennt er Genverwandte. Da verschiedene Kräfte in den Genen sich durchzusetzen versuchen, untergliedert Szondi seinen Genotropismus in folgende Bereiche:

1. Libido- oder Eroto-Genotropismus, der vornehmlich die Partnerwahl bestimmt;
2. Idealo-Genotropismus, der vornehmlich die Berufswahl bestimmt;
3. Morbotropismus, der vornehmlich die Wahl der Krankheit bestimmt;
4. Thanatotropismus, der vornehmlich die Todeswahl bestimmt.

Im Mittelpunkt dieser Untersuchung steht nicht die *Blutsverwandtschaft*, sondern die *Genverwandtschaft*. In entscheidenden Phasen unseres Lebens, zum Beispiel bei der Partnerwahl, der Berufswahl, der Krankheits- und Todeswahl, werden von latenten Genen die Weichen gestellt. Szondi spricht von Triebkräften, die in uns wählen, von Ahnen, die in den Genen ihren Einfluß geltend machen. „Die Ahnen wählen in uns und für uns."

Um einem *Ahnenzwang* zu entgehen, stellt Szondi dem *Zwangsschicksal* sein *Wahlschicksal* gegenüber. Das menschliche Ich besitze nämlich eine gewisse Kraft, sich aktiv den Erbansprüchen entgegenzustellen. Um der Konsequenz des Fatalismus aus dem Wege zu gehen, lehnt er die alten Vererbungsgesetze ab. Eine bestimmte Freiheit des wählenden Ichs soll die Zwänge der Vorfahren in Schranken halten können. Der Mensch kann also dem Rad des Schicksals in die Speichen greifen, er kann den erbbedingten Triebansprüchen einen Riegel vorschieben. Ist das Ich schwach und kraftlos, wird es von den Ahnen erbarmungslos vergewaltigt. Szondi unterschlägt auch keineswegs den Einfluß der sozialen Umwelt, die sozio-kulturellen Gegebenheiten. Er spricht von ständigen Wechselwirkungen aller Schicksalsfaktoren.

Im Ich sieht er den genialen Koordinator aller Einflüsse und Kräfte, den „pontifex oppositorum", den Überbrücker aller Gegensätze. Ob der Mensch als Trieb- oder als Sozialwesen fungiert, hängt von der regulierenden Kraft des Ichs ab. Es bewegt sich ständig zwischen Ahnenzwang und freiheitlicher Selbstbestimmung, zwischen Unbewußtem und Bewußtem, zwischen Allmacht und Ohnmacht, zwischen Herrschaft des Geistes und Herrschaft der Triebe hin und her. Es kann sich ändern, seinen Standpunkt verschieben, Forderungen und Bedürfnisse abwehren, sich bedingungslos treiben und widerstandslos beherrschen lassen, es kann aber auch bei angemessener Kraft und Stärke über den Zwang des Schicksals triumphieren.

Kritik an Szondis Theorie

An dieser Stelle setzt die Kritik an der Schicksalsanalyse ein, die der Wahlfreiheit wenig Spielraum läßt, auch wenn Szondi einen Fatalismus bestreitet und von einem „lenkbaren Fatalismus" spricht. Im Mittelpunkt seiner Arbeitshypothese steht fraglos die Gen-Theorie, und die dürfte am umstrittensten sein. Es handelt sich um Annahmen, die ausgesprochen spekulativ sind. Es fällt auf, daß die Milieutheorien nur am Rande beleuchtet und die schöpferische Produktivität, die Gestaltungskraft des Menschen, wie wir sie aus individualpsychologischer Sicht beschrieben haben, gar nicht diskutiert werden. Die teleoanalytische Perspektive müßte dieser auffallend kausalmechanistischen Deutung differenziert gegenübergestellt werden. Schließlich ist der Mensch mehr als ein Konglomerat aus Trieben. Die Gen-Theorie Szondis steht auch insofern auf tönernen Füßen, weil der Nachweis bestimmter Gene, die für die Liebeswahl beispielsweise verantwortlich sein sollen, die Wissenschaft im Augenblick vor unlösbare Schwierigkeiten stellt.

Die Schicksalsanalyse ist auch für die psychologische und pädagogische Praxis unzureichend. Der wissenschaftliche Apparat ist zu kompliziert, um auf breiterer Basis Hilfestellung in der Berufs- und Partnerwahl zu bieten. Die Schicksalsanalyse liefert augenscheinlich dem Erzieher zu wenig Rüstzeug, um dem Kind beratend, helfend, erhellend und wegweisend eine vernünftige Partnerwahl zu ermöglichen.

Liebe auf den ersten Blick

Die „Liebe auf den ersten Blick" steht bei vielen Zeitgenossen hoch im Kurs. Man hört viel Romantisches und Rührendes darüber. Und doch endet sie vielfach mit Kummer und Enttäuschung. Das Mädchen, das den „Mann seiner Träume" und der Mann, der „seinen Typ" liebt, oder „sein Jugendideal" heiratet, werden oft in der Ehe unglücklich, und am Ende ihrer leidenschaftlichen „Liebe" steht die Scheidung.

Idealbilder, Typen und Idole können durch Kommunikationsmittel sozusagen gemanagt werden. Plötzlich schwärmen Tausende für hochgekommene Stars. Teenager hängen sich die einschlägigen Poster über ihre Betten und tapezieren damit die Wände im Großformat. Ihr Traum hängt an der Wand.

Was geht hier vor? Welche „Regelkräfte" sind hier am Werk?

Die Liebe auf den ersten Blick beruht auf einer affektiven Resonanz. Es ist kein Gesetz der Psychologie, sondern ein Gesetz der Physik, das von Heisenberg stammt: Das Ergebnis der Beobachtung ist immer schon im Beobachter vorgegeben. Es ist daher kein Wunder, daß sich der erste Eindruck bestätigt, denn der Beobachter kann ja nichts anderes herausfinden, als was er vorher wahrgenommen hat. Individualpsychologisch könnte man auch sagen: Er kann nichts anderes sehen, als was er sehen will. Es gibt Menschen, die davon überzeugt sind, daß Liebe auf den ersten Blick *instinktsicheres* Handeln sei. Man müsse sich auf die *innere Stimme*, die unfehlbar die Richtung zeige, verlassen. Aber mit dieser Theorie sollte man aufräumen. Die meisten Forscher sind der Meinung, daß der Mensch nur verkümmerte Instinkte besitzt. Auf sie kann sich der Mensch nicht verlassen. Die große Liebe, die uns wie ein Blitzschlag treffen kann, ist nicht selten das plötzliche Wiederbewußtwerden eines Bildes aus Kindertagen. Es gibt ungezählte Möglichkeiten dieses Wiederbewußtwerdens: körperliche Ähnlichkeiten, vertraute Bewegungen, vertrautes Lachen, physische Auffälligkeiten – alles kann eine lebhafte erotische Resonanz auslösen, kann eine Anziehung hervorrufen. Die Liebe auf den ersten Blick entflammt weniger am Charakter des Menschen, sondern oft an seiner körperlichen Ausstrahlung. Geruch, Ton, Stimme, Figur, Haarfarbe, Brüste und Augen können diesen Effekt auslösen. Es handelt sich in der Regel um unbewußte und uneingestandene Idealvorstellungen, die im Augenblick eine partielle Wunscherfüllung anbieten. Die vom Menschen meist unbewußt gewählten Ideale stammen im allgemeinen aus der Kindheit oder der Pubertät. Es können Eltern, Erzieher und befreundete Personen sein. Es sind Projektionen des eigenen Urbildes auf andere. Selten handelt es sich um eine tiefe, ernstzunehmende Liebe. Ein auffallender Teilaspekt entspricht genau dem eingeprägten Bild aus der Kindheit, muß aber nicht mit den übrigen Erwartungen in seelischer, geistiger und ethischer Hinsicht übereinstimmen. Daher ist die Prognose für „Liebe-auf-den-ersten-Blick-Ehen" im allgemeinen eine ungünstige. In der Vergangenheit und der Gegenwart finden wir genügend Beispiele von Menschen, die solche Modell-Typ-Wahlen getroffen haben und die Projektionen überzeugend verdeutlichen.

Der französische Philosoph René Descartes, der als Kind einem schielenden Mädchen sehr zugetan war, empfand noch als Erwachsener beim Anblick einer schielenden Frau lebhafte sexuelle Erregung.

Der französische Filmschauspieler und Regisseur Roger Vadim wurde bisher dreimal geschieden und ist zur Zeit mit seiner vierten Frau verheiratet. Die erste Liebe war Brigitte Bardot, heute ist er mit der amerikanischen Filmschauspielerin Jane Fonda liiert. Alle vier haben die gleiche Figur, zeigen die gleichen Konturen, tragen lange, blonde Haare und ähneln sich sehr. Es unterliegt keinem Zweifel, daß hier mehr als „Zufall" im Spiel ist. Roger Vadim bevorzugt sehr junge, unerfahrene und kindlich wirkende Frauen. Brigitte Bardot war 17 Jahre alt, als er sie als unbekanntes Mädchen auf einem Pariser Vorortbahnhof ansprach. Annette Stroyberg war ebenfalls 16 Jahre alt, als Roger Vadim sie kennenlernte. Diese Dänin war noch mit ihm verheiratet, als er Catherine Deneuve den Hof machte. Auch dieses Mädchen war gerade 16 Jahre alt. Sie wurde zum Standardtyp der 50er Jahre wie Brigitte Bardot umfunktioniert. Roger Vadim brauchte Menschen, die er beherrschen konnte, die kindlich und naiv wirkten – bis sie sich eines Tages mauserten, ihren Selbstwert schätzen lernten, sich selbständig machten und ihre Unabhängigkeit demonstrierten. Jedesmal ging dann eine solche Romanze in die Brüche.

Ähnlich erging es einem bekannten Showmaster. Lou van Bourg war einst der Amor vom „Goldenen Schuß". Der Verheiratete, über 50jährige verliebte sich in seine frühere Assistentin, Marianne Krems, zwanzig Jahre jünger als er und schuldig geschieden. Sie erwartete vor der Heirat ein Kind von ihm, assistierte dem Showmaster – bereits im fünften Monat – bei seinen Zirkusauftritten in Berlin. Das Interessante ist, daß diese Frau seiner ersten Frau, die er 1942 heiratete und von der er 1960 geschieden wurde, äußerlich sehr ähnlich sieht. Beide haben ein vollschlankes, ovales Gesicht und tragen dunkle Haare. Der selbst über 180 Pfund schwere Lou van Burg – wie die Zeitungen berichteten – liebt vollschlanke Frauen. Es ist auch sicher kein Zufall, daß er im holländischen Fernsehen mit den Zwillingen Ina und Kitty Haehler auftritt, die beide als vollschlank anzusprechen sind.

An dieser kurzen Darstellung interessiert weniger der Klatsch als vielmehr die Motivation der Partnerwahl. Showmaster Lou van Bourg scheint auf einen Modelltyp fixiert zu sein. Die ins Auge springenden Äußerlichkeiten geben den Ton an.

Ein letztes Beispiel, das unsere Beobachtungen erhärtet, führt ebenfalls in die Welt des Showbusiness. Es handelt sich um den israelischen Sänger und Musiker Abi Ofarim, der mit Esther, einer in Deutschland beliebten Sängerin, verheiratet war. Esther ist zierlich, schlank und hat dunkle Augen. Sie trug lange, glatte schwarze Haare. Nach der Trennung mit Abi fiel den deutschen Fernsehzuschauern auf, daß sie ihre langen Haare verhältnismäßig kurz abgeschnitten hatte. Und dann erschienen Bilder in deutschen Illustrierten von Abi und seiner neuen Freundin aus

München. Abgebildet ist ein 19jähriges Mädchen, das als Foto-
modell und Schauspielerin arbeitet. Die Fotos dieses Mädchens
zeigen eine verblüffende Ähnlichkeit mit Esther. Freunde und
Kritiker sprechen von einer zweiten Esther.

Die Doppelwahl

Der Psychologe H. Meyerhoff hat anhand von 245 Fällen erst-
mals mehrmalige Wiederverheiratungen untersucht[1]. Die soziologischen und morphologischen Aspekte wurden aus dem Material von Vaterschaftsprozessen gewonnen. Es handelt sich um
Frauen, die es mit mehreren Partner zu tun hatten. Er konzen-
trierte sich bei seinen Untersuchungen auf Übereinstimmungen
und Abweichungen zwischen den Männern einer Frau. Ihm
standen 245 Fälle zur Verfügung, in denen die Frau jeweils zweimal gewählt hatte. Die Mehrzahl der Frauen wählte den zweiten
Partner aus der gleichen Sozialschicht. Auch in den Fragen des
Lebensalters wählten die Frauen häufig nacheinander gleichsin-
nig. Als auffallend gilt der Befund, daß Frauen relativ selten ihren
Typ wechselten. Meyerhoff fand heraus, daß zwar markante
Einzelmerkmale den Ausschlag für die Wahl geben konnten,
aber im allgemeinen das Zusammenwirken vieler Einzelmerkmale letztlich den Ausschlag gibt.

Wörtlich heißt es bei ihm: „Nach einer groben Schätzung sind
von 245 Vaterschaftsgutachten rund zwei Drittel der Fälle so ge-
lagert, daß je zwei männliche Partner einer Frau auffallende
Ähnlichkeiten miteinander aufweisen; in fast 20% der Fälle besteht eine hochgradige Gesamtähnlichkeit, der jeweils zusam-
mengehörigen männlichen Partner, in etwa 45% stimmen diese
in komplexen Einzelzügen weitgehend miteinander überein."[2]

Die Meyerhoffs Arbeit beigefügten Photographien wirken
überzeugend: Die Kopf- und Gesichtskonturen weisen deutliche
Übereinstimmungen auf. Sogar Formen des Haares und des
Haaransatzes, athletische Züge, sogar die Art des Auftretens und
selbst mimische Charakterzüge stimmen überein. Von der hoch-
liegenden Nasenwurzel, der Gestalt der Oberlippen, bis hin zur

---

[1] Horst Meyerhoff, Begegnung – Liebe – Bindung, Ernst Reinhardt Verlag, 1961.
S: 69ff.
[2] Meyerhoff, a.a.O. S. 72.

Stirnstellung und Stirnhöhle lassen sich deutliche Ähnlichkeitsmerkmale ausmachen. Meyerhoff schreibt: „Die Nasen- und Augenregion der Männer aus Abbildung 13 bedürfen kaum eines besonderen Kommentars. Hier stimmen alle Einzelheiten so genau überein, selbst die Querfurche auf der Nasenwurzel ist bei beiden Partnern zu finden, daß man versucht sein könnte, an eineiige Zwillinge zu denken. Beide Männer haben überdies rötliches Kopfhaar und graue Iriden, beide üben den gleichen Beruf aus und sind gleichaltrig."[3]

Aber nicht nur Einzelmerkmale stimmen überein, eine ganze Reihe von Ganzkörperaufnahmen verrät, daß die Körpergestalt als Ganzes wiederkehrt in der Wahl des zweiten Partners. Immer sind es Typen, die dem leptosomen oder athletischem Körperbau zugeordnet werden können. Meyerhoff kommentiert: „Die Doppelwahlen der Frauen weisen oft so charakteristische Gemeinsamkeiten auf, daß man mitunter versucht ist, von ‚Doppelgängern' zu sprechen." Er geht davon aus, daß die Wahl von bestimmten Wunschbildern gelenkt wurde und der Zufall damit auf ein Minimum reduziert worden sei.

Grübchen als Signal

Die Ansprechbarkeit eines Menschen auf eine kleine körperliche Besonderheit begegnete mir in der Beratung. Es handelte sich um einen 28jährigen Mann, der einige Liebesenttäuschungen hinter sich hatte. Um genau zu sein: es handelte sich um fünf unglückliche Abenteuer innerhalb von sechs Jahren. Der junge Bankbeamte war von seinen „Pleiten", wie er sie nannte, so niedergeschlagen, daß ich zunächst vermutete, es handelte sich um eine unbewußte Flucht vor der Ehe, um einen Rationalisierungsvorgang, den wir an anderer Stelle besprechen.

Er schilderte mir die Frauen, mit denen er jeweils einige Monate zusammen war, in allen Einzelheiten. Das Merkwürdige: alle fünf zeigten nach seinen Schilderungen keine auffälligen, äußeren Gemeinsamkeiten. Augenfarbe und Gesichtsschnitt, Figur und Größe gaben nicht den geringsten Hinweis auf Übereinstimmungen. In der dritten Stunde fragte ich ihn, ob er ein Bild von den Frauen bei sich trüge. Er schüttelte den Kopf, kramte

---

[3] Meyerhoff, a.a.O. S. 72ff.

dann aber aus seiner Brieftasche ein etwa postkartengroßes Photo heraus, das lediglich den Kopf eines jungen Mädchen darstellte.

„Das ist mein Schwarm, so wünsche ich mir meine Frau", sagte er.

Ich: „Welche von den Fünfen ist denn das?"

Er (lächelte verschmitzt): „Ich habe Ihnen keine vorenthalten. Sie hat mit meinen Freundinnen nichts zu tun. Diese Frau ist längst verheiratet und zwölf Jahre älter als ich. Das Bild ist kurz nach ihrem 16. Geburtstag aufgenommen worden. Sie war bei uns Kindermädchen."

Der Achtundzwanzigjährige kam aus einer Familie mit 5 Kindern, vier Jungen und ein Mädchen. Er war der dritte Junge und fühlte sich zurückgesetzt. Die Mutter war kränklich und brauchte als Unterstützung ein Kindermädchen. Eine Fünfzehnjährige aus der Nachbarschaft, die noch zur Realschule ging, kam täglich, beaufsichtigte die Kinder und brachte sie abends nach dem Essen ins Bett. Der damals vierjährige Junge entwickelte eine besondere Zuneigung zu dem Mädchen.

Ich schaute mir das Bild genauer an und entdeckte – ausgesprochen zufällig – tiefe Grübchen in der Wange. Mehr beiläufig fragte ich den Klienten:

„Haben es Ihnen die Grübchen der Frau angetan?"

Er schaute mich plötzlich mit großen Augen an, machte eine Denkpause und strahlte über das ganze Gesicht.

„Ich hab's! Grübchen! Meine Freundinnen haben alle Grübchen."

Ich: „Was finden Sie denn so besonders attraktiv daran?"

Er: „Grübchen? Das müßten Sie doch wissen, Frauen mit Grübchen sind besonders liebesfähig. Darin haben mich auch alle fünf nicht enttäuscht."

Ich muß wohl ein ungläubiges Gesicht gemacht haben, denn er fragte, ob das etwa nicht stimme.

Ich: „Oder könnte das einen anderen Zusammenhang haben?"

Dem Mann war dieses Signal, auf das er prompt und mit intensiver Anziehung reagierte, entgangen. Immer wallte es heiß in ihm auf, wenn ihm tiefe Grübchen begegneten. Dem Bewußtsein und der wachen Erinnerung blieben diese Zeichen verborgen. Aber menschliche Zuwendung und Wärme hatten sich in dieser Äußerlichkeit verdichtet. Jedesmal, wenn sich hineininterpretierte Züge bei seinen Freundinnen nicht einstellten, bekam seine

Zuneigung einen Knacks, das Bild hielt nicht, was es versprach. Er hatte alle seine Bekannten mit Eigenschaften geschmückt, die er herbeisehnte und die sich in dieser körperlichen Unscheinbarkeit kristallisieren sollten. Die Enttäuschung entzündete sich an der Attrappe, auf die er geflogen war. Die Lebensstile entsprachen sich nicht. Die Erwartungen, Freud und Leid partnerschaftlich anzugehen, wurden nicht erfüllt. Eigentlich hatte er doch die Erfahrung gemacht, daß die „Grübchen-Mädchen" sich gar nicht als so geeignete Partnerinnen erwiesen und wählte sie trotzdem. Er sah seine Fehlleistung erst ein, als ich ihn darauf aufmerksam machte.

Die Enthüllung und Demaskierung solcher unbewußten Zusammenhänge, wie sie gelegentlich durch Freunde, Bekannte und Eltern geschieht, die einer solchen Reizauslösung auf die Spur gekommen sind, oder wie sie hier und da in der Beratung gelingt, kann die ganze Magie solcher Blitzschlag-Liebe zusammenbrechen lassen. Schon die Enttäuschung darüber, solchen dürftigen Eindrücken auf den Leim gegangen zu sein, löst bei den Betroffenen eine wohltuende Ernüchterung aus.

Gewohnheit und Prägung

Bei aller Formung, Bildung und seelischen Entwicklung des Menschen spielt die Gewöhnung eine große Rolle. Das Triebhafte ändert sich nicht wesentlich in tausend Jahren. Aber die in der Tradition überlieferte Sprache, Kleidung, die Sitten, die Gebräuche und die Mode wandeln sich rasch. Woran liegt das?

Jeder Mensch verwendet Erlebnisse, selbst Prägungen und Traumatisierungen – als Rohstoff zur Herstellung seiner Leitlinien. Er kann sie verändern und ins Gegenteil verkehren; auf alle Fälle dienen sie seinem Wahrnehmungsschema, das seinem Bewußtsein tendenziell nur das zuführt, was ihm zusagt.

Die Gewohnheit ist ein wichtiges Bindemittel zwischenmenschlichen Verhaltens. Man kann sich an die Umgebung, Konventionen, Menschen und bestimmte Haltungen gewöhnen. Der Sexualforscher Hans Giese ging so weit, daß er sagte: „Recht bedacht ist es doch gar nicht erstaunlich, daß der Mensch betrügen und den Geschlechtspartner wechseln kann, sondern erstaunlich bleibt, daß er in der Lage ist, sich an ihn zu gewöhnen, ihm Vertrauen und Treue entgegenzubringen. Der Schluß, zu dem Kinsey verleitet – weil soundso viele Personen dies und jenes tun, darum ist dies und jenes wesensgemäß – ist ein bedenklicher Trugschluß."[4]

Die gesamte Erziehung läuft darauf hinaus, Menschen an Haltungen zu gewöhnen, die eines Tages selbstverständlich und automatisch ablaufen. Die Reklame strebt dies mit ähnlichen Mitteln an. Der Mensch soll durch wiederkehrende Bilder, Zeichen, Texte und Laute daran gewöhnt werden, sich für diese oder jene Dinge zu erwärmen. Die Wiederholung des Gewohnten und Vertrauten gewöhnt. Darum ist die Gewohnheit nichts Ererbtes, Angeborenes, sondern etwas Erworbenes. Niemand wird bestreiten, daß hier bestimmte Dispositionen eine Rolle spielen. Das Wort „Gewohnheit" läßt erkennen, daß von einem *Wohnen* die Rede ist. Darum meint auch das Wort „Kohabitation" = Zusammenwohnen, Beiwohnen, Beischlafen.

Die erworbenen und bedingten Verhaltensweisen

Während das Tier auf eine Blockierung seiner Bedürfnisse in erster Linie mit vorgeformten Verhaltensweisen des *Angriffs*, der *Verteidigung* oder der *Flucht* reagiert, sind die Reaktionsmöglichkeiten des Menschen vielschichtiger. Der Mensch kann stärker als das Tier gestört werden, die Chance einer positiven inneren Verarbeitung und eines geordneten Verhaltens sind größer. Der Gesamtverlauf des Menschen steht unter dem dreifachen Gesetz der *Selbsterhaltung,* der *Selbstentfaltung* und *Selbstgestaltung.* Kommt der Mensch in Bedrängnis, versucht er seine Position zu *erhalten.* Zugleich mobilisiert er Kräfte und *entfaltet* neue Techniken der Weltbewältigung. In einer dritten Phase greift er ordnend und handelnd, ausgleichend und *gestaltend* ein. Es sind erforderliche Reifungsschritte, die den Menschen weiterbringen. Das Lustprinzip der frühen Kindheit wird durch das Gestaltungsprinzip abgelöst.

Das Kennzeichen der erworbenen und bedingten Verhaltensweisen ist, daß sie nicht ständig neu überlegt und entschieden werden müssen. Es können äußere Anlässe oder innere Impulse

---

[4] H. Giese, Die Rolle der Gewohnheit, in: Sexualität und Sinnlichkeit, Enke Verlag 1955, S. 10.

sein, so daß schließlich eine Handlung „automatisch" abläuft und sich einschleift. Diese Automatisierung und Mechanisierung schaffen eine Gewohnheitsbildung. Alle Wiederholungen führen zu Gewohnheitsbildungen. Ein bestimmtes Verhalten vollzieht sich immer spielender, verläuft wie von selbst.

Der russische Physiologe I. P. Pawlow, der 1904 für seine umfangreichen Experimente zu einer systematischen Theorie des Verhaltens mit dem Nobel-Preis ausgezeichnet wurde, hat eindrücklich nachgewiesen, daß bedingte Reflexe wiederholt erfahrener Erlebnisse, vor allem Enttäuschungen, innerseelische Bereitschaften bilden, die unser Denken, Handeln, Wollen hemmen und stören. Für die Entstehung von Komplexen und Neurosen hat dieser Forscher – wenn auch manches kritisch gesehen werden muß – Entscheidendes beigesteuert. Die bedingten Reflexe auf der physiologischen Ebene bezeichnet man auf seelisch-geistigem Gebiet besser als „bedingte Bindungen". Ob es sich um die Einschleifung von bestimmten Eßgewohnheiten, die Sauberkeitsgewöhnung, das Anlernen sozialisierten Benehmens, die Beziehung neurotischer Verhaltensmuster oder um die Bildung von Vorurteilen und Idealen handelt, überall ist dieser Prozeß des bedingten Reflexes oder der bedingten Bindung am Werk. Ein Experiment, das Lückert über Menzies berichtet, mag das illustrieren. Wenn eine Hand in heißes oder kaltes Wasser eingetaucht wird, erweitern oder verengen sich die Gefäße, reflexartig. Menzies ging daran, diesen Vorgang mit einem zweiten Geschehen zu verkoppeln. Jedesmal, wenn die Hand ins Wasser getaucht wurde, ertönte eine Schnarre, oder ein bedeutungsloser Name wurde genannt. Er wiederholte die kombinierten Handlungen, bis sich ein bedingter Reflex einstellte. Ja, der Reflex in der Form der Gefäßerweiterung setzte später sogar ein, wenn lediglich die Schnarre ertönte oder derselbe Name genannt wurde.

Je jünger der Mensch ist, um so leichter funktionieren die Gewohnheitssysteme. Tritt der Mensch dann in das Stadium der Selbstgestaltung ein, wo sich Gesinnungen bilden, werden die Gewohnheiten nicht abgeschafft, aber vom Bewußtsein beherrscht.

Die weitaus meisten Handlungen vollziehen sich aufgrund des erworbenen Gewohnheitssystems mit unreflektiert naiver Selbstverständlichkeit, andererseits sind aber diese Gewohnheiten in Gesinnungen verankert, die mit dem Gewissen verbunden sind. Wie falsche Gesinnungen durch falsche Gewöhnungen eingeschliffen werden können, erleben wir im täglichen Sprachgebrauch. Zahllos sind die Vorurteile und, damit verbunden, eine zweifelhafte Gesinnung. So wird gesprochen von *den* Katholiken (die man für „falsch" hält), von *den* Frauen am Steuer (denen man besser den Führerschein entzöge), von *den* Juden, *den* Amerikanern, *den* Russen, *den* Finanzbeamten, *den* rechten oder linken Politikern usw.

Gewöhnungen spielen für die Gewinnung des Lebensstiles eine besondere Rolle. Sagt man doch: „Der Mensch ist ein Gewohnheitstier." Gute und schlechte Gewohnheiten baut man in seinen Lebensplan ein. Hat man mit bestimmten Handlungen Erfolg, die das Ziel und den Absichten entsprechen, behält man sie gewohnheitsmäßig bei. Sie passen ins Konzept, sie unterstützen gefaßte Pläne. Schön wäre es, wenn der Mensch nur mit positiven und wertvollen Gewohnheiten seinen Lebensstil ausstattete. Leider ist dem nicht so. Man benutzt, was einem paßt und greift auf, was Erfolg verspricht. Dabei kann ein neurotischer Augenblickserfolg in einem bestimmten Vorfall durchaus hilfreich sein, um ein Versagen zu vertuschen oder zu überwinden. Wird diese Haltung aber bei allen auftauchenden Schwierigkeiten mobilisiert, so kann sich diese Haltung zu einer ausgesprochenen Neurose entwickeln, die freie Entfaltungen und Entscheidungen hemmt, verhindert und unmöglich macht. Je länger ein derartiges Verhalten beibehalten oder zur Gewohnheit wird, desto schwieriger wird die Korrektur und die Befreiung von ihrer Einschränkung.

Die Prägung

Dieser von K. Lorenz definierte Begriff leitet sich aus Erfahrungen her, wonach z. B. Vögel kurz nach dem Ausschlüpfen eine Phase durchlaufen, in der sie auf bestimmte Auslöser für arteigene Instinkthandlungen fixiert werden. Solche Instinkthandlungen können z. B. das Hinter-der-Mutter-Herlaufen der Jungtiere sein. Normalerweise gehen solche Aufforderungen vom Muttertier aus. Prägungen können aber auch bei künstlich ausgebrüteten Vögeln von leblosen Gegenständen (die sich bewegen) ausgehen. Die Forscher haben herausgefunden, daß eine solche Prägung in den ersten vierundzwanzig Stunden am erfolgreichsten ist. In vielen Fällen kann schon die Dauer von ein paar Minuten prägend wirken. Es scheint aber wohl weniger auf die Dauer anzukommen als auf den Grad einer gesteigerten Emotionalität bei dem zu prägenden Tier. Lorenz glaubt, auch beim Menschen einen ähnlichen Vorgang annehmen zu dürfen. Die sogenannte „Liebe auf den ersten Blick" entspräche nach seiner Vorstellung diesem Modell.

Der Mensch ist – verglichen mit dem Tier – offener, bildsamer und prägsamer. Er bleibt wandlungsfähig, die jeweils ausgebildeten menschlich-kulturellen Erziehungsbilder zu empfangen, in sich zu verarbeiten, sie in Elemente seines Menschseins umzuformen. Daß die frühe Kindheit eine besonders starke Plastizität und Prägbarkeit aufweist, ist heute unbestritten. Es unterliegt ferner keinem Zweifel, daß bestimmte Fehlhaltungen sich schon in frühester Zeit so fest einschleifen, daß sie sich später nur sehr schwer wieder abgewöhnen lassen. Das „klassisch" gewordene Beispiel von Konrad Lorenz kann den Prägungsvorgang verdeutlichen: Lorenz wurde von einem eben ausgeschlüpften Graugans-Küken als erstes Lebewesen gesehen (als er den Vorgang im Brutkasten beobachtete). Diese kurze Zeit genügte, um ihn von seiten des Gänsejungen zum Elterntier zu prägen. Es lief ihm fortan ständig nach, als ob er seine Gänsemutter wäre. Ähnliches hat Lorenz auch mit Dohlen, Kolkraben und Stockenten erlebt. Bei den Stockenten war er sogar gezwungen, mit ihnen ins Wasser zu gehen, um sie zum Schwimmen anzuregen. Ebenso schildert Professor Grzimek ein aufschlußreiches Beispiel: Er erlebte ein Fohlen, das den zum Muttertier geprägten Menschen nachlief. Bis zum 18. Tag reagierte es nicht auf Wiehern seiner wirklichen Mutter, beleckte Hose und Strümpfe des Pflegers, und zwar in der gleichen Weise, wie sich Stute und Fohlen zu belecken pflegen. Das Fohlen erkannte bis zum 39. Tag weder Pferde-Attrappen noch seine eigenen Artgenossen.

Prägungen vollziehen sich nicht nur in der frühen Kindheit des Menschen, sondern in allen Phasen seiner Entwicklung. Das Kind bringt nicht einfach ein System von Keim- und Erbanlagen mit, die nur zu entwickeln wären, sondern in weiten Bereichen handelte es sich um *Möglichkeiten*, die der Anregung aus der sozio-kulturellen Umwelt bedürfen. Das Kind verarbeitet sie und baut sie in seinen Lebensstil ein.

Die bedingten Reflexe oder Prägungen, die gut (das heißt der Umwelt richtig, adäquat) angepaßt sind, bedeuten eine große Lebenshilfe. Sind sie dagegen schlecht, also der Umwelt nicht angepaßt, bedeuten sie mehr oder weniger unangenehme, verhängnisvolle Hemmungen. Negative Prägungen erfolgen oft unbewußt.

Ich kenne eine junge Frau, die zur Hingabe unfähig ist und beim Geschlechtsverkehr noch niemals den Orgasmus erlebt hat. Ihre Mutter, die mit ihrem Mann in zerrütteter Ehe lebt, hat ihr hundertmal eingetrichtert und „eingeprägt", daß alle Männer schlecht, Schurken, Schürzenjäger und sexuelle Schmarotzer seien. Sie pflegte ihre aufklärerischen Bemühungen mit den Worten zu schließen: „Du wirst es noch erleben." Die Tochter hat es erlebt. Die negativen Urteile über den eigenen Vater und die Männer im allgemeinen verfehlten nicht ihre Wirkungen. Niemals hat sich die Mutter darüber Gedanken gemacht, welche Wirkungen ihre diskriminierenden Belehrungen hatten. Es gibt andere Prägungen, die ähnliche Fehlhaltungen hervorrufen können:

„Das Geschlechtliche ist etwas Unanständiges."

„Selbstbefriedigung ist eine schwere Sünde."

„Wer eine Frau ansieht, hat Ehebruch begangen."

Solche Sätze bleiben nicht im Gedächtnis haften, sie sinken ins Unbewußte ab. Sie liefern das Material, aus dem der junge Mensch seinen Lebensstil zimmert.

Eine solche Prägung möchte ich an einem Beispiel aus der Eheberatung verdeutlichen. Zu mir kommt eine 34jährige, verheiratete Frau, die darunter leidet, daß sie Berührungen an den Brüsten als ausgesprochen unangenehm empfindet. Die Exploration ergibt, daß sie keineswegs prüde erzogen wurde und über sexuelle Vorgänge offen spricht, sie keineswegs als verwerflich, sündhaft oder unanständig empfindet. Die körperlichen Beziehungen sind zufriedenstellend, gegenseitige manuelle Berührungen findet sie in Ordnung und werden von ihr bejaht und gewünscht. Nur die Brustregion bleibt „tabu". Lediglich im Augenblick des Orgasmus darf der Ehepartner die Brüste streicheln. Sie schränkt das aber sofort ein und sagt: „Allerdings nur, solange sich meine Gefühle auf dem Höhepunkt bewegen." Ihre Brüste zu entblößen bedeutet beim Verkehr jedesmal eine handfeste, eheliche Auseinandersetzung. Der Mann wird wütend, ausfallend und wendet nicht selten Gewalt an, die wiederum die Frau verabscheut. In der zweiten Stunde schildert sie mit gequälter Stimme ein Erlebnis, das sie als zwölfjähriges Mädchen hatte. Sie berichtet: Eines Tages sei ihr Stiefvater plötzlich ins Badezimmer gekommen, habe ihr wortlos die Hemdenträger heruntergestreift und ihre Brüste mit beiden Händen gepreßt. Sie habe vor Widerwillen nicht schreien können und nur abwehrend gestöhnt. Minuten später sei ihre Mutter ins Bad gekommen und hätte ein furchtbares Theater gemacht. Sie sei seitdem nie wieder belästigt worden, hätte auch das Erlebnis völlig vergessen gehabt. Der Eindruck in der „prägsamen Phase" oder in der „sensiblen Phase", wie sie von anderen Autoren genannt wird, muß also nicht lang anhalten und wiederholt auftreten. Es genügt ein einziges, schockartiges, traumatisches Erlebnis. Solche Fixierungen sind äußerst haltbar und potenzieren sich durch weitere falsche Befürchtungen. Es bleibt kein einmaliges Ereignis. Die Lebensgeschichte dieser Frau zeigt, daß ein unschönes Erlebnis mit der Brustregion in der Vorpubertät falsche Verhaltensweisen in der Pubertät und im späteren Leben auslösen kann.

Gewöhnung, Prägung und zielgerichtete Aktivität

Es empfiehlt sich, dem letzten Abschnitt noch einen kurzen Kommentar hinzuzufügen, um Mißverständnisse abzuwehren. In der Verhaltensforschung, die in den letzten Jahren erheblichen Einfluß gewonnen hat, und in der Psychoanalyse spielen Begriffe wie Prägung, Blitzprägung, Traumatisierung, Frustrierung, Blitzfixierung eine erhebliche Rolle. Auch in der Pädagogik gehören Begriffe wie prägen, Gepräge, Plastizität, plastische Reaktion, Prägefaktoren und Gewöhnung zum ständigen Vokabular. Das Prinzip geht glatt ein, und man stellt sich im allgemeinen eine bestimmte *Mathematik* des Prägevorgangs vor. Man glaubt, der menschliche Organismus erleidet den Prägevorgang wie z. B. Gold und Silber im Prägestock. Diesen kausal-mechanistischen Vorstellungen und Behauptungen haben Alfred Adler, Fritz Künkel, Wilhelm Stern, Gordon W. Allport und andere eindeutig widersprochen. Der Mensch ist nicht willenloses Material und kann auch nicht durch einen einmaligen Vorfall (Trauma) seine Formung erreichen. Sogenannte Prägungen erfolgen nur, wo sie mit einer zielgerichteten Aktivität konform gehen. Der Mensch kann sich gegen zartere und gröbere Reize wehren. Schöpferisch eignet er sich nur an, was zu seinen geheimen Lebenszielen führen kann. Erziehung kann nur dann erfolgreich fürs ganze Leben wirken, wenn sie einen Weg zur Selbsterziehung anbietet. Erzwungene Gefügigkeit wird nicht lange beibehalten und führt meist schon während der Pubertät zur Auflehnung im Sinne finaler Tendenzen.

Manès Sperber bestätigt das:

„Selbst in der individualpsychologischen Behandlung, die ja den Erlebnissen keine sozusagen autonome Bedeutung zugesteht und die Wirksamkeit von Traumata entschieden relativiert, wenn auch nicht durchaus leugnet, erfaßt der Patient als erstes, daß er im Sinne einer genetischen Charakterologie ein Opfer ist... Man ist Objekt seiner Vergangenheit gewesen, *Opfer nicht so sehr des tatsächlichen Erlebens als dessen, was man mißverstehend und mißdeutend daraus gemacht hat.* Indem man sich seiner Vergangenheit als ein Subjekt bemächtigt, befreit man sich von ihr und verwandelt sie in eine objektive Wiedergabe von etwas, das war und nie mehr sein wird."[5]

Selbstverständlich – ganz ohne Automatisierung und Gewöhnungen ist die instinktlose menschliche Existenz unmöglich. Mit jedem Automatismus, ohne Einschaltung des Bewußtseins, verpfänden wir einen Teil unserer Freiheit, und zwar freiwillig. Aber kein Drama unseres Lebens muß gesetzmäßig ablaufen, keine Komödie muß fatalistisch zu Ende gespielt werden. Der Mensch hat es in jedem Akt des Ablaufs in der Hand, den Höhepunkt zu verändern, den Gang der Ereignisse zu beeinflussen, zu stoppen oder neu zu gestalten. Der Mensch paßt sich nicht nur *passiv* an. Wäre er nur passiv anpassungsfähig, „so säßen wir alle noch", wie Alfred Adler zu sagen pflegte, „auf den Bäumen und würden uns mit Lust und Genuß gegenseitig lausen".

---

[5] Manès Sperber, Alfred Adler oder das Elend der Psychologie, Molden Verlag 1970, S. 221.

Liebe und Pseudoliebe

Liebe braucht keine Erklärungen, sagen viele. Sie ist da, sie überfällt uns, sie reißt uns mit, sie zieht uns hinauf und hinab, fesselt, quält, treibt, schüttelt, erregt, zermalmt und beglückt uns. Fast alle Eigenschaftswörter lassen sich für dieses zentrale Schlüsselwort einsetzen. Sie kann Himmel und Hölle, Paradies und Fegefeuer, das Schönste und Furchtbarste für einen Menschen bedeuten.

Liebe und tausend Mißverständnisse

Das Wort Liebe besteht nur aus fünf Buchstaben, aber aus tausend Mißverständnissen. Jeder versteht etwas von Liebe. Jeder kann mitreden, jeder spricht und beurteilt sie durch seine private Brille. Die babylonische Sprachverwirrung wird deutlich, wenn man die Dimensionen ausleuchtet, die etwa zwischen der „Liebe zu Gott" und „der Liebe zur Dirne" bestehen.

Liebe kennzeichnet bei uns alles: Sie kann auf Personen, Sachen und selbst auf Abstraktes ausgedehnt werden.

Wir sprechen von:
Liebe zu Gott,
Liebe zum Kind,
Liebe zum Hund,
Liebe zum Alkohol,
Liebe zur Kunst,
Liebe zur Natur,
Liebe zum Fußballspielen,
Liebe zur Dirne,
Liebe zur Mathematik,
Liebe zum Instrument usw.

Die Dimensionen der Liebe sind auch nicht mit Gegensätzen

aufzuhellen. In kirchlichen Kreisen spricht man gern von „fleischlicher und geistlicher, von sinnlicher und übersinnlicher, von himmlischer und irdischer, von schenkender und besitzer-greifender Liebe".

Immer verraten diese Interpretationen Absichten und geheime Motive. Liebe ist nicht einfach Schicksal, ein Strom, der uns fort-spült, sondern der Mensch setzt die Liebesgefühle weitgehend unbewußt, aber geschickt plaziert in sein zwischenmenschliches Verhalten ein.

Kein Thema ist so oft von Dichtern, Schriftstellern, Psycholo-gen und Philosophen besungen, erklärt und verklärt, analysiert und verspottet worden. Man kann die Liebe zerpflücken, tot-reden oder totschweigen, sie wird immer wieder wie ein Phönix aus der Asche ans Licht dringen. Liebe ist der Schlüssel für alle partnerschaftlichen Beziehungen vor, in und nach der Ehe.

Viele Stimmen – viele Akzente

Wir können sachlich oder polemisch, psychologisch oder ety-mologisch an die „Sache" herangehen, wir bekommen immer andere Antworten und setzen andere Akzente. Zedlers „Großes, vollständiges Universal-Lexikon" (1738) definiert:

„Liebe ist diejenige Gemütsneigung, nach welcher man sich der Geliebten wohl als sein eigenes zu befördern angelegen sein läßt."

Und der „Große Duden" (1966) formuliert:

„Liebe ist die personale, ganzmenschliche (eine vertrauende Gemeinschaft anstrebende) Hingabe an eine Person." Der Ein-schub in Klammern macht auch im Jahre 1966 die ganze Hilf-losigkeit der Interpreten deutlich.

Und immer sind es der individuelle Lebensstil, die persönliche Mentalität und die subjektive Betrachtungsweise, die die Liebe als „zu Dreiviertel nichts als Neugier" (Giacomo Casanova), als „eine Leidenschaft, welche den Erdkreis auf die eine Seite legt und auf die andere nichts als den geliebten Gegenstand" (Napo-leon), als „eine leichte Gemütskrankheit" (Sacha Guitry), als „Irresein und Ekstase" (Henry Miller), als einen „affektiven Ausnahmezustand, der wesensmäßig befristet ist" (Hans Giese), als „Endzweck des Weltgeschehens, das Amen des Universums"

(Novalis) oder als „privates Weltereignis" (Alfred Polgar) bezeichnet.

Montaigne schrieb: „Liebe ist nichts anderes als das Verlangen, von der Person, die sie liebt, Genuß zu erhalten, und der Orgasmus nichts anderes als die Lust, die man bei der Entleerung der Blase empfindet."

La Rochefoucauld: „Es ist schwer, die Liebe zu definieren. Man könnte sagen, daß sie geistig die Leidenschaft fürs Herrschen ist, vernunftmäßig Freundschaft und Anteilnahme, und körperlich nichts anderes als der tiefe, geheime Wunsch, ihren Gegenstand zu besitzen, nach dem man mit ihm völlig vertraut wurde."

Stendhal formuliert: „Liebe heißt Lust gewinnen." Tolstoi schreibt verbittert in der „Kreutzersonate": „In der Theorie ist die Liebe etwas Ideales, etwas Erhabenes, in der Praxis ist sie ekelhaft und schweinisch, eine Sache, an die zu denken oder über die zu sprechen widerlich und schädlich ist!"

Verliebtheit als Ekstase

Daß zwischen Liebe und Verliebtheit Unterschiede bestehen, macht eine alte Spruchweisheit deutlich: „Verliebtheit macht blind." Was wollen wir damit sagen? Der Jugendliche liebt mit geschlossenen Augen. Fehler, Schwächen und schlechte Charaktereigenschaften des Partners werden oft gar nicht registriert. Irgendwelche Gefühle sind zu stürmisch und überlagern das Bewußtsein, so daß der andere so, wie er wirklich ist, gar nicht wahrgenommen wird. Da die Liebe ein vielfältiges Phänomen ist, hilft uns eine sogenannte objektive Beurteilung nicht weiter. Wir müssen die Hintergründe ableuchten, um den verborgenen Wünschen und Sehnsüchten auf die Spur zu kommen, die die Wahl beeinflussen.

Der oder die Verliebte ist in einem Trancezustand. Henry Miller, ein amerikanischer Schriftsteller, der in seiner Jugend ein abenteuerliches Leben führte, als Rebell gegen die Zivilisation begann und vier Ehen hinter sich hat, schreibt über Liebe und Verliebtheit: „In den frühen Stadien jener Tollheit, die sich Liebe nennt, während man noch zwischen Ekstase und völliger Verzweiflung hin- und herschwankt, ist es natürlich, die Geliebte als das Ein und Alles zu betrachten. Wir tun das trotz vorangegangener Erfahrungen, trotz aller inneren Warnungen. Wir hoffen und beten, daß der Gegenstand unserer Zuneigung und wir selbst innerlich wachsen und wachsen möge, wie auch die Liebe selber wächst ... Wir betrügen uns mit dem Gedanken, daß dieses unglaubliche innere Wachstum sich in dem Maße einstellen wird, indem wir unsere Liebe offenbaren."[1]

Vielfach spricht man von Liebe, wo nur von Leidenschaft und Verliebtheit die Rede sein dürfte. Verliebtheit kann sich freilich wie Liebe auswirken, sich bis zur Tollheit steigern – ein Hin- und Herschwanken zwischen Ekstase und Verzweiflung. „Himmelhochjauchzend – zu Tode betrübt", so könnte man diesen seelischen Ausnahmezustand umschreiben. Daß Verliebtheit gewissermaßen eine Bewußtseinstrübung darstellt, zeigt sich auch an unserem Sprachgebrauch:

„Sie ist verknallt!" Wollen wir nicht sagen: „Sie hat einen Knall?" Der spanische Philosoph Ortega y Gasset formuliert daher unmißverständlich, wenn er schreibt:

„Die Verliebtheit ist ein Zustand seelischer Armut, der das Leben unseres Bewußtseins verengt, verödet und lähmt. Es ist also keine Rede von einer Bereicherung unseres Seelenlebens. Ganz im Gegenteil: Das Bewußtsein verengt sich und enthält nur noch einen Gegenstand. Lassen wir die romantischen Gesten, und erkennen wir in der Verliebtheit einen untergeordneten Geisteszustand, eine Art vorübergehenden Schwachsinns. Ohne eine geistige Versteifung könnten wir uns nicht verlieben. Ist der Prozeß der Verliebtheit einmal im Gang, so läuft er mit verzweifelter Eintönigkeit ab. Alle, die sich verlieben, verlieben sich auf die gleiche Art – die Klugen und die Dummen, die Jungen und die Alten, die Bürger und die Zigeuner ... Es (das Mädchen) ist wie benommen und versunken und betrachtet in seinem Innern das Bild des Geliebten, das ihm immer gegenwärtig ist. Diese Versunkenheit gibt den Verliebten den Anschein von Traumwandlern, von Mondsüchtigen, von Bezauberten. Und in der Tat, die Verliebtheit ist eine Bezauberung."[2]

Die empörten und resignierenden Bekenntnisse von Eltern stützen die Behauptung Ortega y Gassets:

„Unser Sohn hat ein Brett vor dem Kopf."

---

[1] Henry Miller, Amouren sind mehr als Liebe, in: „Die Zeit" vom 23. 2. 62.
[2] Zit. nach: Erich Vollandt, Ohne Liebe kann keiner leben, Schriftenmissionsverlag, Gladbeck 1964, S. 7ff.

„Er schwebt."
„Er ist zeitweise geistesabwesend."
„Er hat die falsche Brille auf."
„Er sieht alles rosa."

Verliebtheit als Selbsttäuschung

Wenn wir die Verliebtheit in Frage stellen, rebellieren junge Menschen. Sie fühlen sich nicht verstanden. Sie sprechen vom Neid der Erwachsenen. Die Älteren gönnen ihnen ihrer Meinung nach nicht das berauschende Gefühl des Verliebtseins. Ist aber mit dem Verliebtsein eine Selbsttäuschung möglich, müssen wir genau untersuchen, womit sie zusammenhängt, um sie bei einer möglichen Partnerwahl auf ein Minimum zu reduzieren. Ich habe nicht die Illusion, die Verliebtheit so gründlich entlarven zu können, daß kein junger Mensch, der sich ernsthaft mit dieser Selbsttäuschung befaßt, noch auf sie hereinfällt. Verliebtheit ist ein prickelndes Gefühl, es hängt nicht von der Fähigkeit der eigenen Liebe ab, sondern von der reizvollen, anziehenden, betörenden und beeindruckenden Art, Haltung und Erscheinung des anderen.

Welche Wünsche verbergen sich hinter den Fragen: Ist er genügend attraktiv, kann er meine sozialen Ansprüche erfüllen, ist er genügend sexy, um meine Liebesgefühle neu entfachen zu können, ist er intelligent genug und hat er entsprechende Manieren, daß man bei Freunden, Bekannten, Geschäftsfreunden, Arbeitskollegen, Nachbarn und Verwandten bestehen kann? Mit anderen Worten, es muß an dem anderen liegen und hängt von dem Partner ab, ob die Liebe geweckt und erfüllt ist. Daß das Objekt der Liebe und nicht die eigene Fähigkeit zu lieben überbewertet wird, hängt mit der gegenwärtigen Konsumgesellschaft zusammen, die darauf abgestimmt ist, ständig unsere Kauflust zu reizen, unser Begehren in jeder Hinsicht zu entfachen. Je attraktiver eine Frau ist, die zudem noch dem jeweils propagierten und bevorzugten „Modell" entspricht, desto besser.

In einer Kultur, in der der kommerzielle Sinn vorherrscht und in der der materielle Erfolg von überragendem Wert ist, gibt es eigentlich keinen Grund, davon überrascht zu sein, daß die menschlichen Liebesbeziehungen den gleichen Grundzügen folgen, die den Waren- und Arbeitsmarkt beherrschen. Trotz der tiefer wurzelnden Sehnsucht nach Liebe hält man fast alle übrigen Dinge für wichtiger als sie: Erfolg, Prestige, Geld, Macht. Beinahe unsere ganze Energie benutzen wir dazu, um zu lernen, wie man diese Ziele erreicht.

Individualpsychologisch ausgedrückt heißt das, daß der Mensch selbst die Gefühle der Liebe und Verliebtheit dazu benutzt, um seinem persönlichen Lebensstil gerecht zu werden. Der verliebte Mann ist Reizen verfallen, und er möchte diese Reize genießen. Er möchte etwas für sich haben. Das geliebte Wesen dient ihm dazu, seine Wünsche zu befriedigen. So kann die eingebildete Liebe ein Gebräu aus verletztem Stolz, Geltungssucht, Einsamkeit, Prestige-Denken, Geborgenheitsgefühl und Anerkennungssucht sein.

Verliebtheit und sexuelle Anziehung

Ein weiterer Gesichtspunkt ist, daß eine schnell herbeigeführte sexuelle Beziehung das Gefühl der Verliebtheit steigert. Sexuelle Anziehung gaukelt Liebesgefühle vor, aber die Ent-täuschung wird oft schnell greifbar.

Dieses Wunder der plötzlichen Vertrautheit wird häufig dadurch erleichtert, daß es mit sexueller Anziehung und Vereinigung verbunden ist und durch sie überhaupt erst ausgelöst wird. Diese Art der Liebe ist jedoch ihrem ganzen Wesen nach nicht von Dauer. Die beiden Menschen lernen sich zwar gründlich kennen, aber ihre Vertrautheit verliert immer mehr von ihrem einzigartigen Charakter, bis Auseinandersetzungen, Enttäuschungen und gegenseitige Langeweile alles abtöten, was von dem anfänglichen Reiz übriggeblieben ist.

Ritterlichkeit als Selbstherrlichkeit

Viele Ehebücher alter Schule singen ein Loblied auf die Ritterlichkeit. Sie stand und steht hoch im Kurs. Ritterliche Männer treiben immer noch Müttern und Großmüttern Tränen der Rührung in die Augen. Verrät sie denn nicht eine hohe Achtung vor den Frauen?

Die höfische Liebe, die Ritterliebe, die ja ein Vorbild dieser hochdotierten Ritterlichkeit war, ist bei Licht besehen mehr als zwielichtig. Romantische Liebe scheint in Europa unbekannt gewesen zu sein, bevor sie gegen Ende des 11. Jahrhunderts im Frankreich der Troubadoure auftaucht. Für das seelische Klima der Zeit der Troubadoure ist die Kunst bezeichnend, die sie gerade dem Ehebruch aus Liebe zuwandten. Zu den bemerkenswertesten Zügen des Anbruchs der Liebesromantik gehört es, daß jene Epoche durch äußerst barbarische, brutale, von Männern wie von Frauen befolgte Bräuche gekennzeichnet war. Ein Ritter, der sich damit begnügt hätte, eine Jungfrau zu küren, bevor er sich nicht selbst im Ehebruch geübt und einige Jagdtrophäen davongetragen hätte, wäre ein jämmerlicher Vertreter seines Standes gewesen. Ehebruch war in der obersten Klasse ein Gesellschaftsspiel. Die ritterlichen Kavaliere erlaubten sich sogar, die Religion in ihre Herzensangelegenheiten mit einzubeziehen. Es gehörte zum guten Ton, sich eine Schutzpatronin zu wählen, und die meisten besaßen die Kühnheit, die Jungfrau Maria anzurufen, daß sie die Liebschaft betreue und das Herz der Dame den Wünschen des Ritters gefügig machte.

„Niemals aber hatte man eine solche Blasphemie begangen, die Jungfrau Maria zur Schutzherrin des organisierten Ehebruchs zu machen – denn nichts anderes war ja, seines romantischen Beiwerks entkleidet, der Minnedienst der Ritter."[3]

Die Ritterromantik war immer nach oben gerichtet, denn eine Frau sollte verheiratet und möglichst von noch höherem Rang sein. Man hat dann die Hörigkeitsverhältnisse des Ritters zu einer hochgestellten Frau als eine Variante des bestehenden Feudalrechtes erklärt.

Der französische Dichter Chrétien de Troyes (1150–1190) beschrieb die Einstellung so:

„Findet ein Ritter eine Dame allein, so darf er ihr nichts antun, ist sie aber in Begleitung eines anderen Ritters und besiegt er ihn im Zweikampf, dann muß die Dame tun, was er will. So wie die Liebe wurde auch der Kampf besungen. Keine vernünftige Frau wird sich einem Sieger verweigern..." Ein Historiker stellt dazu fest: „In der Literatur finden wir einen metaphysischen und allegorischen Aspekt mit der Billigung der gröbsten Sinnlichkeit vereint. Wie unanständig die Gedichte der ersten Troubadoure sind, etwa Wilhelms von Poitou, ist einfach unglaublich... Sinn-

---

[3] Morus (Richard Lewinsohn), Eine Weltgeschichte der Sexualität, rororo, [2]1965, S. 122.

liche Liebe, Minnedienst, Allegorie und Ruhmsucht haben ein seltsames Gemisch gebildet. Was man aber auch darüber denken mag, so bleibt doch die Tatsache, daß der von den Troubadouren in der Provence geschaffene Begriff der höfischen Liebe zum Ausgangspunkt aller später in Europa erfolgten Bekundungen der romantischen Liebe wurde."[4]

Über der beträchtlichen Gesetzlosigkeit und Brutalität der Zeit lag ein hauchdünner Firnis der Idealisierung des Weiblichen. Kultur und Barbarentum waren die beiden Seiten ein und derselben Medaille. Unter einer finalistischen Betrachtungsweise wird das Schaukelspiel zwischen Verinnerlichung und Versinnlichung deutlich. Und Rudolf Dreikurs folgert:

„Aber es ist immer noch der alte männliche Trick, eine Frau mit Glorie zu umgeben, um ihre wirkliche Erniedrigung zu übertünchen."[5] Genau das erleben wir auch gegenwärtig in der Werbung und ihrer Manipulierung der Frau. Wir reden von Emanzipation und prostituieren die Frau in einer Weise in Werbung und Zur-Schau-Stellung, wie es das in Jahrhunderten nicht gegeben hat.

Ritterlichkeit macht die Frau abhängig und unselbständig. Der Kavalier macht sich wichtig, das Mädchen spielt die Hilflose, zu Beschützende, wartet auf ihn und überläßt sich seinem Schutz und Beistand. Männer, die helfen, beschützen, beschenken, umsorgen und Geborgenheit vermitteln wollen, spielen bewußt oder unbewußt eine Macht aus. Sie herrschen auf eine geschickte Art und bekunden ihre Überlegenheit.

Romantische Liebe als Strategie

Etwa im 11. Jahrhundert fand das Ideal der romantischen Liebe in der Aristokratie allgemein weite Anerkennung. Das Aufkommen dieses Ideals muß man wohl als Reaktion auf gesellschaftliche Erscheinungen sehen. Aus der Geringschätzung der Sexualität durch das Christentum erwuchs deren romantische Idealisierung. Wenn auch hier und da in der höfischen Liebe das sexuelle Element keine Rolle spielte, wurde es im 16. Jahrhundert üblich, die Taten des Liebhabers mit geschlechtlicher Gunst und

[4] Fernando Henriques, Sittengeschichte der Liebe, München ²1961, S. 61 ff.
[5] Rudolf Dreikurs, Die Ehe, eine Herausforderung, Klett Verlag ²1969, S. 48.

nicht mehr mit einem Kuß auf die Stirn zu beantworten. Man kann sagen, daß sich das romantische Ideal von einer platonischen Huldigung einer verheirateten Frau gegenüber zur sexuellen Bindung, die zur Grundlage ehelicher Beziehungen wurde, wandelte. Um aber die Romantik in Europa richtig verstehen zu können, muß man in Geldbegriffen denken. Die Verbindung zwischen Sexualität, Liebe und Geld liegt im 19. Jahrhundert. Ein eigenartiger Dualismus ging durch die Mittelklassen. Nach außen hin zeigten die bürgerlichen Familien ihre Tugenden. Liebe gab es oder sollte es nur in der Ehe geben. Die Braut mußte jungfräulich sein. Selbst bei Dirnen im Bordell herrschte im England des vorigen Jahrhunderts eine rege Nachfrage nach Jungfrauen. Viele Mittel waren im Schwange, Jungfräulichkeit vorzutäuschen.

Die romantische Liebe blüht auch gegenwärtig wieder. Da die romantische Bewegung Liebe und Sexualität in enger Weise verknüpfte, schuf sie die Voraussetzung dafür, daß die „Liebe" als Rechtfertigung sexuell freizügiger Verhaltensweisen im vorehelichen Verkehr gelten konnte. Romantische Liebe ist immer mit romantischer Schönheit verbunden. Die ungeheuren, in die Millionen gehenden Beträge, die Frauen und Mädchen ausgeben, um das Unerreichbare zu erreichen, nämlich die romantische, vollkommene Schönheit, ist ein beachtliches Zeugnis für die Geldmacht der Romantik. Film, Theater, Fernsehen und die permanente Werbung sind Versuche, ein unersättliches Bedürfnis zu wecken und in Gang zu halten. Der amerikanische Eheberater A. Ellis hat in sarkastischer Weise diese „romantische Welle", die die harte Sexwelle abgelöst hat, aufgegriffen und in Worte gefaßt:

„Jeder weiß, daß der moderne Ehestand seinen Quell in der Romantik hat. Er weiß, daß man den Mann, den man heiraten will, dazu bringen muß, sich glühend zu verlieben, und daß die einzige Methode darin besteht, dafür zu sorgen, daß die Romantik knatternd weiterbrennt. Und wie macht man das? Na ja, wie natürlich jeder weiß, der die großartigen Bemühungen der Werbung kennt, durch den großzügigen jährlichen Einsatz einiger 2483,52 DM für Mach-ihn-schwach-Gesichtscremes, Komm-her-Kosmetika, Du-triffst-mich-genau-unterhalb-des-Gürtels-Parfüms und Warum-soll-ich-nicht-wie-Madame-Pompadour-sein-Herausforderung ... Das Mädchen, das die Romantik gegenüber – sagen wir – den intellektuellen, geselligen, sexuellen und anderen Seiten des Hofierens überbetont, verlangt von ihrem Partner und sich selbst das Unmögliche."[6]

Ellis geht sogar so weit, daß er sagt, der Weg zur Hölle sei mit unwirklichen, romantischen Erwartungen gepflastert. Die Untersuchungen des verstorbenen Sexualwissenschaftlers Giese über die Studentensexualität sind am Schluß seines umfangreichen Buches in einem Kapitel so überschrieben:

„Romantik als Strategie sexueller Kontrolle." Die Studenten hätten bisher keine sexuelle Revolution gestartet, bestenfalls eine „bürgerliche Sexualreform". Diese Reform hätte eine Renaissance der romantischen Liebe heraufbeschworen. Anstelle der Furcht, Angst und Schuld sei die romantische Verklärung der Sexualität getreten. Wörtlich heißt es bei ihm:

„Eine romantische Utopie, nämlich die der einzigen, leidenschaftlichen, lebenslangen Liebe kontrolliert die Sexualität, und sie tut dies mit hoher Effizienz. Das Bekenntnis zur ‚Romantischen Liebe' bedingt die im Grunde erstaunliche ‚Diszipliniertheit' der Sexualität westdeutscher Studenten."[7]

Giese bedauert offensichtlich, daß eine Ablösung vom „repressiven Leistungsprinzip" und eine „Resexualisierung der Körper" nicht stattgefunden hat. Und die Partnerbetonung, die deutliche Personalisierung und die Betonung partnerschaftlicher Beziehungen werden von ihm als romantische Idealisierung abgetan. Anstelle der globalen Disqualifizierung der Sexualität, die einst als Sünde abgetan wurde, sieht er eine romantische Idealisierung zum kontrollierenden Mechanismus auf dem Vormarsch. Wenn er eine reife Liebe mit romantischer Liebe gleichsetzt, lebenslange Treue, Monogamie und Bejahung der Familie mit „romantischer Idealisierung" abtut, müssen wir ihm widersprechen. Denn zwischen romantischer Liebe und reifer Liebe bestehen erhebliche Unterschiede.

Romantische Liebe ist mit Ehrgeiz vergleichbar. Sie ist aufgebaut auf dem verzehrenden Wunsch, an Größe zuzunehmen, ein höheres Ziel zu erreichen und viel besser zu sein, als man tatsächlich ist.

„Wenn ich nichts bin, bist du alles!"

„Wenn ich klein bin, machst du mich groß!"

---

[6] Albert Ellis, Handbuch der intelligenten Frau, Heyne Verlag, ²1969, S. 21 ff.
[7] Hans Giese/Gunter Schmidt, Studenten-Sexualität, rororo 1968, S. 396 ff.

„Wenn ich auf mich nicht stolz sein kann, kann ich es doch auf dich sein."

Die innere Unzufriedenheit verschwindet, der geliebte Mensch tritt an die eigene Stelle. Der bewunderte Mensch wird eins mit dem eigenen Selbst. Die Harmonie wird so lebhaft empfunden, daß romantisch Liebende behaupten, sie seien nicht mehr zwei, sondern zu einer Person verschmolzen. Ist dieses Gaukelspiel vorbei, kommt die bittere Enttäuschung. Die mystische Einswerdung war glatter Selbstbetrug. Im übrigen haben Ehrgeiz und romantische Liebe den gleichen Charakter – sie sind leidenschaftlich und verzehren sich selbst. Solange wahre Liebe mit Strömen von Leidenschaft, mit seelischen Erschütterungen, mit Schmachten und unstillbarer Sehnsucht gleichgesetzt wird, wird der Ehepartner in spe heftige Enttäuschungen in Kauf nehmen müssen. Die Liebe kann auf tausenderlei Art mißbraucht werden. Die romantische Liebe und die Verliebtheit sind solche Verzerrungen.

Liebe – und was manchmal damit bezweckt wird

Kommt ein Ehepaar in die Beratung, tauchen schon bald die Fragen nach der inneren Beziehung, nach der Liebe auf.

„Wir *haben* uns einmal geliebt, aber das ist lange her." Auch Märchen beginnen so: Es war einmal.

Oder einer sagt noch deutlicher:

„Wir haben *natürlich* aus Liebe geheiratet." Dieses „Natürlich" klingt reichlich unnatürlich. Hinter den natürlichen Selbstverständlichkeiten verstecken sich die Probleme. Die Liebe ist nicht selbstverständlich. Sie wächst uns nicht wie Haare oder Fingernägel. Was wir mit Liebe umschreiben, verrät in der Regel handfeste Absichten, geheime und halbbewußte Wünsche und Vorstellungen.

Da taucht eine junge Frau auf. Sie erzählt freudestrahlend, daß sie einen spendablen Mann habe. Sie sagt: „Er liebt mich sehr."
Ich: „Wie verstehen Sie das?"
Sie: „Er muß mich einfach sehr lieben, wenn ich bedenke, was er alles für mich tut. Wie er mich beschenkt. Kaum war die Maxi-Mode da, hat er mir einige Kleider geschenkt und dann den teuren Pelzmantel zu Weihnachten."

Liebe *kann* sich in Geschenken ausdrücken, Liebe *kann* sich in Dankbarkeit kleiden. Aber ist das ein Beweis? Kann es sich nicht auch um Angst des Mannes handeln, die Frau zu verlieren? Will er sie mit Geschenken „kaufen" und an sich binden? Hat er ein schlechtes Gewissen, um hin und wieder großzügig ein Stück Schuldentlastung zu realisieren? Will er anderen Problemen ausweichen und benutzt die kostbare Form der *Bemäntelung*?

Da sagt eine verlobte junge Dame zu mir:

„Ich habe an meinem Bräutigam allerlei auszusetzen, aber das muß ich ihm lassen, er ist der erste, der nichts von mir wollte. Sie verstehen, sexuell und so. Er liebt mich wirklich!"

Ist das eine reine, edle Liebe? Verbirgt sich hinter dieser *scheinbaren* Absichtslosigkeit tatsächlich nichts? Kann es nicht sein, daß dieser Mann darum so eine edle, zurückhaltende, sexuell unaufdringliche Liebe zeigt, weil er impotent ist? Weil er ein Muttersöhnchen ist und panische Angst davor hat, sich zu binden? Ich möchte nicht jede Anständigkeit eines Mannes, jede sexuelle Unaufdringlichkeit als Impotenz, Schwäche oder Angst ausleuchten. Aber die geschilderten Merkmale als *wahre* Liebe zu kennzeichnen ist mindestens leichtfertig. Wir sind es uns schuldig, die täuschenden Fassaden der Liebe zu demaskieren.

In einem anderen Kapitel werden neurotische Liebes- und Partnerprobleme besprochen, aber an dieser Stelle soll klargestellt werden, daß das *offene Bekenntnis* eines Trinkers: „Wenn meine Frau nicht gewesen wäre und hätte mich von der Sauferei geheilt, wenn sie nicht unendliche Geduld aufgebracht hätte, ich wäre unter die Räder gekommen", gleichzeitig eine Frage an die Liebe der Frau bedeutet. Eine Frau hat einen Mann *gerettet*. Sie hat ihn von seiner Süchtigkeit *erlöst*, hat sich in rührender Hingabe um ihn bemüht und ihm aus dem Dreck geholfen. Ich frage wieder: „Hat sie nicht mit ihrer herrischen Haltung Überlegenheit demonstriert? Hat sie nicht einen Hilflosen und Ergebenen, einen Unterliegenden aus ihm gemacht?" Denn dieser Mann erzählt mir einige Minuten später, daß er sich seiner Frau völlig unterlegen fühle, daß er mit Potenzstörungen kämpfe und von der moralischen, sittlichen und menschlichen Vollkommenheit seiner Frau erdrückt würde. Braucht die Frau diese Überlegenheit? Alle Entscheidungen, die großen und die kleinen, Steuerregelungen, Laufereien zu Ämtern, Geldverkehr und Anschaffungen besorgt die Frau.

Wie beurteilt sie das? „Er kann das nicht, er macht das nicht richtig, da kann ich mich nicht drauf verlassen, er ist doch so hilflos."

Jawohl, die sorgende Liebe der Frau lebt von der Hilflosigkeit eines Mannes, der durch die Überlegenheit seiner Frau zur Abhängigkeit, zur Unmündigkeit und Hilflosigkeit degradiert wird. Gar nicht selten haben der Trinker oder die Trinkerin einen nahezu perfekten Partner, der alle Probleme löst, alle Arbeiten des Partners übernimmt und erledigt und ihn zu einem abhängigen und zu einem sich unnütz-fühlenden Partner degradiert.

Ein etwa 44jähriger Mann, der im letzten Weltkrieg ein Bein verloren hatte und wegen Erziehungsschwierigkeiten mit seinem einzigen Sohn zu mir kam, sagte im Verlauf des Erstgespräches: „Ich kann bis heute nicht verstehen, daß meine Frau ausgerechnet mich, einen Krüppel, ausgewählt hat. Sie hatte bestimmt größere Chancen, aber sie hat mir immer wieder gestanden, daß sie nur mich geliebt und gewollt hätte."

Ich: „Zweifeln Sie denn daran?"

Er: „Im Prinzip nicht."

Ich: „Im Prinzip ..."

Er: „Das ist komisch. Geheuer kommt mir ihre Liebe nicht vor."

Ich: „Wie kommen Sie darauf?"

Er: „Sie ist wahnsinnig eifersüchtig. Wenn ich mit anderen Frauen spreche, beobachtet sie mich immer so eigenartig. Und seit ich fast zweihundert Pfund wiege, sagt sie zu mir: ‚Dann bist du wenigstens nicht mehr so begehrt.'"

Als die Frau eines Tages in der Beratung erschien, kamen wir auch auf die Liebesbeziehungen zu ihrem Mann zu sprechen, und sie sagte mit entwaffnender Offenheit:

„Meinen Mann habe ich nur geheiratet, weil er ein Krüppel ist. Ich liebe ihn trotzdem. Bei einem Krüppel hat man wenigstens die Gewißheit, daß andere Frauen nicht mit ihm durchbrennen. Die werden sich das dreimal überlegen."

Liebe hat wahrhaftig viele Gesichter. Hinter ihren fünf Buchstaben verbergen sich die unglaublichsten Absichten, die sonderbarsten Wünsche und die vielfältigsten Ängste und Befürchtungen. Und solange die Erde besteht, wird wohl der Begriff der Liebe für unzählige Bedürfnisse, Ausreden und Zwecke herhalten müssen.

Sexualität als Mittel zum Zweck

Liebe und Sexualität sind einige der großen uns gestellten Lebensaufgaben. Die Sexualität ist eine wunderbare Gabe, und sie sollte heute weder diskriminiert, tabuisiert, verdächtigt, unterschlagen noch totgeschwiegen werden. Wer sie heruntersetzt, beleidigt Gott, der sie *bewußt* geschaffen und dem Menschen gegeben hat.

„Wir sollten uns nicht schämen, die Dinge beim Namen zu nennen, die Gott sich nicht geschämt hat zu erschaffen", schrieb schon der Kirchenvater Clemens von Alexandrien.

Die Sexualität gehört zum Wesen des Menschen, daher hat jeder Mensch ein Recht auf Sexualerziehung. Ausdrücklich ist dieses Recht im Jugendwohlfahrtsgesetz der Bundesrepublik festgelegt. Sexualerziehung kann daher nicht im Ablenken und Fernhalten bestehen, sondern in der Hilfe zu einer bejahenden Lebenseinstellung zur Sexualität.

Die Sexualität bei Tier und Mensch

Die Verhaltensforscher sprechen von „relativer Männlichkeit und Weiblichkeit" (K. Lorenz, W. Wickler). Jede Zelle ist zweigeschlechtlich angelegt und kann männlich oder weiblich reagieren – je nachdem, welche bestimmenden Einflüsse vorherrschen. Das Verwirklichen eines Geschlechtes kann von Erbfaktoren, die auf den Geschlechtschromosomen sitzen, oder von äußeren Einflüssen abhängen. Man spricht im ersten Fall von *genetischer,* im zweiten von modifikatorisch bedingter weiblicher oder männlicher Anlageentfaltung. Relative Sexualität kommt bei niederen Pflanzen, aber auch bei hochentwickelten Tieren vor. Wenn man beispielsweise vom Vielborstenwurm zwei ausgewachsene Weibchen in einer Kulturschale hält, wird bald aus dem einen Wurm ein Männchen, das das Eigelege der Partnerin befruchtet. Diese Umwandlung wird durch einen Stoff bewirkt, das in den Eiern des einen Weibchens enthalten ist. Das Tier, das die meisten Eier hat, zwingt dadurch das andere in die Rolle des Männchens. Bei Säugetieren erscheint männliches und weibliches Verhalten oft als weniger getrennt. Die Verhaltensforscher verbinden daher mit dem Begriff „weiblich" oder „männlich" bestimmte Rollen, die für das Sozialleben gelten.

Leider entspringt diese Rollenverteilung dem menschlichen Bereich. Sie wird unreflektiert auf die Tierwelt übertragen. Daher sprechen wir gern von Perversitäten bei Tieren. Vom Menschen wird auf das Tier geschlossen. Der Verhaltensforscher W. Wickler überschreibt ein Kapitel bezeichnenderweise: *Angeblich homosexuelles Verhalten* und fährt fort:

„Wo sexuelle Verhaltensweisen im Dienste der Auseinandersetzung um den Rang stehen, treten sie oft unabhängig vom Geschlecht der Beteiligten auf. Es kommt also auch vor, daß weibliche Tiere untereinander aufreiten, ebenso wie es männliche untereinander tun. Der Begriff der Homosexualität ist hier allerdings fehl am Platze, obwohl er häufig dafür benutzt wird... Dasselbe gilt auch für das Aufreiten weiblicher Paviane untereinander. In allen Fällen, bei denen ein unterlegenes Männchen dem Sieger gegenüber in die Rolle des Weibchens verfällt, weil diese Rolle zugleich Zeichen der Unterlegenheit ist, handelt es sich ebenfalls um eine Rangbekundung und nicht um Homosexualität."[1]

Was wir Menschen mit Sexualverhalten in Verbindung bringen, hat weitgehend nichts damit zu tun. So benutzen Rothirsche ihr Ejakulat, das sie mit erigiertem Penis ins Feld schleudern, um an Gräsern und Sträuchern mit einer Duftmarke ihr Revier abzustecken. Oder Affen beschießen sich bei erigiertem Penis mit Urin und leisten sich regelrechte Harnspritzduelle. Es kann eine Drohgeste innerhalb der eigenen Gruppe sein und beinhaltet eine Rangdemonstration oder richtet sich gegen fremde Eindringlinge.

„Ein betontes Vorweisen des männlichen Genitals außerhalb des sexuellen Zusammenhangs gibt es auch beim Menschen. Griechische Hopliten und etruskische Krieger waren mit Bein-

---

[1] Wolfgang Wickler, Sind wir Sünder? Naturgesetze der Ehe, Droemersche Verlagsanstalt 1969, S. 65 ff.

schienen, Helm- und Brustpanzer bekleidet, trugen aber das Genitale unbedeckt. Dem getöteten Feind wurde der Penis abgeschnitten. Diese ehedem weitverbreitete Sitte fand Haberland noch vor wenigen Jahren in Südäthiopien... Ursprünglich ein Zeichen, daß der Träger einen erwachsenen männlichen Gegner getötet hatte und nun eine Familie gründen durfte, wurde es bei den meisten Galla-Stämmen zu einem Rangabzeichen, das nur dem Hohenpriester und besonderen Würdenträgern gebührt... Aus Holz gearbeitet, findet man gleichartige Figuren noch heute auf den Sunda-Inseln... Diese Figuren sind Wächter. Sie stehen an Dorf-, Haus- und Tempeleingängen sowie an Gräbern oder Besitzgrenzen. Regelmäßig stehen sie mit dem Rücken zum bewachten Objekt und präsentieren das Genital nach außen. Häufig war und ist der Phallus auffällig rot angemalt."[2]

Diese Wächter richten sich gegen Dämonen verschiedener Art, gegen irdische und überirdische Feinde und gegen die Geister von Verstorbenen. Dazu noch einmal der Verhaltensforscher Wickler: „Er (der Phallus) ist primär Machtsymbol und erst sekundär auf dem Umweg über das dem Menschen mögliche Verständnis der Zusammenhänge auch Fruchtbarkeitssymbol geworden. Es ist also einseitig, den Phallus nur mit dem Sexuellen in Verbindung zu bringen. Viele Exhibitionisten sind nicht in ihrem Sexualleben gestört, sondern in ihrer Einordnung in die Gesellschaft; sie wollen ihr gegenüber nicht zu sexuellem Tun anlocken, sondern erschrecken."[3]

Bei den meisten Tieren wird das Sexualverhalten, das gleichzeitig der Fortpflanzung dient, durch äußere Reize und Signale in Tätigkeit gesetzt, und zwar durch steigende Temperatur, zunehmende Tageslänge im Frühling oder ähnliches.

Tierisches sexuelles Verhalten ist darum weitgehend instinkthaft gesteuert. Wenn Tiere kastriert werden, erlischt ihr Trieb, und sie verhalten sich völlig geschlechtsneutral. Wenn beim Menschen Eierstöcke oder Hoden entfernt werden, sind sie durchaus noch in der Lage, sich sexuell weiterhin zu betätigen.

Im Gegensatz zum Tier ist der Mensch in seinem Sexualverhalten nicht begrenzt. Er steht unter keinem Zwang biologischer Gegebenheiten. Sexuell sind wir polymorph: wir sind fähig zu heterosexuellem, homosexuellem und autosexuellem Verhalten;

---

[2] Wickler, a.a.O. S. 71 ff.
[3] Wickler, a.a.O. S. 75.

und dies in jedem Alter und ohne Rücksicht auf den Zustand unserer Geschlechtsdrüsen. Und wenn wir wollen, können wir uns auch jeder sexuellen Tätigkeiten enthalten. Mit anderen Worten: Die menschliche Sexualität ist amorph, sie kann jede Gestalt annehmen, die der Mensch ihr geben will.

Die Verwechslung von Liebe und Sexualität

Für Freud und die Psychoanalytiker war und ist die Liebe eine zielgehemmte Form der Sexualität. Der Sexualtrieb ist von seinem ursprünglichen Ziel abgelenkt und gehindert. Das Ergebnis ist die Liebe. Freud hat den Begriff Sexualität ins Unermeßliche ausgedehnt. Der Freudschüler Theodor Reik hat diese unzumutbare Verwischung der Begriffe mit einer Anekdote Abraham Lincolns treffend charakterisiert. Lincoln unterhielt sich mit einem dickköpfigen Gegner:

„Überlegen wir einmal", sagte Lincoln zu dem Bauern, „wie viele Beine hat eine Kuh?"

„Vier natürlich", kam sofort die Antwort.

„Richtig", sagte Lincoln. „Jetzt nehmen wir einmal an, wir nennen den Kuhschwanz auch ein Bein, wie viele Beine hätte dann die Kuh?"

„Na, fünf natürlich."

„Da irren Sie sich", sagte Lincoln. „Nur weil man einen Kuhschwanz ein Bein nennt, ist er noch lange kein Bein!"

Und Reik kommentiert:

„Ebenso kann man sagen, nur weil man Liebe und Zärtlichkeit eine Form der Sexualität nennt, sind sie noch lange nicht sexuell. Zuneigung und Sexualität sind noch nicht dasselbe, weil man für beide denselben Namen verwendet. Eine Zeitlang zog er (Freud) es vor, von der ‚Psychosexualität' zu sprechen, um kein Mißverständnis aufkommen zu lassen, er könnte die primitive sexuelle Begierde gemeint haben... Dieser Tiefseefischer hat ein weites Netz in das Meer der menschlichen Seele ausgeworfen. Er wollte zu viele Fische durch einen einzigen Fischzug einholen: Sexualität, Liebe, Zärtlichkeit, Freundschaft. Aber er fing nur die Sexualität – die anderen sind ihm durch die weiten Maschen des Netzes entschlüpft." [4]

---

[4] Theodor Reik, Geschlecht und Liebe, Kindlers Akademische Taschenbücher 1969, S. 20 ff.

Für den Psychoanalytiker ist die Liebe ein Anhängsel der Sexualität. Aber Liebe und Sexualität sind so grundlegend verschiedener Art, daß man zunächst einmal klar begrifflich trennen sollte. Extrem formuliert ist die Sexualität ein biologischer Drang, ein Produkt chemischer Prozesse. Liebe ist ein emotionaler starker Wunsch. Sexualität ist der Trieb, der eine organische Spannung beseitigen will. Liebe ist ein Bedürfnis, sich von seinem Alleinsein zu befreien. Sexualität erstrebt körperliche Befriedigung, Liebe strebt nach Glück und menschlicher Bindung. Sexualität wählt den Körper.

Sexualität ist ein Ruf der Natur.

Liebe ist ein Ruf der Kultur.

Der Reiz des Sexuellen verschwindet nach der Befriedigung, der Reiz der Liebe bleibt. Es ist kein Zweifel, daß beide Strömungen in der wahren Liebe zusammengehören und dann auf *einen* Partner gerichtet sind. Ich möchte noch einmal den Freudschüler Reik zitieren, der die Verwechslung von Liebe und Sexualität in der Psychoanalyse brandmarkt:

„Es war einer der größten Fehler der Psychoanalyse, die Liebe wegen dieser engen Verbindung als zielgehemmte Sexualität zu verkennen. Was wir bisher über den Ursprung und die Entwicklung der Liebe entdeckt haben, läßt – so scheint es mir – keinen Zweifel über folgende Feststellungen zu: Die Liebe hat ihren Ursprung nicht in den Geschlechtstrieben, sondern ist ein Ergebnis der individuellen Ich-Entwicklung, insbesondere des Wunsches nach Verbesserung und Erfüllung des Selbst. Die Liebe ist eine emotionale Reaktion auf unbewußte, sehr starke Gefühle des Neides und der Gier und auf die daraus sich ergebenden aggressiven und besitzenwollenden Tendenzen dem Objekt gegenüber. Es wäre angebracht, die Liebe als zielgehemmten Eroberungswillen und Besitztrieb zu kennzeichnen... der Charakter der Liebe ist durch die Tatsache bestimmt, daß Liebe aus einer Reaktion auf Eroberungswillen und Herrschsucht entsteht, die ihrerseits beide durch Neid und Gier hervorgerufen werden." [5]

Wenn man den individualpsychologischen Gesichtspunkt berücksichtigt, der davon ausgeht, daß das Kind im Rahmen der frühkindlichen Erfahrung sich seinen Vers auf alle Erlebnisse macht und individuell gezielt auf diese Herausforderungen reagiert, versteht man den Zweck, der sich vielfach hinter sexuellen

[5] Reik, a. a. O. S. 111.

Auffälligkeiten und Verhaltensweisen verbirgt. Die Sexualität wird benutzt, sie wird als Waffe oder Werkzeug, als Trick oder Radiergummi, als Mittel zur Selbstbestätigung oder als Fangseil verwandt. Schauen wir uns einige dieser Methoden einmal genauer an.

Geschlechtsverkehr als Mittel zur Versöhnung

Ein 26jähriger junger Mann erzählte mir während der Beratung, daß er den Satz „ich liebe dich" nicht sagen könnte. Als fünftes Kind fühlte er sich zurückgesetzt und war während der schlechten Nachkriegsjahre von der Mutter „verkauft" worden, wie er sich ausdrückte. Liebe hätte er nicht erfahren und könne den schmutzigen Begriff auch nicht hören. Auf die Frage, was er denn unter Liebe verstünde, sagte er wie aus der Pistole geschossen: „Betrug!" In der Schule sei er zweimal sitzengeblieben und hätte unter starken Minderwertigkeitsgefühlen gelitten. Und doch müsse er sagen, daß er sehr an seinem Mädchen hinge, das er schon ein Jahr kenne und nicht verlieren wolle. Er könne auch nicht den Satz über die Lippen bringen: „Bitte, vergib mir!" Von seiner Mutter sei er so grausam wegen einer gestohlenen Scheibe Brot geschlagen worden, daß er sich lieber die Zunge abbisse, als um Vergebung zu betteln. Dann schilderte er die Beziehungen zu seinem Mädchen, berichtete über eine Reihe heftiger Streitigkeiten und Meinungsverschiedenheiten und über die Form der anschließenden Versöhnung. Sie träfen sich jeden Abend, und jeden Abend fände ein Geschlechtsverkehr statt. Ich nickte und ließ die Bemerkung kommentarlos stehen. Er war aber damit nicht zufrieden und fügte hinzu:

„Das ist doch unmöglich!"
Ich: „Warum unmöglich?"
Er: „So oft, das ist doch krankhaft!"
Ich: „Wer hat das gesagt?"
Er: „Ich meine das, ich spüre deutlich, da treibt mich was, das hat aber mit Leidenschaft nichts zu tun."
Ich: „Sie sagen, das hätte mit Leidenschaft nichts zu tun..."
Er: „Ich tue das, weil man im Streit doch nicht auseinandergehen kann."

Der Geschlechtsverkehr wird verpackt, der Geschlechtsverkehr wird als Radiergummi benutzt, weil der junge Mann sich verbal mit seinem Mädchen über Vergebung und Liebe nicht verständigen kann. Er setzt die Sexualität als Mittel zum Zweck ein, um ihr seine Liebe zu beweisen.

Häufiger Geschlechtsverkehr schmeichelt der Männlichkeit

Das zuvor angeführte Beispiel charakterisiert noch eine weitere Absicht. Sie ist dem potenten Liebhaber nicht bewußt. Seine stark empfundenen Minderwertigkeitsgefühle verdeutlichen sein Verhalten. Er überkompensiert diese Gefühle mit herausgestellter Männlichkeit und versucht, dem Mädchen mit seiner Potenz zu imponieren. In ungezählten männlichen Hirnen hat sich der Gedanke eingenistet, daß häufige intime Beziehungen kraftvolle Männlichkeit verraten. Und wer will schon als Hampelmann gelten!

Die Macht der Impotenz

Selbst mit Impotenzerscheinungen kann ein Mann unbewußt Ziele verfolgen. Ein 23jähriger Angestellter lernt eine sehr herrschsüchtige Lehrerin kennen. Sie dominiert auf allen Gebieten, auch auf dem sexuellen. Nach einem halben Jahr vorehelicher Beziehungen stellen sich beim Mann Potenzstörungen ein. Beide wohnen schon zusammen, und der Mann weicht in Selbstbefriedigung aus, weil er den seelischen Druck der übermächtigen Frau nicht ertragen kann. Die Frau reagiert zunehmend mit Nervosität und Unsicherheit, der Mann hingegen wittert Morgenluft für seine angeknackte Herrscherwürde und setzt jetzt seine Impotenz als Waffe ein. Auf die Frage, ob in der letzten Zeit ein „erfolgreicher Verkehr" erfolgt sei, sagte der Mann: „Ja, vor vierzehn Tagen. Ich saß auf dem Sofa, und meine Frau kniete vor mir, umfaßte meine Beine und sagte zu mir: ‚Bitte!' Ich wußte sofort, was sie wollte, und ich konnte."

In den darauffolgenden Gesprächen kam der Angestellte dahinter, welches ausgezeichnete Mittel er in der Hand hielt, um im ehelichen Machtkampf ein „Gleichgewicht der Kräfte", wie er es nannte, herzustellen. Wie sehr die Dominanz der Frau eine empfindliche Stelle des Mannes traf, wurde darin deutlich, daß er seine Selbstbefriedigung so „arrangierte", daß die Frau jedesmal dahinterkommen mußte. Die Frau fühlte sich prompt gedemütigt, und der Mann hatte wieder ein Scharmützel gewonnen.

Der Impotente hat fast immer Schwierigkeiten im Zusammenleben mit dem Partner. Die Verständigung mit dem Du fällt ihm schwer. Einsame, Sonderlinge, Bindungsunfähige und vor allem Selbstwertgestörte leiden unter Impotenz.

Die Selbstwertstörung ist die eigentliche Wurzel des Versagens. Der Mann stellt seine Männlichkeit in Frage. Der Zaghafte, der anderen Lebensaufgaben zitternd und ängstlich gegenübersteht, wird auch in der Liebe kein Draufgänger werden. In der Beurteilung wird deutlich, daß diese Männer einfallsreiche Selbstbefriediger sind, hier können sie perfekt, allmächtig, vollkommen, ohne Störungen ihre egozentrischen Wünsche und Träume verwirklichen. Die Partnerschaft, die Gemeinschaft stellt sie vor Barrieren, die sie nicht überspringen können. Alfred Adler hat die Impotenz als einen Versuch der Selbstwahrung und Sicherung eines verängstigten Menschentypus gedeutet. Er hat Angst, sich preiszugeben, er fürchtet die Hingabe und erwartet die Selbstaufgabe. Er will sich nicht ausliefern, weil er seine Macht einbüßt. Er benutzt die Impotenz, um sich nicht ganz an den Partner binden zu müssen. Diesen Kranken beherrschen Minderwertigkeitsgefühle. Soll der Impotente von seiner Selbstwertstörung erlöst werden, müssen die Herrschsucht der Frau über den Mann sowie die Unterlegenheitsangst des Mannes einschließlich seiner eigenen Herrschsucht, die Partnerin mit Impotenz zu strafen, abgebaut werden. Der Mann muß seine „Männlichkeit" zurückhaben. Die Frau muß auf allen Gebieten zurückstecken. In Fragen des Geldes, des privaten Verhaltens, des Zusammenlebens überhaupt muß ihre Vormachtstellung zurückgeschraubt werden.

Sex als Mittel zur Erpressung

Mich suchte die 22jährige Frau eines Trinkers auf. Eine strebsame, hübsche, aber dem Mann hörige Frau. Sie ist Chef-Sekretärin, spricht perfekt Englisch und Französisch, kommt aus sehr christlichen Kreisen und hat das Bedürfnis, Gutes zu tun. Auf die Frage, ob sie vor diesem Trinker schon jemals einen Freund gehabt habe, sagt sie:

„Ja, das ist merkwürdig, einen Kriminellen. Der war 14 Tage aus dem Gefängnis frei, wir trafen uns auf dem Postamt. Er stand so hilflos da, drehte eine Zahlkarte unschlüssig in der Hand herum, und ich habe ihm geholfen."

Ich: „Sie haben ihm geholfen, er war sicher sehr dankbar."

Sie: „Haben Sie eine Ahnung, 5000 DM habe ich heute noch zu kriegen. Er hat mich ausgepreßt wie eine Zitrone. Und ich bin darauf 'reingefallen."

Ich: „Und wieso?"

Sie: „Er trinkt, wechselt alle vier Wochen seine Arbeitsstelle, arbeitet dann nur einige Tage und läßt mich für alles sorgen."

Ich: „Und warum haben Sie das Verhältnis nicht längst aufgekündigt?"

Sie: „Er ist ein ausgezeichneter Liebhaber. Ich meine nicht nur das Körperliche – das auch. Er kann überaus zärtlich sein. Er verwöhnt mich. Hilft mir bei den Hausarbeiten. Macht Einkäufe. Aber mit seinen erotischen Spielen und seiner Schmuserei hat er mich so in der Hand, daß ich nicht von ihm loskomme. Manchmal habe ich den Eindruck, er arbeitet immer weniger und wird in der Liebe ein immer größerer Künstler."

Ich: „Und was beunruhigt Sie dann?"

Sie: „Ich helfe gern, aber ich lasse mich nicht ausbeuten und erpressen. Das Arbeiten und Geldverdienen darf ich machen, und er glaubt, mich mit Zärtlichkeiten einwickeln zu können. Zweimal hatte ich mich getrennt, machte aber den Fehler und zog auf ein Einzelzimmer. Er hat mich mit Blumen, Anrufen und Besuchen so eingedeckt, daß ich nicht widerstehen konnte und zurückkam. Geändert hat sich nichts. Nur seine Liebe ist mir immer fragwürdiger geworden."

Ich: „Seine Liebe?"

Sie: „Wollen Sie damit sagen, daß das keine Liebe ist, daß das alles Betrug ist und daß er mich erpreßt?"

Ich: „Sie haben zweimal das Wort ‚Erpressung' verwendet, wie kommen Sie darauf?"

Sie: „Meine Eltern darf ich nicht mehr besuchen, sie nennen den Mann einen schamlosen Erpresser."

Der Trinker will verwöhnt werden. Er sucht und findet auch eine Frau, die für ihn sorgt, die für ihn arbeitet, die alles tut. Der Trinker zeigt sich erkenntlich und setzt ein unfehlbares Mittel ein, das die Abhängigkeit der Frau besiegelt, seinen Sex, seine Zärtlichkeit und seine sogenannte Liebe.

Die frigide Frau

Hier sind die Rollen vertauscht. Der amerikanische Psychiater Eric Berne hat die frigide Frau in seinem ausgezeichneten Buch

„Spiele der Erwachsenen" treffend charakterisiert. Der Mann macht zärtliche Annäherungsversuche und wird abgewiesen. Er versucht es noch einige Male und bekommt dann von seiner Frau zu hören, daß er sich wie alle Männer benähme – nämlich wie ein Tier. Dieser Schock hält ihn eine Zeitlang von ihr fern. Zwischendurch versucht sie, ihn anzufeuern, trinkt auf Parties scharfe Sachen, flirtet mit anderen Männern und provoziert ihren Partner. Er macht neue Annäherungsversuche. Sie weist ihn ab. Tumult, Zuknallen der Tür. Monate vergehen. Jetzt wird die Frau herausfordernd und beginnt, ihn mit Zärtlichkeiten und Küssen zu traktieren. Er zeigt „Charakter" und bleibt standhaft, bis er nicht mehr kann. Die Durststrecke war zu lang, aber im entscheidenden Augenblick schreckt sie doch zurück, wiederholt ihre alten Anschuldigungen, daß er sich wie ein Tier benähme und nur am Sex interessiert sei. Bei ihr sei es anders, sie warte nur auf zärtliche Zuneigung. Berne kommentiert: „Man muß hier festhalten, daß der Mann trotz seines gegenteiligen Verhaltens sich im Grunde vor sexuellen Intimitäten ebenso fürchtet wie seine Frau, und er hat seine Gefährtin sorgfältig unter dem Gesichtspunkt ausgesucht, die Gefahr einer Überschätzung seiner leicht lädierten Potenzkraft, die er nun ihr anlasten kann, so gering wie möglich zu halten... Der entscheidende Punkt beim Spiel ‚frigide Frau' ist die Schlußphase von ‚Tumult'. Ist diese erst einmal abgelaufen, dann kommt für die Beteiligten ein sexueller Intimverkehr nicht mehr in Frage, denn beide Partner leiten aus dem Spiel ‚Tumult' eine perverse Befriedigung ab und haben danach nicht mehr das Bedürfnis nach wechselseitiger sexueller Erregung."[6]

Das Familienleben, das Eheleben und das Leben im sozialen Bereich beruhen nach Berne auf „Spielen", die nicht nur Vorzüge bieten, sondern verborgene Ziele und verkappte Zwecke beinhalten. Diese „Spiele", die man mit Schachzügen und Manövern charakterisieren könnte, haben oft verhängnisvolle Folgen. Sie können sich lebensbedrohend, gefährlich, seelisch und körperlich beeinträchtigend auswirken. Berne sieht in Selbstmord, Alkoholismus, Rauschsucht, Kriminalität und sexuellen Sadismen „Spiele". Überall, wo ein Partner den anderen in eine Falle lockt, ihn mit einem Trick 'reinlegt, um aus der unbewußt angelegten Aktion einen Nutzeffekt oder eine Befriedigung zu schlagen,

[6] Eric Berne, Spiele der Erwachsenen, rororo, 1970, S. 124ff.

spricht Berne von „Spielen". Diese neurotischen „Spiele" sind im Grunde unehrlich, hinterhältig und erfüllt von echter Dramatik. Der Nutzeffekt und Zweckcharakter, die homöostatische Funktion (Homöostasie = Zustand des körperlich-physiologischen Gleichgewichts) wird von Berne als biologischer, psychologischer, sozialer und existenzieller Nutzen gedeutet.

Wenn heute in der Bundesrepublik fast jede zweite Frau Frigiditätssymptome aufweist, bedeutet das für die Psychohygiene und Sozialpädagogik ein eminent wichtiges Problem. Die mangelhafte Sexualempfindung ist nicht in erster Linie ein sexuelles Phänomen, wie die Psychoanalyse behauptet. Es ist ein allgemein psychologisches, ein sozialpsychologisches Problem. Die Schwierigkeiten weisen immer in die frühe Kindheit, wo Erlebnisse im familiären Milieu die Liebes- und Kontaktstörung heraufbeschworen haben. Das Mädchen hat beispielsweise nicht gelernt, mit anderen Menschen ohne inneren Widerspruch zusammenzuleben. Die Parallele zur Impotenz wird deutlich. Selbstwertstörungen und Minderwertigkeitsgefühle stehen Pate. Die eingebildete Mutlosigkeit kann krankhafte Formen annehmen und sich auf allen Gebieten niederschlagen. Das Mädchen glaubt, häßlich, klein, dick, als Hausfrau untüchtig, als Partnerin untauglich, als Gesellschafterin gehemmt und als Mutter von Kindern völlig ungeeignet zu sein. Hinter den geschilderten Gefühlen können Neid und Eifersucht stecken, der Mensch glaubt benachteiligt und mißachtet zu sein.

Alfred Adler hat das Lebensgefühl der frigiden Frau mit „männlichem Protest" umschrieben. Und wenn seit den Tagen von Alfred Adler auch die Emanzipation der Frau erhebliche Fortschritte gemacht hat, unsere Kultur, Politik, Kunst und Wissenschaft sind nach wie vor durch die Herrschaft des Mannes charakterisiert. Die Frau fühlt sich benachteiligt, erlebt ihr Geschlecht als minderwertig und begegnet dem Vorurteil des sich überlegen aufspielenden Mannes. Auf diesem Hintergrund können sich Gefühle der Schwäche, der Rechtlosigkeit und Erniedrigung profilieren. Die Frau hadert dann mit ihrem Schicksal, wird aggressiv und kämpferisch, sie protestiert, fühlt sich „erdrückt" und zieht sich zurück. Rebellion mag politisch gut sein, im partnerschaftlichen Umgang ist sie gemeinschaftsfeindlich. Sie zerstört das Glück des Paares, die Harmonie der Familie und hat damit auch sozialpolitische Auswirkungen. Der gemeinsame Nenner ist wiederum Angst, die sich als Hemmung, Schüchternheit, Aggressivität und Ehrgeiz, Eitelkeit, Verkrampfung und „männlicher Protest" äußern kann. Unter „männlichem Protest" verstehen wir besser heute die „Ablehnung der überkommenen weiblichen Geschlechtsrolle".

Das ungewollt gewollte Kind

Elfriede ist 17 und hat auf dem Schützenfest in der Heide einen netten jungen Mann kennengelernt. Er ist von zu Hause ausgerissen und sucht eine Bleibe. Elfriede hat viel Verständnis für den Mann. Zu Hause hat sie einen überstrengen Vater, der in seiner Jugend zwar ein „Hallodri" war und jetzt um so gewissenhafter und moralischer mit seinen Kindern verfahren will: „Kommst du mir mit einem Kind nach Hause, fliegst du auf der Stelle hinaus."

Elfriede nimmt den Satz sehr ernst und sieht sich schon auf der Straße liegen. Zweimal ist sie ausgerissen, der Knute des Vaters entwischt, die Polizei hat sie zurückgebracht, und das Donnerwetter und die prophetischen Ratschläge „du landest noch mal in der Gosse" haben sich verstärkt. Elfriede verliebt sich spornstreichs in den Mann und klammert sich intensiv an den zukünftigen Vater eines halb gewollten, halb ungewollten Kindes. Geschlechtsverkehr findet nach zwei Zusammentreffen statt, Verhütungsmittel hält das Mädchen für überflüssig. Beide schmieden Pläne für eine gemeinsame Zukunft – vor allem ohne Eltern und Schwiegereltern. Das Kind meldet sich an, Elfriedes Vater bläst zum Angriff, und Elfriede entschwindet mit dem Mann über alle Berge. Das dicke Ende stellt sich bald ein.

Ich: „Und jetzt sind Sie glücklich?"

Sie: „Halb und halb."

Ich: „Wie darf ich das verstehen?"

Sie: „Meine Eltern können mir nun ja nichts mehr anhaben. Was wollen die machen! Das Gericht gibt uns bestimmt die Einwilligung zum Heiraten. Wir sind beide froh, von den Eltern loszukommen. Das mit dem Kind ist ja nicht so angenehm."

Ich: „Wären Sie lieber ohne?"

Sie: „Auf der einen Seite ja, auf der anderen Seite würden die Eltern uns jetzt zurück nach Hause zwingen. Was hätten wir denn sonst machen sollen?"

Ich: „Wollen Sie damit sagen, daß Sie das Kind gemeinsam gewollt haben?"

Sie: „Gesprochen haben wir nie darüber. Mir war es von Anfang an egal. Hauptsache weg von zu Hause. (Sie macht eine kleine Pause und fährt dann fort.) Richtig beglückt hat mich der Verkehr bis heute nicht, aber schließlich ist mir der Mann als Freund und Partner wichtiger als das bißchen Sex."

Die Atmosphäre des Elternhauses und der Druck des Vaters trieben die einzige Tochter in die Hände des Liebhabers. Geborgenheit, Wärme und Nähe in den Armen des Liebhabers waren dem Mädchen wichtiger als sexuelle Erfüllung. Halb bewußt, halb unbewußt wünschte es sich ein Kind, benutzte den Geschlechtsverkehr als Mittel zum Zweck und erkaufte sich eine zweifelhafte Freiheit.

Ohne Schwierigkeit lassen sich viele solche Beispiele aufzählen, in denen Sex als Mittel zum Zweck dient. Die unmißverständlichen Absichten von Prostituierten, die ihren Körper verkaufen, die heimlich oder offen in Erscheinung tretenden Geliebten, die für Geld, teure Kleider, luxuriöse Appartements, Pelze und Autos Sex offerieren, wollen wir hier unerwähnt lassen. Nicht immer und überall sind die Ziele klar und die Zwecke erkennbar. Vor und besonders in der Ehe wird der Sex als wertvolles Kapital bewußt und unbewußt, geschickt und weniger geschickt, auf häßliche und raffinierte Weise benutzt und eingesetzt oder auch als entbehrlich angesehen.

Sex als Ersatz

Wie sehr die Sexualität als Mittel zum Zweck verwandt werden kann, machen einige Beispiele deutlich, die typisch und amüsant zugleich sind. Als am 9. November 1965 in New York für eine Nacht der Strom ausblieb, die Kinos, das Fernsehen und Theater ausfielen, gab es neun Monate später einen erheblichen Geburtenanstieg von 33–35% in den Kliniken. Im Dezember 1966 hatte eine große Flut viele Venezianer in ihren Häusern eingeschlossen. Genau neun Monate später wurden in der ersten Augusthälfte 1967 45% mehr Babys geboren als normal. Vom 26. bis 31. Januar 1967 hatte ein schwerer Schneesturm in Chikago Geschäfte und Verkehr lahmgelegt. Neun Monate später wurde die Normalzahl der Geburten um 30–40% überschritten. Und ein letztes Beispiel aus dem kleinen Bergstädtchen Somerset im amerikanischen Bundesstaat Kentucky. 1968 fand dort ein Rechtsstreit statt wegen einer Gemeinschaftsantenne für den Fernsehempfang der 7000 Einwohner. Sie blieb einen Monat abgeschaltet. Neun Monate später, im Januar 1969 stieg die Zahl der Entbindungen im Krankenhaus auf das Dreifache des Normalen an.

Sexualität als Zeitvertreib, als Mittel gegen Langeweile und Ausgleich für einsame Stunden ist nichts Schlechtes. Gerade bei den Menschen, bei denen die Sexualität im Vordergrund steht und das emotionelle Leben zu regieren scheint, ist es niemals der Geschlechtstrieb allein, der die Phantasie und Handlungen bestimmt. Der Mann, der eine Frau vergewaltigt und einen Lustmord begeht, wird niemals vom Geschlechtstrieb allein angetrieben. Niemals sind die unersättliche Lust des Mannes, die man Satyriasis nennt, dasselbe triebhafte Begehren der Frau, die Nymphomanie, rein sexuelle Phänomene. Ein Blick in den sozialen Kontext und ein Blick auf den Lebensstil des Menschen genügen, um bestimmte, verborgene Ziele und Absichten zu entdecken.

Ich möchte hier einen Vergleich gebrauchen. Die Menschen trinken, weil sie Durst haben. Trinken sie nur, weil sie Durst haben? Sicherlich nicht, sie trinken auch, weil sie einsam und niedergedrückt sind und an der Erreichung ihrer Ziele gehindert werden, weil sie Anregung und Kameradschaft brauchten und nicht fanden. Der Durst bleibt zwar das Hauptmotiv für das Trinken, aber nicht das einzige. In ähnlicher Weise ist es auch nicht der sexuelle Druck allein, der Frauen und Männer zu sexueller Betätigung treibt. Einsamkeit und Eitelkeit, Versagen und Gehindertsein, verletzter Stolz und Verzweiflung finden in der flüchtigen Befriedigung des Sexualtriebes Trost.

Die Sexualität wird bei Enttäuschungen, die man auf verschiedenen Gebieten des menschlichen Lebens erfahren hat, benutzt. Die Sexualität erhält die Funktion des Ersatzes und der Vergeltung. Da ist zunächst das Unbefriedigtsein an der Arbeit. Automatisierung, Konkurrenzkampf, Sinnentleerung vieler Arbeitsleistungen und Ersticken im Technischen enttäuschen den Menschen. Der Mensch sucht nicht mehr den Sinn in seiner Arbeit, sondern in der Freizeit und benutzt seine Sexualität als Ausgleich.

Das weitgehend politische Disengagement, das fehlende Interesse an politischen Aufgaben und sozialpolitischen Rollen zeigt die Überbetonung der privaten über die öffentliche Sphäre. Und besonders eindrücklich zeigt sich die Sexualität als Ausdruck radikaler Enttäuschung in der Sphäre der Sinngebung.

Gleich zu gleich, oder man bleibt
unter Seinesgleichen

Diese These scheint der anderen zu widersprechen, die davon ausgeht: Gegensätze ziehen sich an. Wir haben in anderen Kapiteln von *Kontrastehen* gesprochen, von Ergänzungsehen, von Menschen mit verschiedenen Lebensstilen, die gemäß ihrer Lebensauffassung und Lebenseinstellung einen Partner wählen, der polare Züge aufweist. So kann man sagen, daß Menschen, die hilfsbedürftig sind, Menschen anziehen, die das Bedürfnis haben zu helfen; daß Menschen mit starkem Leistungswillen Menschen anziehen, die selbst passiv sind, sich aber im Erfolg der Erfolgreichen sonnen. Man kann die These aufstellen: Bei der Partnerwahl entscheiden in der Regel *gleiche soziale* Merkmale, es treten aber in der Regel *komplementäre psychologische* Bedürfnisse auf.

In diesem Kapitel soll verdeutlicht werden, daß die meisten Menschen innerhalb der *gleichen sozialen Kreise* ihre Partner suchen. Wohlhabende Familien verkehren wieder mit wohlhabenden Familien, Arbeiter mit Arbeitern, Kaufleute mit Kaufleuten, Protestanten mit Protestanten. Das ist zweifellos eine pauschale Behauptung, aber die soziologischen Untersuchungen scheinen dieser vorschnellen Feststellung zu entsprechen. Fachleute sprechen von Homogamie, von Heirat innerhalb gleicher sozialer Schichten. Eine Beobachtung, die diese Feststellung ergänzt, besagt, daß die meisten Menschen auch innerhalb der *gleichen Gruppe* heiraten. Die meisten Menschen heiraten also innerhalb derselben Religion, derselben Kaste oder desselben Standes. Diesen Vorgang nennt man *Endogamie*. Amerikanische Untersuchungen, die von W. J. Goode beschrieben werden, sehen so aus: „Im Rahmen einer Untersuchung über das Dating an High-Schools gehörten 61% der Partner der gleichen, 35% der angrenzenden Schicht an. Darüber hinaus ist es für das Verständnis dieses Vorganges wichtig, daß diejenigen, die sich mit Partnern aus der *höheren* Schicht trafen, mit Wahrscheinlichkeit *besondere Qualitäten* aufwiesen: Die Mädchen waren beliebt oder hübsch, die Jungen hervorragende Sportler oder sehr gute Schüler der High-School... Untersuchungen, die im Laufe der letzten Generation in den USA angestellt wurden, haben überdies ergeben, daß diejenigen, die die Ehe schließen, meist räumlich nahe beieinander wohnen. Etwa die Hälfte der Ehen in den Städten wird zwischen Männern und Frauen geschlossen, die höchstens eine Meile oder etwa 14 Häuserblocks voneinander entfernt wohnen. Etwa ein Viertel der Paare wohnt nur drei Blocks voneinander entfernt."[1]

Die räumliche Nähe spielt also eine bemerkenswerte Rolle bei der Partnerwahl. Viele gehen in dieselbe Schule, kaufen in denselben Geschäften, benutzen dieselben Transportmittel und gehören ähnlichen Schichten an. Zuneigung, romantische Liebe und Sympathiegefühle werden dadurch allerdings eingeschränkt. Und die Kontrolle der Familien, in bestimmte Schichten und Gruppen zu heiraten, ist noch nicht überall gebrochen. Vielfach herrscht auch noch die Meinung vor, Reichtum, Macht, Familienehre, Zugehörigkeit zu einer bestimmten Religionsgemeinschaft und anderes mehr seien schließlich ausschlaggebend und dürften nicht mißachtet werden.

Gleichwertiger Familienhintergrund

Termanns Untersuchungen von 792 Ehepaaren in Amerika bestätigte, daß das Eheglück in erster Linie eine Frage der frühkindlichen Erfahrung ist.

Er stellte fest, daß jene die höchste Punktzahl für eheliches Glück erhielten, die eine glückliche Kindheit erlebt hatten. Das Risiko, daß man bei der Partnerwahl eine unharmonische und unglückliche Ehe eingeht, hängt von dem Partner ab, ob er eine ausgeglichene Persönlichkeit ist und eine gute und weitgehend störungsfreie Kindheit erlebt hat.

Burgess und Cottrell konnten bei ihrer Untersuchung von 526 Ehepaaren die Annahmen bestätigen, daß ein gleichartiger Familienhintergrund der beiden Partner die eheliche Harmonie begünstigt. „Der Mann, der eine Frau aus höherem Stande ehelicht,

---

[1] William J. Goode, Soziologie der Familie, Juventa Verlag, München 1967, S. 70.

soll für diese Tat mit dem Leben büßen", hieß es in einem Geset-
zestext, der vor einigen hundert Jahren im damaligen Sachsen
Anwendung fand. Diese unmenschlichen Einschränkungen sind
vorbei. Und doch kann man gegenwärtig statistisch in Deutschland feststellen, daß standes*gleiche* Eheschießungen eher die Regel sind. Die genannten Wissenschaftler erarbeiteten eine stati-
stische Methode, mit deren Hilfe sie den Grund der Gleichheit
des Familienhintergrundes messen können. Religiöse Einstellung, Häufigkeit des Kirchganges, Bildungsgrad, Beschäftigung
des Vaters, wirtschaftliche Verhältnisse der Eltern und die Stellung in der Gesellschaft wurden zahlenmäßig in einer Indexzahl
errechnet, die den Grad der Gleichartigkeit des Familienhintergrundes ausdrückte. Aus der Statistik geht klar hervor, daß bei
Ehepaaren mit sehr unterschiedlichem Hintergrund ihrer El-
ternhäuser die eheliche Harmonie weniger ausgeprägt war. Als
ein weiteres Ergebnis erbrachte die Untersuchung, daß für die
eheliche Harmonie die Familienverhältnisse des Ehemannes
wichtiger sind als die der Frau. Ehemänner, die außerdem ein
konfliktfreies und ausgeprägtes Verhältnis zu den Eltern hatten,
sollen als besonders ehetauglich angesehen werden können.

Jede Gesellschaft besitzt ihren eigenen Lebensstil, hat besondere Gepflogenheiten und stellt an die Welt besondere Ansprüche. Jeder ist in einer bestimmten Umwelt großgeworden und
hat bestimmte Leidenschaften, Gewohnheiten, Ansichten und
Lebensmanieren sich zu eigen gemacht, die er nicht einfach wie
ein Kleidungsstück ablegen kann. Ist es daher verwunderlich,
daß Menschen aus ähnlichen Schichten, mit gleicher Religions-
zugehörigkeit und gleichartigen sozialen Hintergründen sich
finden und anziehen?

Bildungsniveau und Partnerharmonie

Wie zwei Menschen, die sich mögen und einmal heiraten, mit
Krisen, Schwierigkeiten und Belastungen fertig werden, ist keine
Frage der leidenschaftlichen Anziehung. Die Frage der partner-
schaftlichen Harmonie ist vielmehr eine Frage der Bildung.

Es ist ein menschliches Grundbedürfnis, zu wachsen und in-
newohnende Fähigkeiten zu entwickeln. Der Mensch will sich
selbst verwirklichen, aufgrund eines Dranges, eines vorwärtszie-
henden Potentials. Ich-Verwirklichung ist ein Streben nach einer

gewissen Vollkommenheit, wobei die jeweilige Unvollkommenheit akzeptiert wird. Diese Ich-Verwirklichung kann verschieden charakterisiert werden: als Wille zur Macht, als Geltungsbedürfnis und als Autonomie-Streben. Wird der Mensch daran gehindert, sich seinen Plänen und Wünschen gemäß zu entfalten, treten Neurosen und Störungen auf. Wird er nur an die Kultur und an die gesellschaftlichen Verhältnisse angepaßt, wird er ebenfalls im tiefsten Wesen nicht geheilt. Es können Ängste auftauchen, Gefühle der Einsamkeit und des Verlassenseins, weil der Mensch durch sanften oder moralischen Druck angepaßt und in seiner Entfaltung gehindert wurde. Der Mensch hat aber die Fähigkeit, die Gegenwart zu transzendieren und Ziele im Leben zu verfolgen, in der Welt etwas zu leisten, etwas aufzubauen, zu ersinnen und zu planen – im Unterschied zum Tier. Es können nicht nur Organe allmählich schwach werden, es kann auch die ganze Person geschwächt werden, wenn Fähigkeiten verkümmern und Gaben ungenutzt bleiben.

Ende der dreißiger Jahre untersuchte Professor A. H. Maslow das Verhältnis zwischen Sexualität und Selbstwertgefühl. Er stellte fest, daß Frauen mit College-Bildung um so größeren sexuellen Genuß hatten und sexuelle Erfüllung fanden, je stärker sie als Persönlichkeit geprägt waren, je intensiver sie sich geistig weitergebildet und ihr Ich gestärkt hatten, sich um andere Menschen, um den Partner und um die Probleme der Welt kümmerten. Diese Frauen waren freier, autonomer, selbständiger und kamen in der Regel mit dem männlichen Partner besser zurecht. Hingegen fand Professor Maslow bei Frauen, die weniger aus sich gemacht hatten, stärkere Abhängigkeit, konventionelles Denken, autoritätsgläubiges Verhalten, freiwilliges Unterordnen, Neid, Eifersucht und Mißtrauen – alles Eigenschaften, die einer guten partnerschaftlichen Beziehung diametral entgegenstehen. Die gestörte und gehemmte weibliche Selbstentfaltung zeigte bei den Frauen Züge von Schüchternheit, Minderwertigkeitsgefühlen, Verantwortungsscheu, gestörter sexueller Erfüllung. Eine zweite Studie von A. H. Maslow, 1954 erschienen, die sich mit der Selbstverwirklichung und Selbstaktualisierung des Menschen und seinem Verhältnis zum Mitmenschen und zur Gesellschaft beschäftigte, erbrachte ähnliche Ergebnisse. Die Männer und Frauen, die weitgehend ihre Talente ausgenutzt und ihre Fähigkeiten und Möglichkeiten entwickelt hatten, waren in der Liebe und in der Partnerschaft erfolgreicher. Sie hatten klare

Vorstellungen, zeigten geistiges Engagement, setzten sich viel leichter über Kleinlichkeiten, Trivialitäten und Belanglosigkeiten hinweg. Sie waren in der Partnerbeziehung toleranter, unempfindlicher und großzügiger.

„Bei sich selbst aktualisierenden Menschen ist Orgasmus zugleich wichtiger und weniger wichtig als bei Durchschnittsmenschen. Auf einem höheren Bedürfnisniveau zu leben macht die niedrigeren Bedürfnisse und ihre Frustrationen und Befriedigungen weniger wichtig, weniger zentral und leichter entbehrlich. Das Geschlechtsleben kann aus vollem Herzen genossen werden, weit mehr, als es dem Durchschnittsmenschen möglich ist, selbst wenn es keine tragende Rolle in der Lebensphilosophie spielt."[2]

Ihre Selbstverwirklichung verringerte ihre Minderwertigkeitsgefühle. Diese Menschen mußten nicht dauernd gegenüber dem Partner sich selbst verteidigen, durch Aufmachung Fehler und Schwächen vertuschen, sich von der besten Seite zeigen und durch Kleidung und Kosmetik mehr aus sich machen. Diese sich selbst aktualisierenden Menschen benutzen die Liebe weitaus weniger, um sich durch Geldheirat aufzubessern, durch bestimmte Partner bestätigt zu werden und Mängel auszugleichen.

Viele Untersuchungen bestätigen, daß Ehen um so glücklicher werden, wenn besonders die Frauen erfolgreiche Schulabschlüsse und eine gute Berufsausbildung haben sowie einen zufriedenstellenden Beruf ausüben. Ernest W. Burgess und Leonhard Cottrell fanden heraus, daß Lehrerinnen, geprüfte Krankenschwestern, Ärztinnen und Rechtsanwältinnen am wenigsten unglückliche Ehen aufweisen. Und Kinsey faßte seine Untersuchungen in einer Tabelle so zusammen:

Bildungsstand der Ehefrau	Eheanpassungsgrad			
	sehr niedrig	niedrig	hoch	sehr hoch
Univ.-Studium	0,0%	4,6%	38,7%	56,5%
College	9,2	18,9	22,9	48,9
Höhere Schule	14,4	16,3	32,2	37,1
Volksschule	33,4	25,9	25,9	14,8

Diese Zahlen sprechen für sich. Der Grad der Eheanpassung ist kein Zufallsprodukt. Es fällt uns nichts in den Schoß.

Die Frage einer harmonischen Partnerwahl ist eine Frage auch

---

[2] A. H. Maslow, Motivation and Personality, New York 1954, S. 242ff.

der menschlichen Identität. Wer seinen Platz in der Gesellschaft gefunden hat und ein ungestörtes, gesundes Selbstwertgefühl besitzt, wer seine Talente und Gaben entwickelt und Aufgaben und Ziele vor Augen hat, wird wesentlich leichter mit Krisen vor und in der Ehe fertig.

Wo und wann sie sich kennenlernten?

Soziologen bringen alles auf einen Nenner. Sie errechnen Durchschnittswerte für Wochentage, an denen die erste Begegnung stattfand, Monate, an denen zum ersten Mal von Heirat gesprochen wurde, Orte, an denen die wenigsten Begegnungen, und Orte, an denen die häufigsten Begegnungen stattfanden. Nach demoskopischen Untersuchungen finden am Montag nur 9,2% aller Begegnungen statt, dagegen am Sonnabend 34,4%.

Die Zeitschrift „Stern" kommentiert: „Der günstigste Tag, um eheträchtige Verbindungen zu knüpfen, ist der Samstag. 34% aller Befragten trafen sich an Samstagen zum ersten Mal. Wer einen neuen Lebenspartner sucht, sollte am Wochenende wenig schlafen." Das klingt wie ein billiger Ratschlag aus einem Horoskop. Hier werden Zahlen magisch mißdeutet. Die meisten Mädchen, die ihrem Mann fürs Leben begegneten, waren bei der ersten Begegnung zwischen 16 und 19 Jahre alt. Fast die Hälfte der Männer waren 19 bis 24 Jahre alt, als sie zum ersten Mal ihrer späteren Ehefrau begegneten. Etwa 50% aller Bekanntschaften wurden auf privaten Festen und Feiern und auf Tanzböden geschlossen. Schon an zweiter Stelle rangieren Büros, Arbeitsplätze und Werkshallen. Der ständige Kontakt und die tägliche Begegnung bauen Sympathie auf, Antipathie ab, fördern die Gewohnheit und klären gemeinsame Interessen und Ansichten. Man kommt sich Schritt für Schritt näher und wächst allmählich zusammen. Diese Bindungen, die nicht von heute auf morgen zustande kommen, sind in der Regel die dauerhaftesten.

Die Bekanntschaft durch Heiratsanzeigen oder durch ein Ehevermittlungsinstitut liegen unter einem Prozent. Daß der Zufall in der Partnerwahl keine Rolle spielt, sondern eine Reihe von Fakten die Anziehung bestimmen, geht gleichfalls aus einschlägigen soziologischen Untersuchungen hervor. Eine regellose Anziehung gibt es nirgends, überall finden wir Schranken, Grenzen, Hindernisse, Vorschriften, gesellschaftliche Zwänge, politische, konfessionelle und geographische Begrenzungen. Räumliche Entfernungen, Wälder, Seen und Gebirge sind natürliche Grenzen, die zweifellos die Wahl ebenfalls beeinflussen.

Wir haben festgestellt, daß Menschen sich anziehen, die sich in ihren verschiedenen Bedürfnissen ähneln. Es handelt sich also um ein Ineinandergreifen wechselseitiger innerer Bedürfnisse. Die Ergänzungstheorie bietet eine Erklärung dafür, daß viele sich in genau das Gegenteil des Typs verlieben, den sie immer zu suchen glauben. Daher ist es auch nicht verwunderlich, daß diese Personen aus gleichen Verhältnissen stammen, in der Regel gleiche Volks- oder Rassenzugehörigkeit, Gesellschaftsschicht, gleiches Bildungsniveau und andere soziale Merkmale gemeinsam haben.

Wir wählen und lieben das Bekannte, Vertraute, das, was wir in der Kindheit an Einflüssen von Vater und Mutter, Schwestern und Brüdern erfahren haben und was wir aus Vererbung und Milieu selbstverantwortlich schöpferisch daraus gemacht haben. Unbewußt zieht es uns in bekannte Gefilde. Distanz kann wohltuend sein, wer aber im Gemeinschaftsgefühl nicht gestört ist, sucht die vertraute Umgebung, die Heimat, in der er sich wohl fühlen kann, und nicht das unbekannte Abenteuer.

Die Familien- und Geschwisterkonstellation

In allen uns bekannten Gesellschaften verbringt fast jeder Mensch sein Leben in einem Geflecht familiärer Rollenbeziehungen. Der Sozialisierungsprozeß in diesem Rahmen ist für das Kind entscheidend und für die Lebensstilentwicklung ausschlaggebend.

Die stark emotionale Bedeutung der Familienbeziehung ist in der gesamten menschlichen Geschichte zu beobachten. Eine Gesellschaft büßt ihre Lebenskraft ein, wenn die Familie an Einfluß verliert. Das in der Familie erlernte Rollen-Verhalten wird zum Modell oder Prototyp des in anderen Bereichen der Gesellschaft erforderlichen Rollen-Verhaltens. Der Mensch ist mehr als jedes andere Lebewesen vom Lernen abhängig und kann sich ohne sozialen Kontakt nicht normal entwickeln.

Die Theorie der Familienkonstellation

Zu den Hauptmerkmalen der Familienkonstellation gehören die Stellung in der Geschwisterreihe, die Geschwisterposition der Eltern, unter Umständen noch die der Großeltern, und besonders auffällige Schicksale, die dieser Personenkreis erfahren hat. Die Beziehung zwischen Kind und Eltern und die Beziehung der Geschwister untereinander spiegeln die dauerhaften, gestörten oder gelungenen Beziehungen zu anderen Personen, Männern, Frauen und Kindern wider. Sie beschreiben die Einstellung zur Autorität, zum Eigentum und zum Besitz, zur Arbeit, zur Politik, zur Religion und vor allem zum Partner. In dieser Darstellung werden die Einstellungen zu Politik und Arbeit, zum Geld, zu Werten und zur Religion weitgehend ausgeklammert. Im Mittelpunkt stehen die Partnerbeziehung und Partnerwahl.

Wen ich einmal als Freund oder Freundin, Bekannte oder

Partner, Angestellte oder Vorgesetzte wähle, wird nach den Vorbildern früher und frühester innerfamiliärer sozialer Beziehungen gesucht. Die Wahl des Partners im außerfamiliären Bereich wird um so erfolgreicher sein, je mehr sie den erfolgreichen früheren und frühesten Beziehungen entspricht. Hinter der Theorie der Familienkonstellation steht die Beobachtung, daß das, was ein Mensch wirklich *getan* hat, entscheidend ist für das, was er *tun will*. Interessant ist also nicht so sehr, was einer denkt, was er gern möchte, welchen idealen Partner er in seiner Fantasie entwirft, sondern welche Partnerbeziehungen, welche Kontakte zu welchen Personen erfolgreich, harmonisch oder weniger erfolgreich und weniger harmonisch verliefen. Diese Interaktionen verraten seine Gedanken und seine Wünsche. Sie spiegeln seinen Lebensstil wider. Vergangene Freundschaften, Schulerfolge, Berufswahlen, Wohnverhältnisse, Krankheiten und Strafdelikte zeigen bestimmte Weichenstellungen auf, wie künftige Schulerfolge, Berufswahlen, Wohnungspläne, Rechtshändel und Partnerwahlen verlaufen können. Auch neurotische Partnerbeziehungen haben in der Familie einen besonderen Akzent erfahren. Die Einstellung zu Vater und Mutter gibt Aufschluß über die Einstellung zum Partner. Aggression und negative Erwartungen gegen die Eltern werden schnell in den Partner projiziert. Der Lebensstil profiliert sich an den Eltern und Geschwistern.

Die Familienatmosphäre

Umgebung und Familienatmosphäre bestimmen die Entwicklung der Persönlichkeit. Die Eltern verkörpern in den Kindheitsjahren die menschliche Gesellschaft überhaupt. Was das Kind hier an Vorurteilen, Ressentiments, ideologischen, weltanschaulichen, religiösen und sozialen Haltungen in sich aufnimmt, wird die Konturen des Lebensstiles bestimmen. Hier werden Toleranz und Intoleranz, Egoismus, und Altruismus, Partnerschaft und Konkurrenzdenken gefördert oder verhindert. Die Familienatmosphäre kann den Sinn für Werte und Ideale stabilisieren, die Bedeutung unserer Rolle in der Gesellschaft herauf- oder herunterspielen. Ehrgeiz, Materialismus, Neid, Eifersucht, soziale Minderwertigkeitsgefühle, Klassenbewußtsein und Geltungssucht – wir können den Katalog menschlichen Verhaltens durchblättern, die Familienatmosphäre vermittelt dem Kind erste Eindrücke und lockt entsprechende Reaktionen und schöpferische Maßnahmen hervor. Frauen und Mädchen können über- oder unterbewertet, die Rolle des Mannes in Familie, Ehe und Gesellschaft schief oder einseitig programmiert werden. Und doch reagieren nicht alle Kinder in gleicher Weise. Älteste und Jüngste, Erstgeborene und Nachkömmlinge, Abgelehnte und Vorgezogene reagieren verschieden auf diese Herausforderungen.

Alfred Adler, der der Familie und der Familienatmosphäre besonderen Einfluß einräumte, schrieb:

„Die Familie hat allerdings unleugbare Vorzüge, und man kann sich kaum eine Einrichtung vorstellen, bei der Kinder unter *richtiger Führung* besser aufgehoben wären ... So ermöglicht insbesondere eine *behagliche Kinderstube* dem Kind, sich in dieser Welt gern und mit Leichtigkeit hineinzufinden. Bedenkt man, mit welchen Schwierigkeiten die meisten Kinder zu kämpfen haben, wie wenig leicht es ihnen gemacht wird, in ihren ersten Lebensjahren die Welt als einen angenehmen Aufenthaltsort zu empfinden, dann begreift man, daß die ersten Kindheitseindrücke außerordentlich bedeutsam sind, weil sie dem Kind eine Richtung geben, in der es weiterforscht und weitergeht."[1]

Die Rolle der Kinderstube

Eine spätere krankhafte Dynamik ist oft das Ergebnis einer krankhaften Eltern-Kind-Dynamik. Ein Partner projiziert in den anderen Befürchtungen, Ängste, Haßgefühle, Geiz, Eifersucht und vieles andere mehr hinein, weil er selbst mit diesen Dingen zu tun hat, sie aber bei sich nicht wahrhaben will oder nicht wahrnimmt. So kritisiert der Geizige ständig die Verschwendungssucht seines Partners, der angeblich nicht mit Geld umgehen kann, der falsche Kleider zur falschen Zeit, in falschen Geschäften kauft. Da ist ein junger Mann, der von seinem Vater nur als „Pantoffelheld", als „Weichling und als Versager" spricht. Diese deutliche Aussage läßt vermuten, daß er selbst ein starker Mann, ein männlicher Liebhaber und Patriarch sein möchte, der bestrebt ist, im Leben erfolgreich zu sein. Seine Mutter ist eine herrische Frau, die zu Hause das Kommando führt, alles anordnet, was gemacht, gekauft, erübrigt und erspart wer-

---

[1] Alfred Adler, Menschenkenntnis, Fischer Bücherei, 1966, S. 244ff.

den soll. Sie hat immer alles in die Hand genommen, alle Wege zu Behörden, Schulen, Ämtern selbst geregelt und über Ausbildung, Freizeit und Kontakte der Kinder verfügt. Der Mann mag seine Mutter nicht, wie er zu verstehen gibt, und doch übernimmt er ihre Einstellung im Umgang mit anderen Menschen. Er wählt eine zierliche, hilflose Frau, die unselbständig wirkt, hilfsbedürftig und liebeheischend. Seine eingebildete Männlichkeit, sein übertriebenes Erfolgs- und Dominanzstreben lassen vermuten, daß er in dem zarten gebrechlichen Wesen seine Bestätigung findet. Einen Haken allerdings hat die Geschichte. Dieses Mädchen hat einen starken Vater gehabt, hat sich zeitlebens untergeordnet und sich unselbständig und hilfsbedürftig gegeben. Tief drinnen steckten aber Aggressionen und ein unterdrücktes Aufbegehren. Als dieses junge Mädchen die Schwäche seines Partners erkannte, die vorgetäuschte Männlichkeit durchschaute und hinter der forsch vorgetragenen Dominanz lediglich das Wunschbild des Mannes entdeckte, trat es – ohne sich darüber klarzusein – allmählich immer härter, fordernder und herrschsüchtiger auf. Es kam notwendigerweise zu Konflikten, die aus der Familienkonstellation ableitbar waren. Seine Kritik an der zierlich wirkenden Frau wurde darum so heftig, weil er in ihr ein Abbild seiner herrschsüchtigen Mutter wiedererkannte.

Die Konstellation in der Familie ist vielgestaltig. Zwei Geschwister leben miteinander anders als drei. Drei Geschwister kommunizieren miteinander anders als vier. Außerdem ist es ein Unterschied, ob ein Kind mit einer gleichgeschlechtlichen Geschwistergruppe zu tun hat, das heißt, mit zwei, drei oder vier Mädchen, oder ob bei den Mädchen nur ein Junge, bei vier Jungen nur ein Mädchen vorhanden ist. Auch die Altersdifferenz ist nicht ohne Bedeutung. Abstände von weniger als achtzehn Monaten führen leicht zum Gefühl des Nicht-geliebt-Seins und zu Rivalitäten. Bei Abständen von mehr als sechs Jahren werden die älteren Geschwister oft als „Onkel" oder „Tante" erlebt. Der Entwicklungsstand bei geringen Abständen der Kinder ist ähnsie finden in der Regel eine bessere Spielgemeinschaft. Die Situation des Nachkömmlings ist ein gesondertes Problem. Ist der Altersunterschied zwischen den Geschwistern größer, laufen die Eltern Gefahr, das älteste Kind mit Vernunft anzusprechen, während dem sehr viel jüngeren Kind Nachgiebigkeit und Duldsamkeit entgegengebracht werden. Verzärtelung und Verwöhnung bahnen sich an.

Jede Person in der Familienkonstellation benimmt sich so, wie es seine Stellung in der Familie auffaßt, wie es sich im Familienverband versteht. Dieses Selbstverständnis hat wiederum Reaktionen auf andere Geschwister und auf die Eltern zur Folge. Jede Haltung provoziert eine bestimmte Re-aktion beim anderen. Jede Entscheidung beeinflußt das Benehmen eines anderen Mitgliedes. Jeder deutet und mißdeutet das Verhalten eines anderen. Angemessene und unangemessene Reaktionen sind die Folgen. Falsche und irrtümliche Bewertungen hängen damit zusammen. Ein Kind zieht sich zurück, das andere trumpft auf. Eltern sind beleidigt, niemand kann ein Verhalten im voraus berechnen. Die tendenziöse Apperzeption, über die am Anfang gesprochen wurde, das persönliche Deuten des Kindes, wirft jede mechanistische Berechnung über den Haufen. Schleichen sich irrtümliche Vorstellungen ein, kann ein Mensch zeitlebens Probleme, Menschen und Situationen unter dieser ver-rückten Optik betrachten.

Das Verhältnis zum späteren Ehepartner lernen wir schon in den Kinderschuhen. Und der Geschwisterstreit ist oft ein Einübungsfeld für späteren Ehestreit. Die Geschwisterreihenfolge ist ein gutes Barometer für die Atmosphäre im späteren partnerschaftlichen Miteinander. Die Stellung in der Geschwisterreihe gleicht der späteren Rolle im Ehealltag.

Der Altersabstand der Geschwister

Sind Geschwister mehr als sechs Jahre auseinander, wachsen sie häufig wie Einzelkinder auf. Bis zu einem Abstand von sechs Jahren kann man noch von voller Geschwisterschaft sprechen. Auch hier gibt es erhebliche Unterschiede. Sind Bruder und Schwester nur ein bis zwei Jahre auseinander, ist der Zweitgeborene eine wesentlich stärkere Bedrohung für das älteste Kind. Er erlebt einschneidend, daß die Liebeszuwendung der Mutter abnimmt. Kommt zu zwei oder drei Geschwistern ein weiteres hinzu, leidet das Jüngste unter der Ankunft eines weiteren Kindes am meisten. Die ältesten finden sich leichter mit der neuen Situation ab, sie können sich sogar für den Neuankömmling begeistern, wenn der Alterabstand sehr groß ist. Allgemein gilt, daß der Ältere seine Individualität und Unabhängigkeit um so mehr gefestigt hat, je später das jüngere Kind geboren wird. Allerdings kann man statistisch erhellen, daß extreme Altersunterschiede relativ selten sind. Der Mittelwert der Geschwisterabstände liegt nach Auskunft der Statistischen Landesämter Düsseldorf und Hannover bei genau vierzig Monaten. Eine Ausnahme bilden Zwillinge, die gesondert behandelt werden müsen.

Walter Toman, der eine umfangreiche Untersuchung über *Familienkonstellationen* erstellt hat, schreibt:

„Vielleicht könnte man die Sachlage folgendermaßen zusammenfassen: Je geringer der Altersunterschied zwischen den Geschwistern, desto größer und ernster ihre Konflikte miteinander, aber desto größer zugleich ihre Neigung, einander auch im späteren Leben nicht zu verlassen."[2]

Die acht Haupttypen der Geschwisterposition

Wir zeichnen einige Charakterporträts, die in Anlehnung an W. Toman zusammengestellt worden sind. Toman weist ausdrücklich darauf hin, daß diese Charakterbeschreibungen dann weitgehend zutreffen, wenn es sich jeweils um nicht mehr als ein oder zwei Geschwister handelt. Bei drei oder vier Geschwistern liegen für einen Menschen bereits extremere Bedingungen vor, die manche seiner persönlichen Wahlen und Entscheidungen im späteren Leben verändern und oft erschweren.

Der empirischen Grundlage des genannten Buches liegt ein Fallmaterial von über vierhundert Personen zugrunde, die zum größeren Teil ausführlich und über längere Zeit hinweg studiert wurden. Und nun die acht Haupttypen:

1. Der älteste Bruder von Brüdern;
2. der jüngste Bruder von Brüdern;
3. der älteste Bruder von Schwestern;
4. der jüngste Bruder von Schwestern;
5. die älteste Schwester von Schwestern;
6. die jüngste Schwester von Schwestern;
7. die älteste Schwester von Brüdern;
8. die jüngste Schwester von Brüdern.

Der älteste Bruder von Brüdern. Er trägt die Verantwortung und versucht durch Gewalt oder List, Führer von Männern zu

---

[2] Walter Toman, Familienkonstellationen, C. H. Beck, München 1965, S. 14 u. 21.

werden. Er zeigt in der Regel Führerqualitäten, organisiert, leitet und rettet, wenn es sein muß. Schwierigkeiten hat er mit Menschen, die selbst älteste Brüder von Brüdern sind. Er kann Vaterfiguren mit Autorität akzeptieren, glaubt an Eliten, Qualität, Geschwindigkeit, Genauigkeit und an seine Kraft. Sein bester Freund ist oft ein jüngerer Bruder von Brüdern. Er ist hart im Umgang mit Frauen. Er behandelt Mädchen wie jüngere Brüder. Eine Frau muß sich glücklich schätzen, ihm dienen zu dürfen. Seine beste Ehepartnerin wäre eine jüngere Schwester von Brüdern, die selbst Jungen bewundert und ihn entgegenkommt. Sie sollte ihm in zweifacher Hinsicht unterlegen sein: als „Jüngste", und darin, daß sie „nur" ein Mädchen ist.

Auch die jüngste Schwester von Schwestern hätte bei ihm Chancen, beide müßten allerdings ihre Schwierigkeiten zum anderen Geschlecht überwinden. Die ungünstigste Verbindung müßte auf diesem Hintergrunde die Partnerschaft mit einer ältesten Schwester von Schwestern sein. Ihre Rang- und Geschlechtskonflikte könnten unendlich sein.

Der jüngste Bruder von Brüdern. Er ist oft eigenwillig und launenhaft, manchmal lustlos und unproduktiv. Er liebt Autorität von Älteren, sogar von Frauen, wenn sie eine mütterliche Rolle spielen. Weibliche Untergebene haben es schwer bei ihm. Er versteht die Frauen nicht besonders, will aber von ihnen verstanden werden.

Seine beste Partnerin ist die ältest Schwester von Brüdern. Sie muß imstande sein, die Rolle der Seniorin zu spielen und jüngere mehr oder weniger abhängige und anlehnungsbedürftige Männer zu behandeln.

Kinderlieb ist er in der Regel nicht, weil er sich in seinem eigenen Status bedroht fühlt.

Der älteste Bruder von Schwestern. Er ist ein Freund der Mädchen, ein aufrichtiger, zuweilen ein abgefeimter Liebhaber. Für die Frau seines Herzens ist ihm kein Opfer zu groß. Die Frau darf allerdings nicht vergessen, daß sie ihm privat untergeben ist. Aber er zeigt Geduld bei Frauen, er kann sie lange umwerben.

„Seine beste Partnerin wäre die jüngste Schwester von Brüdern. Diese Ehe könnte vollkommen sein. Schließlich ist ja er von Haus aus an jüngere Mädchen, sie an ältere Burschen gewöhnt. Sie hätten weder einen Rang- noch Geschlechtskonflikt."[3]

---

[3] Toman, a.a.O. S. 55.

Heiratet er die älteste Schwester von Brüdern, geraten beide leicht über ihre Seniorenrechte in Konflikt. Auch könnte er die jüngste Schwester von Schwestern heiraten. Sie unterwirft sich gern seiner Autorität, ist aber an das Zusammenleben mit altersnahen Männern nicht gewöhnt.

Der jüngste Bruder von Schwestern. Er ist ein Frauenliebling. Sie verwöhnen ihn. Er setzt Mutterinstinkte frei. Sie tun alles für ihn. Nicht selten arrangiert er einen Lebensstil, der auf Verwöhnung basiert. Von daher ist er kein systematischer und regelmäßiger Arbeiter, ist unbeständig, nachlässig und improvisiert. Er kann nett zu allen Frauen sein, aber taktiert so, daß sie zu *ihm* kommen. Die Frau muß gütig, weich und mütterlich sein, bereit zu leiden, ein vertrauter Ratgeber, die auf eine eigene Karriere verzichtet.

Seine günstigste Ehepartnerin wäre die älteste Schwester von Brüdern. Die Ehe mit ihr könnte vollkommen sein. Sie ist an männliche Junioren gewöhnt und er an Mädchen, die älter sind als er.

Er könnte auch die älteste Schwester von Schwestern heiraten. Allerdings ist sie nicht gewillt, mit Männern umzugehen. Er fühlt sich dann leicht unverstanden und mißachtet. Eine ungünstige Verbindung wäre die Ehe mit einer jüngsten Schwester von Schwestern. Keiner der Partner kann den anderen führen, unterstützen und die Verantwortung übernehmen.

Die älteste Schwester von Schwestern. Sie steht mit beiden Beinen im Leben, sorgt für andere und verfügt über sie. Sie gibt sich selbstsicher im Haushalt, in der Erziehung, in Kunst und Politik und ist in der Arbeit verantwortungsbewußt, kompetent und emsig. Frauen müssen sich ihr unterordnen. Ihre Autorität will sie durchsetzen. Männer haben Mühe mit ihr. Sie wirkt stark und unabhängig. Männer trauen ihr oft nicht. Sie zieht Männer an, die feminin sind und die sich ihr unterordnen. Sie ist stolz auf ihre Wahl.

Ihr bester Partner würde in der Regel der jüngste Bruder von Schwestern sein. Dieser könnte ihre Dominanz erdulden. Dennoch versteht er nicht, wenn sie manchmal bis in ihr körperliches Verhalten hinein widerspenstig ist. Sogar beim Tanz führt sie lieber selbst.

Auch der jüngste Bruder von Brüdern käme für sie in Frage. In geschlechtlicher Hinsicht kann es zur Katastrophe kommen, keiner kann mit dem anderen Geschlecht etwas anfangen. Die ungünstigste Verbindung wäre vermutlich mit einem ältesten Bruder von Brüdern. Die Rangkonflikte wären endlos.

Die jüngste Schwester von Schwestern. Sie ist abenteuerlustig und liebt ein wechselvolles Leben. Sie ist sprühender und dynamischer als ihre übrigen Geschwister. Sie ist liebenswürdig, verführerisch und wirkt auf Männer. Freunde und Partner müssen sich auf Überraschungen gefaßt machen.

„Ihr bester Partner wäre der älteste Bruder von Schwestern. Ein solcher kann am ehesten ihre Manöver und inneren Schwierigkeiten durchschauen. Schließlich ist sie von Hause aus mehr oder weniger darauf vorbereitet, sich einer Seniorin unterzuordnen."[4]

Der älteste Bruder von Brüdern wäre ein weniger guter Ehepartner, sie könnte zwar seine Führung akzeptieren, aber als Mann und Frau kämen sie sich schwer nahe. Die ungünstigste Verbindung wäre jene mit einem jüngsten Bruder von Brüdern. Beide hätten keine Erfahrung im Zusammenleben mit altersnahen Personen des anderen Geschlechts und würden zudem Machtkämpfe austragen. Daß sie sich besonders Jungen als Kinder wünscht, ist selbstverständlich.

Die älteste Schwester von Brüdern. Sie weiß die Männer zu nehmen. Ihr Lebensstil kennzeichnet sie so, daß sich Männer um sie scharen. Sie hat ein Ohr für sie und steht ihnen wie eine Mutter und große Schwester bei. Ihren zukünftigen Mann wird sie ein bißchen bevormunden, seine Geschäfte handhaben, die Finanzen erledigen, aber sie ist niemals geneigt, mit ihm zu wetteifern. Nicht alle Männer fliegen auf sie, denn sie erscheint so vernünftig, verantwortungsbewußt, freundlich und vor allem mütterlich und häuslich.

Ihr bester Partner wäre der jüngste Bruder von Schwestern. Er ist ideal auf das vorbereitet, was sie zu bieten hat. Sie würde ihn gern mit allem versehen, was er braucht, um weiterhin und zumindest teilweise ein kleiner Junge bleiben zu können.

Sie führt, und er läßt sich gern führen. Ein anderer möglicher Partner wäre der jüngste Bruder von Brüdern. Dieser hat nur innere Konflikte, sie als Frau zu akzeptieren. Er könnte zwischen Unterordnung unter ihre Autorität und Rebellion gegen ihr Geschlecht schwanken. Sie ist ja „nur" eine Frau. Es erübrigt sich zu sagen, daß der älteste Bruder von Brüdern den unpassendsten

---

[4] Toman, a. a. O. S. 85.

Partner darstellt. Er käme sowohl mit ihrem Geschlecht als auch mit ihrer Dominanz in Konflikt.

Die jüngste Schwester von Brüdern. Sie ist anziehender für die meisten Männer als andere Mädchen. Unter der männlichen Geschwisterschar bildet sich ein Lebensstil heraus, der die Männer zu Kavalieren erzieht. Sie ist ein feiner Kerl, freundlich, gütig, taktvoll, aber selbstsüchtig. Sie denkt nicht daran, Karriere zu machen. Sie arbeitet gut unter guter Führung. Sie kommt überall mit den Männern aus. Sie spielt unbewußt ein „entzückendes Mädchen". Das verübeln ihr die Geschlechtsgenossinnen.

Sie hat keine großen Schwierigkeiten, an einen Mann zu kommen. Männer beten sie an. Charme ist die zunächst unbewußte, später zum Teil bewußte Taktik ihres Lebensstiles. Wo sie geht und steht, hat sie Verehrer. Ältere Männer und Ehemänner machen ihr gern den Hof. Sie verwöhnen sie, und das wird sie auch brauchen, wenn sie einmal verheiratet ist. Sie braucht die schöne Wohnung, den Sportwagen, Urlaub in Teneriffa, denn sie ist schon früh von ihren Brüdern verwöhnt worden.

Ihr bester Partner ist der älteste Bruder von Schwestern. Sie ist so instinktsicher, daß sie am ehesten von allen Mädchen ihren optimalen Partner findet. Ihr Gefühl sagt ihr bald, daß der älteste Bruder von Brüdern zu hart ist, obwohl er immer noch ihre zweitbeste Wahl sein könnte.

Sie weiß aber auch, daß der jüngste Bruder von Brüdern viel zu egoistisch und zu ungeschickt mit der jüngsten Schwester von Brüdern umgehen würde. Diese Wahl wäre die unvorteilhafteste. Beide sehnten sich nach Führung, und keiner könnte sie übernehmen. Schwierigkeiten würde auch ein Mann, der Einzelkind wäre, machen. Er will selbst der sein, der am meisten verwöhnt wird, und so berücksichtigt er dann ihre Bedürnisse zu wenig.

Das älteste Kind

Da ist Erwin, der gegen seine Geschwister um seine Vormachtstellung kämpft. Er beschreitet viele Wege und benutzt viele Mittel. Manchmal kämpft er besinnungslos, er *muß* den ersten Platz behalten. Er boxt, tritt, schimpft, schreit, befiehlt und überredet, immer auf der Suche nach der geeigneten Methode, die Geschwister auf ihre Plätze zu verweisen. Die Wege sind unterschiedlich, das Ziel eindeutig.

Da die ältesten Kinder am stärksten konkurrieren, sind ihre Unterschiede am auffälligsten. Sie müssen sich nicht unbedingt bekriegen, in offener Feindschaft miteinander umgehen. Das alles kann verdeckter und versteckter vor sich gehen. Und doch erinnert es an den ersten Schlagabtausch im Boxring. Jeder tastet den Gegner ab, versucht seine Stärken und Schwächen herauszufinden. Und an der schwachen Stelle versucht er, ihn zu übertrumpfen. Daher die gegensätzlichen Charaktereigenschaften, die unterschiedlichen Temperamente, das verschiedene Tempo, die Älteste von Zweitältesten unterscheiden.

Alfred Adler schreibt über den Ältesten:

„Es ist häufig möglich, den Ältesten oder Jüngsten aus seinem Verhalten herauszufinden. Ich habe fast regelmäßig erfahren, daß der Erstgeborene in seiner Haltung ein konservatives Element enthält. Er rechnet mit der Stärke, taktiert mit der Macht und zeigt eine gewisse Verträglichkeit. Vergleichen Sie die Biographie Fontanes, der ausführt, er gäbe etwas darum, wenn man ihm erklären könnte, woher bei ihm die Erscheinung stamme, daß er mit einer gewissen Neigung sich auf die Seite der Stärkeren stelle. Ich schloß mit Recht, als ich diese Stelle las, daß er ein Erstgeborener sein mußte, der auch seine Überlegenheit über die Geschwister als ein unantastbares Gut empfand."[5]

Die biblische Geschichte vom „Verlorenen Sohn" erhärtet Adlers Vermutung. Der Älteste ist der Konservative, der für den Wegläufer und Herumtreiber, den Jüngsten, kein Verständnis aufbringt. Er macht dem Vater Vorwürfe, denn er hat zeit seines Lebens Gehorsam gezeigt und sich auf die Seite des Starken geschlagen.

In der Ehe wird es dem Ältesten ähnlich ergehen. Sollte er einen Partner finden, der ebenso eifrig bemüht ist, seine Vormachtstellung uneingeschränkt in die Ehe hinüberzuretten, entbrennt mit Sicherheit ein leidenschaftlicher Machtkampf. Beide setzen ihr altes Spiel aus der Kindheit fort.

Oft verlieren wir die Geschwisterkonflikte aus den Augen, wenn die Kinder älter und vernünftiger werden. Der Kleinkrieg ist abgeflaut, der offene oder versteckte Kampf scheint eingeschlafen. Und doch hat die Einstellung zu den Geschwistern den persönlichen Lebensstil mitgeformt. Erwin, den wir eben schil-

---

[5] Alfred Adler, Praxis und Theorie der Individualpsychologie, J. F. Bergmann, München [3]1927, S. 237.

derten, verhält sich so, wie sich älteste Geschwister im Normalfall verhalten. Er ist der Erstgeborene, steht im Mittelpunkt der Betrachtung. Eltern, Großeltern, Tanten und Verwandte stehen an der Wiege herum, betrachten ihn wohlgefällig, sprechen große Erwartungen aus und überschütten ihn mit Vorschußlorbeeren. Er wird zwei Jahre alt, kann prächtig laufen und ist inzwischen sauber geworden. Da taucht unerwartet der Rivale auf, der Zweitgeborene, der plötzlich die Familienharmonie durcheinanderbringt. Erwin erwacht aus einem Traum, sein Dasein als Mittelpunkt ist urplötzlich zu Ende. Niemand hat ihn darauf vorbereitet, die Geburt des Geschwisterchens ist ihm eine kalte Dusche. Alle Augen richten sich auf den Neuankömmling. Er steht unbeachtet in der Ecke. Die kleine Schwester wird von Arm zu Arm gereicht. Die Augen der Erwachsenen glänzen. Er faßt einmal das winzige Geschöpf an und bekommt gleich Schelte. Mal faßt er zu ungeschickt, mal zu fest, mal falsch und mal lieblos zu. Immer haben die Eltern etwas einzuwenden. Er lebt in ständiger Spannung.

Aus dem fröhlichen, lebhaften Jungen ist ein eingeschüchterter, stiller und verschlossener Junge geworden. Er haßt seine Schwester, schlägt an die Wiege, zieht die Kleine an den Haaren, stößt sie mit dem Fuß und wünscht sie geheim oder offen zum Teufel. Er kann seine Eltern nicht verstehen, daß sie so etwas zulassen. Er frißt den Kummer in sich hinein, oder er schimpft und schreit ihn hinaus. Viele Einstellungen sind möglich. Die einen machen ab sofort wieder ins Bett, nässen ein, fangen an zu stottern, bekommen alle möglichen Krankheiten, wollen wieder aus der Flasche trinken, sprechen wieder wie Babies oder werden hochgradig aggressiv und bockig.

Und die Reaktion der Eltern? Sie schimpfen den kleinen Kerl aus, der sich so lieblos verhält und loben das artige Neugeborene. Diese falsche Einstellung der Eltern muß das Familienklima belasten. Der Kleine hat also recht, die Eltern haben ihr Wohlgefallen gegenüber dem Neugeborenen und ihr Mißfallen gegenüber dem Erstgeborenen geäußert. Sie haben sich die Unausstehlichkeit des Älteren selbst zuzuschreiben. Ihre eigene Reaktion verrät die Absichten des Kindes. Erwin ist entthront worden. Dieser mehr oder weniger große Schock sitzt ihm tief in den Knochen. Und sein Leben lang wird er auf alle Entthronungserlebnisse gereizt reagieren.

Ich kenne eine Mutter, die ihren Dreijährigen bei den Großel-

tern einquartierte, als sie selbst mit dem Baby aus dem Krankenhaus kam. Nach vierzehn Tagen wurde er wieder zurückgeholt.
Das Erschrecken des Jungen war unbeschreiblich. Seine Mutter
hatte sich ein neues Kind geholt, und er wurde fortgegeben! Seine
Enttäuschung war riesengroß. Er war verbittert, glaubte sich
verraten und ungeliebt. Fortan kämpfte er um sein Vorrecht.
Überall wollte er der Erste sein, das größte Stück haben, als erster
bedauert werden und in einem Streit gewinnen. Bei seinen Großeltern bleibt er bestenfalls einige Stunden, wenn Eltern und Geschwister dort einen Besuch machen. So tief hat sich der Schock
in ihm breitgemacht.

Älteste und zweitälteste Kinder stehen miteinander in Wett-
streit. Der Zweitgeborene fühlt sich in der Regel unterlegen. Der
Ältere kann schon sprechen, lesen, schreiben, malen und singen.
Er ist ihm voraus. Er ist größer, stärker, schneller und kräftiger.
Kinder haben kein Verständnis für Altersunterschiede und deren
Bedeutung. Sie sehen nur, daß der andere einen Kopf größer ist,
schneller laufen kann und stärker ist. Jeder sucht beim anderen
Schwächen, erprobt die eigene Stärke, entdeckt Talente, die ihm
Macht über den anderen verleihen. Eltern machen dann leicht
den Fehler, daß sie sich auf die Seite des Erfolgreichen schlagen,
seine Gaben hervorkehren und als Vorbild für den anderen hin-
stellen.

Da ist der achtjährige Rolf, der im Wettstreit mit seiner
Schwester liegt. Das Verhältnis zu seiner Mutter ist getrübt, seit
sie die Schwester ins Haus gebracht hat. Vor Jahren hat er die
Schwester am Hals gewürgt, er wollte sie lossein, wollte das
Schwesterchen verkaufen oder verschenken. Aber er wurde das
Schwesterchen nicht los, und die Eltern wollten es auch nicht
weggeben. Jede Zärtlichkeit von seiten der Mutter lehnte er seit
dieser Zeit ab. Er wehrt sich gegen Geküßt- und Gestreichelt-
werden.

Die Eifersucht

Eifersucht ist bei Kindern normal. Sie wird mit der Geburt von
Geschwistern in der Regel mitgeliefert. Die Bibel ist voller Beispiele von Eifersucht zwischen Geschwistern. Der erste Mord
in der Bibel geschah aus Eifersucht. Kain war auf Abel, Esau auf
Jakob eifersüchtig. Heute ist es nicht anders. Eifersucht ist eine

konstante Größe, und wir sollten sie nicht mit Stumpf und Stiel auszurotten versuchen. Plötzlich verwandeln unsere Kinder ihre Gefühle in verschiedene Krankheitssymptome. Zum Beispiel leiden sie unter Angstträumen, bekommen unerklärliche Atembeschwerden oder asthmaartige Anfälle. Unter Umständen müssen sie dann in der Nervenklinik lernen, ihre Eifersucht in Worte zu fassen oder in Zorn umzuwandeln anstatt in Keuchen. Es kann hilfreich sein, an wehrlosen Gegenständen die aggressiven Gefühle abzureagieren. Werden sie unterdrückt, ziehen sie sich unter die Oberfläche zurück und vergiften das Gemüt des Menschen ein Leben lang. Andere Kinder nässen ein – sie machen auf diesem Wege ihrem Herzen Luft. Immer ist es Eifersucht auf den Nachwuchs und den Rivalen. Eltern haben eine große Verantwortung, den Kindern die Chance zu geben, ihre Gefühle in Worten, statt in solchen krankhaften Symptomen auszudrücken. Die sozialen Kontakte dieser Menschen stehen später unter einem schlechten Stern. Eifersucht kann in verschiedenen Gewändern einhergehen. Sie tarnt sich und tritt uns oft verdeckt entgegen. Die einen befinden sich ständig im Machtkampf, stechen andere Bewerber aus, sonnen sich im Ruhm, unwiderstehliche Liebhaber zu sein, müssen ständig den anderen Verkehrsteilnehmer überholen, weil sie ihn als Konkurrenten empfinden, können nicht verlieren und ertragen es nicht, sitzengelassen zu werden.

Aber auch das Gegenteil ist möglich. Die Eifersucht kann sich hinter der Demut eines Mauerblümchens verstecken, hinter Edelmut, hinter einem auffallenden Gutseinwollen, das besonders für zweitgeborene Mädchen charakteristisch sein kann. Wieder andere flüchten sich in die Depression, in eine traurige Verstimmtheit und glauben, als Märtyrer einen erfolgreichen Einfluß auf andere ausüben zu können. Eifersucht prägt sich auf verschiedene Weise und in verschiedener Form und in verschiedenen Graden aus. Das eine Kind will von der Mutter besonders beachtet werden. Es wird unausstehlich, wenn es das Gefühl hat, die Mutter schenke dem Rivalen zuviel Beachtung. Es weigert sich, zur Schule zu gehen, und duldet nicht, daß Mutti mit dem „Balg" den ganzen Morgen allein ist. Und dann das penetrante Gerechtigkeitsstreben. Alles muß gleich geteilt, gleich eingerichtet, gleich bemessen und gleich bewertet werden. Hinter diesem Pochen auf Fairneß steckt weniger ein Gerechtigkeitsempfinden als vielmehr die Erwartung, daß die anderen auch ja keine

Häppchen mehr bekommen, keine Quentchen Liebe mehr erhalten.

Es ist möglich, daß das entthronte Kind mit Minderwertigkeitsgefühlen reagiert. Es hat den Eindruck, nicht genug beachtet, geschätzt und geliebt zu werden. Das Kind ringt mit Eifersucht und benutzt dieses Mittel, um Aufmerksamkeit zu erregen, und verstärkt seine Ansprüche. Und später? Dieser Erwachsene kann seinen Partner mit Forderungen von Liebesbeweisen tyrannisieren. Ständig liegt er auf der Lauer, um Zuneigung zu erbetteln, hat er doch das Gefühl, vernachlässigt zu sein.

Wer Mutters einziger Liebling sein will, kann keinen Rivalen dulden. Er wird besitzgierig sein Revier verteidigen und eifersüchtig nach allen Seiten beißen. Er kann das offen oder versteckt tun, es hängt von der Einstellung der Eltern zur Eifersucht ab und von der privaten Logik, der persönlichen Interpretation familiärer Zusammenhänge.

Das mittlere Kind

Seine Situation ist doppelt problematisch. Es steht zwischen zwei Geschwistern. Auf der einen Seite das ältere Kind, auf der anderen Seite das jüngere, dem man mit Vernunft und Duldsamkeit begegnen soll. Sind die Schwangerschaften der Mutter in zeitlich kurzem Abstand erfolgt, fehlt dem mittleren Kind die Verwöhnung und liebevolle Zuwendung. Es wird von zwei Seiten bedrängt, es will konkurrieren mit der einen und soll vernünftig reagieren nach der anderen Seite hin. Mit anderen Worten – es kämpft an zwei Fronten. Zweifrontenkriege aber sind ermüdend und nachteilig. Mittlere Kinder haben daher oft das Gefühl, benachteiligt zu sein, fühlen sich von Eltern und der Welt ungerecht behandelt und verraten in ihren Haltungen und Handlungen diese Lebensgrundeinstellung. Eltern, die diese doppelte Spannung nicht erfühlen, werfen dem mittleren Kind Neid und Eifersucht vor und stecken ihre Erwartungen zu hoch. Jedes Verständnis für das Kind bedeutet aber Entlastung, und die braucht das „Sandwichkind" besonders.

Es gibt ein Sprichwort: „Den letzten beißen die Hunde." Das muß nicht sein. Der letzte hat eine einzigartige Stellung. Er ist hilflos und entdeckt schneller, als es den Erwachsenen lieb ist, seinen Vorteil. Er *benutzt* seine Schwächen, die anderen für sich einzuspannen. Er hält Eltern und Geschwister in Trab. Im Handumdrehen wird er zum Tyrannen, die Hilflosigkeit weckt Mitleid und Hilfsbereitschaft, und seine „Sklaven" stehen ihm zur Verfügung. Er reflektiert nicht darüber, aber er macht die Erfahrung, daß Nehmen seliger ist als Geben.

Alfred Adler schreibt über den Jüngsten:

„Die Menschen scheinen eigentlich schon lange gewußt zu haben, daß der Jüngste meist ein besonderer Typ ist. Das ergibt sich aus einer Unzahl Märchen, Legenden, biblischer Geschichten, in denen der Jüngste immer in der gleichen Art hervortritt und geschildert wird. Tatsächlich wächst er in einer ganz anderen Situation auf als alle anderen Kinder. Er ist für die Eltern ein besonderes Kind. Er erfährt als Jüngster eine besondere Behandlung... Es ist für kein Kind eine angenehme Situation, immer als das Kleinste zu gelten, dem man nichts zutraut, dem man nichts anvertrauen darf. Das reizt das Kind so sehr, daß es danach strebt, zu zeigen, was es alles kann. Sein Machtstreben erfährt eine Verschärfung. So wird das Jüngste meist ein Mensch sein, dem nur die beste Situation genügt, das ein Streben in sich entwickelt, alle anderen zu überspringen."[6]

Adler hat scharf die Situation um den Jüngsten erhellt. Er will die anderen übertreffen. Er ist ein Schnell-Läufer, der andere hinter sich lassen will. Daß hier leicht Haß- und Neidgefühle mit im Spiel sind, der Jüngste also in der Gruppe ein unbeliebter Spielgefährte ist, ergibt sich – Gott sei Dank nicht zwangsläufig – aus der Rolle. Jüngste führen ein Sonderdasein, weichen von Geschwistern ab und können im Leben herausragende Leistungen vollbringen.

Ein bekanntes Beispiel ist Josef im Alten Testament. Diese Geschichte psychologisch zu durchleuchten dürfte eine lohnende Aufgabe sein. Er ist der Jüngste und weiß seine Rolle entsprechend zu spielen. Der Vater zieht ihn vor, schenkt ihm einen kostbaren Rock und räumt ihm gewisse Vergünstigungen ein.

---

[6] Alfred Adler, Menschenkenntnis, Fischer Bücherei, 1966, S. 138 ff.

Seine Träume spielen ihn in den Mittelpunkt, und die Folge ist, daß seine Geschwister neidisch auf ihn sind. Die Lage spitzt sich zu. Aus Neid und Haß entwickeln sich Mordabsichten, und eines Tages werden die Gefühle der älteren Brüder in die Tat umgesetzt. Aber Josef war ehrgeizig, er nahm die Herausforderung des „Schicksals" an und wurde ein bedeutender Mann. Die theologische Interpretation, daß Gott aus einem Sklaven einen Landesvater machen kann, habe ich bei dieser psychologischen Deutung beiseitegelassen.

Daß Jüngste auch Versager werden können, bringt die Rollenfunktion mit sich. Wenn die ältesten Geschwister besonders tüchtig sind und dem Jüngsten diese erfolgreichen und lobenswerten Brüder und Schwestern ständig als leuchtendes Vorbild präsentiert werden, schleicht sich Entmutigung ein. Aus Entmutigung wird Feigheit und aus Feigheit wird Versagen. Er schlägt sich auf die negative Seite des Lebens, flieht in die Verantwortungslosigkeit und kneift vor den Aufgaben des Lebens. Er findet Gründe für sein Versagen und hat stets Ausreden bereit, die seine Mißerfolge entschuldigen sollen. Entweder wurde er verwöhnt, in seinen Leistungen verkannt oder von den Geschwistern unterdrückt, von den Eltern vernachlässigt, von der Schule nicht ernstgenommen und vom Pech verfolgt.

Das Einzelkind

Einzelkinder werden oft stiefmütterlich behandelt, was die Gemeinschaft und was Spielgefährten angeht. Sie haben keine Geschwister, mit denen sie spielen und sich austauschen können. Ihnen bleiben nur die Erwachsenen. Die Folge kann sein, daß solche Kinder altklug, distanziert und ohne starke Gefühlsbeziehungen zum Mitmenschen aufwachsen. Altklugheit hindert die Reifung. Das Fehlen der Geschwister führt zu einer fast unübersteigbaren Kluft zwischen dem Einzelkind und den Altersgenossen beiderlei Geschlechts. Die Wir-Bildung ist aber nicht nur eine Eltern-Kind-Beziehung, sondern eine Sache der Geschwister-Beziehung.

Das Einzelkind wächst in der Welt der „Riesen" auf, denn die Erwachsenen sind größer, überlegener und fähiger. Es fühlt sich herausgefordert, Gaben zu entwickeln, die den Großen imponieren. Viele Mittel und Wege unterstützen dieses Ziel. Es kann mit geistiger Überlegenheit, mit Charme, mit Hilflosigkeit und Schüchternheit versuchen, das Ziel zu erreichen. Einzelkinder stehen abseits, beschäftigen sich allein und erfahren, daß zwischen ihnen und der Umwelt eine Trennwand ist. Seelisch gesunde Kinder brauchen aber den Austausch mit der Umwelt und die Gemeinschaft. Die krankhafte Form dieser Einzelkinder und Einzelgänger ist der *Autismus*. Autisten sind Menschen, die nur sie selbst sind. Sie werden schnell verkannt. Man spricht von stolzen und dünkelhaften Kindern, von kalten und unnahbaren Personen. Dieser Abstand ruft wiederum unter Umständen negative Reaktionen hervor. Vielleicht wollen sie sich wenigstens auf einigen Gebieten hervortun, brillieren im Geistigen, vollbringen erstaunliche Einzelleistungen, sind anderen Kindern weit voraus, bleiben aber nicht mit beiden Beinen auf der Erde. Ihnen fehlt der Bezug zur Wirklichkeit, zur Gemeinschaft. Es werden Sonderlinge und Außenseiter. Später wirken sie kontaktgestört und kontaktscheu, gehen allen Partnerbeziehungen aus dem Wege und versuchen, auf ausgefallenen Gebieten Außergewöhnliches zu leisten. Gerade ernste und besinnliche Einzelkinder, stille und grüblerische Wesen stehen in besonderer Gefahr. Kommen jetzt noch unnahbare Eltern hinzu, die sich ihrer Umgebung gegenüber reserviert zeigen, Kontakte meiden und Gesprächen und Besuchen aus dem Wege gehen, sinken auch die Beziehungen zwischen Eltern und Kind auf ein Minimum ab. Solchen Kindern fehlt die Geborgenheit des Elternhauses, ihnen fehlt die innere Wärme, und sie brauchen dringend zur späteren Partnerschaftsfähigkeit Begegnungen mit anderen Kindern. Sie müssen aus ihrer Vereinzelung herausgelockt und in die Gemeinschaft mit Gleichaltrigen hineingezogen werden. Das gelingt nicht auf Anhieb. Mancher Versuch wird fehlschlagen. Hier dürfen die Eltern nicht den Mut verlieren und wortlos oder artikuliert Entmutigung verbreiten. Gemeinschaftsfeindliche und gemeinschaftsunfreundliche Kinder tragen eine schwere Hypothek für ihr späteres Leben mit sich herum. Nach amtlichen Schätzungen gibt es in der Bundesrepublik ca. 60% Einzelkinder. Die Problematik, die dahinter steckt, wurde eben angerissen. Die zwischenmenschlichen Kontakte bleiben ein Leben lang erschwert, die Partnerwahl wird oft zur Qual.

Das männliche Einzelkind ist daran gewöhnt, der Liebling von zwei Erwachsenen zu sein. Es bekommt für alles Beachtung, Zustimmung und weckt auch in allen Sympathie, Teilnahme und

Sorge. Es kann mit sofortiger Hilfe rechnen. Später glaubt es auch als Mann, im Zentrum der Aufmerksamkeit zu stehen. Da die Identifikation mit Geschwistern fehlt, hält das männliche Einzelkind bei Partnerbeziehungen nach Vater- und Mutterfiguren Ausschau. Freunde können nicht mit Opfern seinerseits rechnen. Die günstigste Ehegarantie für ein solches Einzelkind ist die Juniorin, am besten von Brüdern. Sie kann sich auf Männer einstellen und kleinere Jungen verwöhnen und versorgen.

Das weibliche Einzelkind neigt zur Extravaganz und ist egoistischer als andere Mädchen. Es kann den Eltern gegenüber gehorsam sein und verantwortungsbewußt, wenn die Eltern „vernarrt" in es sind und sich den Wünschen des Kindes anpassen. Es wirkt frühreif und altklug, in anderer Hinsicht kindlich und einfältig, anlehnungsbedürftig und völlig abhängig von der Führung der Erwachsenen. Es fühlt sich als Prinzessin und sucht den besten Prinzen aller Prinzen. Kaum einer ist gut genug für das Mädchen. Es möchte alles haben, was ihm in den Sinn kommt. Die zukünftige Ehe ist nicht ganz einfach, es geht gut, wenn das Einzelkind einen freundlichen, toleranten, reifen, oft älteren Partner findet, der seine Launen versteht und kleine masochistische Neigungen mitbringt, der sich also tyrannisieren und quälen läßt. Er muß sich um alles kümmern. Die Ehe zweier Einzelkinder ist dann gut, wenn sie beide starke anderweitige oder berufliche Interessen haben und verfolgen. Wenn es nach dem weiblichen Einzelkind ginge, brauchten sie keine Kinder in der Ehe. Besonders die Geschwisterposition der Mutter wirkt im weiblichen Einzelkind nach.

Das Stiefkind

Die Wörter „Stiefkind" und „Stiefmutter" haben einen üblen Klang. Die Interaktion zwischen Stiefkindern und Stiefmüttern verläuft meist anders als in Durchschnittsfamilien. Stiefmüttern fehlt das Gefühl, dieses Kind als eigenes zu akzeptieren. Ständig sehen sie sich mit der Fage konfrontiert: „Liebst du das Kind auch wirklich?" Viele Mütter tun dann des Guten zuviel. Ihre übertriebene Liebe ruft entsprechendes Verhalten hervor und beeinflußt die individuelle Lebensinterpretation des Kindes.

Da unsere Märchen voll von bösen Stiefmüttern sind, die Grausamkeiten zu ihrem Hobby gemacht zu haben scheinen, empfiehlt es sich, in der gesamten Erziehung das Wort „Stiefmutter" zu streichen und durch „zweite Mutter" zu ersetzen. Denn gestörte Mutter-Kind-Beziehungen bergen die Möglichkeit späterer Störungen im partnerschaftlichen Bereich in sich.

Die Geschwisterposition der Eltern

Eltern und Eltern unterscheiden sich stark voneinander. Es leuchtet ein, daß ihre Geschwisterposition in die Ehe Konflikte und Spannungen, in die Familie bestimmte Einflüsse, Gefühle und Verhaltensmuster einbringt. Eltern spielten bestimmte Rollen in ihren ursprünglichen Familien und sind daher für bestimmte Konstellationen prädestiniert. Sie haben einen Lebensstil entwickelt, der die guten oder schlechten, harmonischen oder unharmonischen, konfliktgeschwängerten oder konfliktfreien Beziehungen der Kindheit und Familie widerspiegelt. Diese eingeschliffenen Verhaltensweisen bleiben meist nicht ohne Echo bei ihren Kindern.

Ein Beispiel kann das verdeutlichen. Ein junger Mann von 17 Jahren wird mir in die Beratung überwiesen. Er hat ein junges Mädchen vergewaltigt, mit dem er einen Spaziergang unternommen hat. Das Mädchen war ein wenig in ihn verliebt, hatte aber schockiert reagiert, als er es brutal zum Geschlechtsverkehr zwingen wollte und dabei jegliches Einfühlungsvermögen vermissen ließ.

Seine Geschwisterposition und die der Eltern werfen ein bezeichnendes Licht auf seinen gestörten Umgang mit dem anderen Geschlecht. Der Siebzehnjährige ist der mittlere von zwei Brüdern, sein Vater kommt ebenfalls aus einer Familie von vier männlichen Geschwistern. Der Großvater dieses Jungen hatte offensichtlich aus der Not eine Tugend gemacht und überall seinen Stolz über seine vier Söhne hinausposaunt. Frauen galten ihm wenig, er soll ihnen sogar die Seele abgesprochen haben. Der Vater des Jungen wurde mit diesem Frauenbild groß. Er heiratete eine verschüchterte, unterwürfige Frau, die entsetzlich unter diesem Grobian zu leiden hatte. Der Siebzehnjährige erzählt mir, daß seine Mutter vom Vater kommandiert würde, daß sie ohne Widerrede seine oft verrückten Wünsche erfülle und wie ein Schoßhündchen gehorche. Die Mutter entstamme einer Familie mit drei Kindern, einem Sohn und zwei Mädchen. Der einzige

Sohn sei mit zwei Jahren gestorben, ihre älteste Schwester hätte sich wie ein Junge gebärdet und die jüngere Schwester – die Mutter unseres Siebzehnjährigen – völlig unterdrückt. Ohne daß es nötig wäre, noch auf weitere Motivationen des angedeuteten Falles einzugehen, macht diese Familienkonstellation deutlich, wie negativ die Ehe der Eltern und die ausschließlich männlichen Geschwister die Partnerschaftsfähigkeit des Jungen mit dem anderen Geschlecht vorbereitet haben.

Eine ähnliche Geschwisterposition bei Eltern und Kindern schafft jedoch gute Identifikationsmöglichkeiten.

Der Einfluß der väterlichen Geschwisterkonstellation

War der Vater beispielsweise der jüngste Bruder von Brüdern, wird er sich vermutlich gut mit dem Sohn, der ältester Bruder von Brüdern ist, verstehen. Der Sohn versucht, dem Vater gleich zu werden, und findet ein positives Echo.

War der Vater beispielsweise der jüngste Bruder von Brüdern, ist seine Beziehung zu dem Kinde nicht besonders väterlich. Er kommt zudem mit Söhnen besser als mit Töchtern zurecht, besonders wenn die Söhne diszipliniert sind und Verantwortung gern übernehmen, die er als Jüngster gescheut hat.

Das günstigste Verhältnis hat er vermutlich zu seinem jüngsten Sohn, wenn er wie der Vater selbst nur Brüder über sich hat. Beide verstehen einander und schätzen sich sehr. Außerdem sieht der Vater unwillkürlich seine Gaben und Eigenarten in ihn hinein. Die ersten Erlebnisse mit dem Vater sind sogleich die ersten mit einem Mann. Das Kind, vor allen Dingen das Mädchen, zieht Rückschlüsse; es verallgemeinert, steckt seine Erwartungen ab. So wie der Vater sind *alle* Männer. Man kann ihnen vertrauen, oder man muß vor ihnen Angst haben. Sie sind stark, sie sind gemein, sie sind lieb, abstoßend, Helden oder Betrüger. Die negative Wahl eines Mädchens ist fast immer gekoppelt mit einem negativen Vaterbild. Die negative Wahl des Sohnes ist gekoppelt mit einem negativen Mutterbild. „Wenn der Vater einen anwidert, hat man keine Lust zum Heiraten", bekennt ein junges Mädchen.

Da ist eine Mutter, die zu Hause die jüngste Schwester von Brüdern war. Sie ist vermutlich die femininste unter den Müttern. Ihre Töchter können von ihr lernen, wie man Männer bestrickt, wie man sich geschickt unterordnet und doch das Heft in der Hand behält. Nur Führung und Autorität vermittelt sie kaum. Mit Charme kann sie eher dienen. Ihre älteste Tochter wird es schwer mit ihr haben. Sie wird unter Umständen die Führung an sich reißen, die die Mutter vermissen läßt. Am besten kommt die Mutter natürlich mit einer Tochter zurecht, die die jüngste Schwester von Brüdern ist. Hier findet sie sich wieder. Die gleiche Wellenlänge zeichnet sie aus.

Die mütterlichste aller Frauen wird die sein, die zu Hause die älteste Schwester von Brüdern war. Sie kann Jungen und Männer betreuen, und sie kann ihre Töchter lehren, gleiches zu tun. Ist diese mütterliche Frau zudem noch glücklich verheiratet und hat einen anlehnungsbedürftigen Mann, wie das in der Regel zu sein pflegt, ziehen die Kinder dieser Eltern mit entsprechenden Autoritätsvorstellungen in die Welt hinaus. Es wundert nicht, wenn die Töchter nach Männern ausschauen, die sich anlehnen und bemuttern lassen und die Söhne Muttertypen zu Frauen auswählen. Die Mutter spiegelt zum Teil den Lebensstil wider, den ihre persönliche Familienkonstellation mitgeprägt hat. War sie selbst die älteste Schwester eines jüngeren Bruders, den sie bemuttert hat, verhindert sie vielleicht als Mutter die Loslösung des Sohnes, verhindert sie eine glückversprechende Partnerwahl. Vielen Männern ist es erst nach dem Tode der Mutter möglich, zu heiraten und eine Liebesbeziehung zu unterhalten. Häufig suchen sie sich allerdings eine Frau aus, die die Stellung der Mutter in ihrem Leben übernehmen soll: eine dominierende, besitzergreifende, starke Partnerin, an deren Seite sie die Rolle des verwöhnten Kindes weiterspielen können. Es darf egoistisch seine Ansprüche anmelden. Es ist fügsam und wird bedient.

Die Beziehung der Eltern wirkt in der Regel entscheidend bei der Partnerwahl. Eine glückliche Partnerwahl der Eltern färbt ab. Eine unglückliche Wahl schafft ein Dilemma. Es ist nicht leicht für die Kinder, sich vom Bild und Beispiel der Eltern frei zu machen. Es überrascht daher nicht, daß Kinder später genau dort landen, wo Eltern gestanden haben.

Soll die Partnerwahl in Zukunft vernünftiger, das heißt von

der Vernunft gesteuert, verlaufen, müssen wir Kindern und Schülern ihre Verhaltensformen enthüllen. Ihre geheimen Absichten und Wünsche müssen dem kritischen Bewußtsein zugänglich gemacht werden, damit der heranwachsende Mensch vor Mißgriffen in der Partnerwahl bewahrt bleibt und in der Lage ist, seine Einstellung zu wandeln. Kritik ist leichter als Selbsterkenntnis, das Herumerziehen am anderen einfacher als Selbsterziehung. Wer seinen Lebensstil nicht durchschaut, projiziert seine Probleme in den anderen hinein. Wer seine geheimen und halbbewußten Absichten nicht erkennt, wird kaum zur Korrektur seines Verhaltens in der Lage sein und wird unter Umständen seinen späteren Partner mit unerklärlichen Eigenartigkeiten traktieren. Die Folge ist, daß der Partner kritisiert wird, Fehler gesucht und hochgespielt werden. Dieses Sündenbock-Denken ist einfach, es erspart die Selbsterziehung und eigene Wandlung. Es gnügt nicht, einzusehen, daß man einen Fehler gemacht hat. Die Gefühle, Neigungen und Absichten müssen unter die Lupe genommen werden. Ich kann mich für einen Fehler entschuldigen, aber von meinem Handeln überzeugt sein. Wie soll da eine grundlegende Änderung geschehen? Alles bleibt beim alten. Man betreibt ein bißchen Verhaltenskosmetik. Solange wir uns entschuldigen, daß uns die Hand ausgerutscht ist, der Flirt mit dem Dritten uns leid täte, die Eifersucht unangemessen, der Trotz unbeherrscht und der Seitensprung ungehörig gewesen sei, geschieht nichts. Die Hintergründe unserer Wünsche müssen erhellt, die Zwecke aufgedeckt und die Einstellungen korrigiert werden. Nur wer seine Ziele kennt, kann sie ändern.

Leider gehen wir Menschen gern den umgekehrten Weg und fordern: Erst wenn der andere sich ändert, werde ich mein Handeln ändern. Pädagogisch richtig ist folgende Maxime:

Wenn ich mein Verhalten ändere, kann der andere sein Verhalten nicht beibehalten. Alle Veränderungen in der Haltung des einen Partners spiegeln sich im Denken und Tun des anderen wider.

Partnerwahl des Neurotikers

Der Lebensstil eines Menschen verrät jeweils bestimmte Erwartungen und geheime Ziele. Diese individuelle Lebenseigenart sucht eine Entsprechung. Bestimmte Erwartungen suchen die Erfüllung, bestimmte Wünsche warten auf Befriedigung, bestimmte Forderungen sollen erhört, bestimmte Mängel sollen ausgeglichen werden.

Der Verwöhnte sucht einen, der ihn verwöhnt. Der Dominierende sucht jemanden, der sich ihm unterstellt. Der nach außen Gekehrte sucht gern einen nach innen Gekehrten, der Robuste den Sanften, der Direkte den Konzilianten, der Unterlegene den Überlegenen, der Sadist den Masochisten, der sexuell Verklemmte den sexuell Enthemmten.

Es ist ein Irrtum, zu glauben, daß die *gemeinsamen Interessen* immer entscheidend, die *gleichen* Eigenschaften für die Partnerwahl jeweils bestimmend sind. Es geht bei der Liebeswahl um ein grundlegendes Lebensvorbild, dem beide Partner je auf ihre Weise entsprechen. Beide können ehrgeizig, beide können sentimental sein, beide für Literatur schwärmen, für Mozartmusik oder Beat, aber niemals – oder sehr selten – werden beide herrschen können. Sie werden sich an der Herrschaft zerreiben oder aufgeben. Niemals können zwei Märtyrer neben- oder miteinander in guter Harmonie verbunden sein. Der Märtyrer braucht den versagenden Partner, der ihn zwingt oder ärgert, ihn quält oder tyrannisiert. Der Mensch mit falschen Erwartungen wählt den falschen Partner. Kein Schicksal hat uns dazu verdammt, kein angeborener Instinkt hat uns dazu verurteilt. Und trotzdem: Da die meisten Wünsche und Ziele unter der Bewußtseinsschwelle bleiben, geben diese unbewußten Erwartungen den Ton an.

Je stärker die neurotischen Komponenten, desto unharmonischer die Wahl; je stärker die Fehlhaltung, desto komplizierter das Zusammenleben. Wenn wir diesen Entsprechungen nicht begegnen, bleibt für den Zufall kein Platz. Unsere geheimen Wünsche und Erwartungen leiten uns wie ein unsichtbares Radarnetz.

Was ist ein Neurotiker?

Ein Neurotiker ist ein Mensch mit einer seelischen Fehlhaltung und Fehleinstellung. Durch Ablehnung, Verwöhnung, Härte, Verängstigung, Unterdrückung, Überforderung und Inkonsequenz von seiten der Eltern können seelische Störungen schon in der frühen Kindheit eintreten.

Alfred Adler definiert die Neurose so:

„Jede Neurose kann als ein kulturell verfehlter Versuch verstanden werden, sich aus einem Gefühl der Minderwertigkeit zu befreien, um ein Gefühl der Überlegenheit zu gewinnen ... Der Weg der Neurose führt nicht auf der Linie der sozialen Aktivität, zielt nicht auf die Lösung der gegebenen Lebensfragen ... Der Wirklichkeit zum großen Teil abgewandt, führt der Nervöse ein Leben der Einbildung und Phantasie und bedient sich einer Anzahl von Kunstgriffen, die es ihm ermöglichen, realen Forderungen auszuweichen und eine ideale Situation anzustreben, die ihn einer Leistung für die Gemeinschaft und der Verantwortlichkeit enthebt."[1]

Gerade die Individualpsychologie hebt die Störung des Gemeinschaftsgefühls, die Flucht vor der Verantwortung, den Rückzug vor den Forderungen der Gemeinschaft, der Familie und Ehe, die unbewußte Prestigepolitik, das tiefsitzende Minderwertigkeitsgefühl, das Streben nach Macht und Geltung, die Kampfhaltung gegen die Umgebung, eine gewisse Liebes- und Ehescheu, eine bestimmte Intoleranz und den Schein des zielbewußten Wollens beim Neurotiker hervor. Kurzum: Ein Neurotiker ist ein Mensch, der sich ständig hinter einem *wenn nicht* verschanzt:

Wenn ich *nicht* so einen strengen Vater gehabt hätte;

wenn der Verführer *nicht* mein gesamtes Gefühlsleben durcheinandergebracht hätte;

---

[1] Alfred Adler, Praxis und Theorie der Individualpsychologie, J. F. Bergmann, München ³1927, S. 16.

wenn mir meine Haare *nicht* vorzeitig ausgefallen wären;
wenn mein Glied *nicht* so klein geraten wäre;
wenn meine Brust *nicht* so winzig ausgefallen wäre;
wenn nicht meine Krankheit gewesen wäre;
wenn nicht das schlechte Wetter gewesen wäre.

Oder *wenn nicht* das schöne Wetter, die Lieblosigkeit, seine Trunksucht, seine Tyrannei, ihre Liederlichkeit, ihre Frigidität, ihre Herrschsucht, ihre Demut, ihr Geruch, ihre Stimme, ihre Zähne usw. gewesen wären – dann würde ich *alle* Probleme meistern.

Der Neurotiker hätte *alles* geschafft, *wenn nicht* diese oder jene Gemeinheit, Krankheit, jene Hindernisse und blinden Schicksalsschläge gewesen wären. Er hätte das Leben gemeistert, wenn nicht ... Er hätte die Ehe gemeistert, wenn nicht ... Er hätte das Glück gepachtet, wenn nicht ...

Ständig verschanzt sich der Neurotiker hinter Fiktionen, erdachten und konstruierten Hindernissen. Das Wenn-nicht-Schema gibt ihm ein brauchbares Alibi. Er lügt „in seine eigene Tasche", aber er braucht diese Vorwände zur Sicherung und zum Schutz seines neurotischen Lebensstiles. Soll hier eine Änderung eintreten, will der Neurotiker in seinem Fehlverhalten geheilt werden, so ist eine grundlegende Änderung notwendig.

Die Heilung der Neurose erfordert die erzieherische Umwandlung des Klienten, die Korrektur seiner Irrtümer und seine Rückkehr in die menschliche Gemeinschaft. Seine Heilung kann nur durch den Abbau seiner Prestige-Politik und unter Entfaltung des Gemeinschaftsgefühls gelingen.

Der Märtyrer und der Taugenichts

„Ich habe den falschen Mann geheiratet." „Ich habe die falsche Frau geheiratet."

Das sind wohlbekannte Sätze für den Eheberater.

Jeder glaubt, den Unpassendsten unter Millionen gefunden und gewählt zu haben, wenn er Schwierigkeiten vor oder in der Ehe bekommt.

„Daß ausgerechnet mir das passieren muß", sagt die 42jährige Frau, „Gott hat mich hart mit diesem Mann geschlagen. Sie machen sich kein Bild, was ich bisher mitgemacht habe!"

Ich: „Können Sie das einmal näher schildern?"

Sie: „Einen ganzen Katalog gibt das. Von morgens bis abends neue Schandtaten. Da sind zunächst seine Weibergeschichten. In der Firma ist er als Schürzenjäger bekannt. Früher hat er das heimlich gemacht, heute läßt es ihn kalt, wenn ich zwei Kinokarten in seiner Tasche finde. Und dann das Arbeiten! Er hat es nicht erfunden. Ich weiß nicht, aber die jetzige Stelle ist bestimmt schon die siebzehnte seit unserer Heirat."

Ich: „Was macht er denn beruflich?"

Sie: „Ich mag es gar nicht sagen, er ist Hilfsarbeiter bei ... Seine Lehre hat er abgebrochen. Ein richtig verwöhnter Junge. Hat immer seinen Willen gekriegt, dieser Schlamper!"

Ich: „Ein Schlamper!"

Sie (Ihre Stimme wird unruhiger): „Zigarettenstummel liegen im Wohnzimmer, im Schlafzimmer und auf der Toilette. Er läßt alles liegen, was er sich vom Leib reißt. Die Socken fallen hin, wo er sie ausgezogen hat. Und dann das Bett!" (Sie seufzt und nickt vor sich hin.)

Ich: „Was ist im Bett?"

Sie (Fällt jetzt mimisch und akustisch in eine Märtyrerhaltung): „Er verlangt so viele Sachen von mir, wissen Sie, die ein anständiger Mensch kaum ertragen kann."

Ich: „Kaum, sagen Sie?"

Sie: „Ich meine es auch so. Ohne meinen Glauben wäre ich verloren. Die Schmach könnte ich nicht verkraften."

Ich: „Macht der Geschlechtsverkehr nicht auch Freude?"

Sie: „Ich habe nichts davon, ich habe noch nie etwas davon gehabt. Gott sei Dank besteht das menschliche Leben nicht nur aus diesen Dingen. Für den Mann müssen sie sein."

Ich: „Und für die Frau nicht?"

Sie: „Ich bin Gott dankbar, daß mich die Begierde noch nie gepackt hat."

An dieser Stelle beginnt ein seelsorgerliches Gespräch. Es unterliegt keinem Zweifel, daß die Aggressivität und Explosivität des Mannes hier ihren Grund haben. Auch ihre Frigidität münzt diese Frau in geistliche Kraft um, sie ist stolz auf ihre Begierdelosigkeit und beweist dem Mann bei jedem Verkehr, wie wenig er sich in der Gewalt hat, wie sehr er ein Getriebener ist, während sie in der Geste der Dulderin sich herabläßt und sich ihm zur Verfügung stellt. Sie benutzt ihre Frigidität für ihren geistlichen Stolz und hat nicht verstanden, daß das Wort Gottes „Liebe deinen Nächsten *wie dich selbst*" auch im Bett gilt und ausdrücklich meint, daß auch der Schenkende beschenkt werden soll. *Wozu* hat die Märtyrerin ausgerechnet diesen Mann gewählt? Ihre Lebensgeschichte bringt uns auf die Spur. Sie war die Älteste von drei Geschwistern. Ihre beiden jüngeren Brüder waren intelligente und strebsame Männer. Einer hatte das Abitur mit Auszeichnung bestanden. Der zweite Sohn war ständig Primus in der Klasse. Bei all ihrer Strebsamkeit waren es aber richtige Draufgänger, und das Mädchen – die Älteste also, konnte sich gegen sie nicht durchsetzen. Die Jungen waren ihr körperlich überlegen und verstanden sich so geschickt vor den Eltern ins rechte Licht zu setzen, daß das Mädchen für manchen ihrer Streiche büßen mußte. Es fraß allen Kummer in sich hinein. Die Söhne waren der Stolz des Vaters, das Mädchen stand im Schatten. Seine Schulleistungen waren mäßig, und außer einem gewissen Fleiß brachte es nichts mit. Es dachte aber gar nicht daran, sich im Windschatten der Brüder zu bewegen. Es wollte gelten und mußte gelten. Die Brüder waren klug, ohne religiöse Einstellung. Sie lachten zuweilen über die hinterwäldlerische Mutter, die tiefgläubig Gott verehrte. Manche erotischen Eskapaden der Söhne bekümmerten die Mutter sehr. Hier entdeckte die Tochter ihren eigenen Weg. Sie wurde ein Musterbeispiel an Sauberkeit, Fügsamkeit, Ehrlichkeit, Wahrhaftigkeit und Gläubigkeit. Und hier liegt der Schlüssel zu ihren Problemen. Um auch vom Vater beachtet zu werden, wurde sie die personifizierte Hilfsbereitschaft, die gute Fee in allen Lebenslagen. Nachbarn, Eltern, Gemeindeglieder lobten ihre Hilfsbereitschaft, wählten sie zur Leiterin des Frauenkreises und ließen sie die Gemeindeschwester vertreten, wenn diese einmal im Jahr in Urlaub ging. Überall wurde sie als stille, demütige, fleißige und gläubige Tochter gelobt. Durch Dienen und Hilfsbereitschaft hatte sie sich einen beachtlichen Platz in der Familie und in der Gemeinde erkämpft.

Und dann bahnte sich das Fiasko an. Sie kümmerte sich zunächst um einen Trinker, glaubte, ihn mit christlicher Nächstenliebe heilen zu können, und bemühte sich um ihn in fürsorglicher Weise. Ihre Demut im Ertragen von Enttäuschungen kannte keine Grenzen. Sie opferte und entbehrte viel, allerdings blieb ihr nur die Dankbarkeit der Umgebung, die Anerkennung der Gemeinde und das Lob ihrer tätigen Liebe. Der Mann endete mit Selbstmord. Und dann lernte sie bei einer Evangelisation ihren zukünftigen Mann kennen. Er hatte sich bekehrt, um einem nutzlosen Leben abzusagen. Sie reichte ihm die Hand, um ihm den Weg in eine bessere Zukunft zu ebnen. Während ihrer Verlobungszeit gab es schon einige Rückfälle, und die Klientin berichtete: „Gerade das war es, was mich anfeuerte, jetzt erst recht bei ihm zu bleiben. Ich wollte ihm helfen, ich *mußte* ihm helfen."

Ich: „Sie mußten ihm helfen?"

Sie: „Gott hatte mich so in meinem Leben gesegnet, jetzt wollte ich davon ein wenig zurückerstatten. Und ich war glücklich, ihm Vorbild sein zu dürfen."

Die Liebe erfährt eine merkwürdige Weichenstellung. Hinter der Zuneigung verbirgt sich die wahrlich ungewollte Überlegenheit der Helferin. Die Liebe wird zur Rettung, die Zuneigung zur Opferbereitschaft, die partnerschaftliche Beziehung zum Geben ohne Nehmen. Wer Hilfe geben darf, ist stark. Wer Hilfe braucht, ist schwach. Der Retter ist der Überlegene, der Versager der Unterlegene.

Die Klientin ist total frigide und erduldet die körperlichen Beziehungen wie eine von Gott auferlegte Strafe. Sie braucht die Schlamperei des Mannes und sein unordentliches Wesen, seine Unterlegenheit und seine ständigen Seitensprünge, um daraus Kraft für ihr Glaubensleben zu schöpfen. Aus seinem Versagen schlägt sie Kapital, aus seinen Sünden fließt ihr Glaubenskraft zu. Der Lebensstil des Kindes ist der Lebensstil der Frau: Herrschen durch Helfen, Glaubensstärke durch Dulden und Opferbereitschaft. Sie klagt nicht, sie schimpft nicht, ihr platzt nicht der Kragen. Und das bringt ihn aus der Fassung. Die vorwurfslosen Augen, die selbstverständliche Geduld und Leidensbereitschaft der Frau treiben ihn immer tiefer in die Rückfälle hinein. Ihm wäre wohler, wenn sie schreien, schimpfen und Porzellan zertrümmern würde. Er quält sie, und sie bittet inbrünstig um Gottes Beistand. Die Frau kommt zuerst in die Beratung, einige Monate später auch der Mann. Es dauert fast ein Jahr, den Lebensstil der Frau zu korrigieren, die unbewußte Überheblichkeit und Herrschsucht und den respektablen Pharisäismus abzubauen. In dem Maße, wie die Frau auf ihre geistliche Überlegenheit verzichtete, änderte sich der Mann. Seine Aggressivität ließ nach. Sein Jähzorn wurde seltener, und es gelang ihm, seine Schlampigkeit nicht mehr als Waffe gegen die Frau zu benutzen. Er konnte wieder atmen. Er begegnete einem Menschen und keinem Märtyrer, einem Wesen aus Fleisch und Blut und keiner falschen Heiligen.

Alkoholismus ist eine Krankheit, und niemand sollte sich vor der Ehe Illusionen hingeben, er würde den Trinker durch seine Liebe überzeugen und durch seine Hilfsbereitschaft retten können. Die meisten täuschen sich über das Ausmaß der Sucht, über die Intensität und die Wirkung des Trinkens. Trinker selbst und ihre Partner machen sich etwas vor, sie betrügen sich selbst und verkennen ihre Situation. Weil wir es hier nicht mit einem Charakterfehler, sondern mit einer Krankheit zu tun haben, sollte die Partnerwahl von Trinkern verhindert werden. Der Alkoholiker sollte sich zunächst in ein antialkoholisches Behandlungszentrum begeben, wo medikamentös und psychotherapeutisch dieses vielschichtige Problem angegangen wird. Erst nach einer grundlegenden Besserung und Aufarbeitung der Lebensproblematik sollte er für eine Partnerwahl offensein. Alkoholiker, die in groben Zügen ihren Suchtcharakter testen wollen, und Angehörige und Partner von Trinkern, die über den Suchtcharakter im Zweifel sind, sollten den folgenden Fragebogen ehrlich beantworten. Er wird an verschiedenen Kliniken in Amerika verwandt und ist von Psychiatern erarbeitet worden[2].

Sind Sie ein Alkoholiker?

Ja | Nein

1. Hat das Trinken zur Folge, daß Sie Ihrer Arbeit fernbleiben?
2. Macht das Trinken Ihre Familie unglücklich?
3. Trinken Sie, weil Sie sich nicht mit Ihren Mitmenschen vertragen können?
4. Trinken Sie so viel, daß Ihr guter Ruf betroffen wird?
5. Haben Sie nach dem Trinken schon einmal Gewissensbisse empfunden?
6. Sind Sie durch Ihr Trinken schon einmal in finanzielle Schwierigkeiten geraten?
7. Verkehren Sie in schlechter Gesellschaft, und geraten Sie in ein niedriges Milieu, wenn Sie trinken?

---

[2] Aus: „Selecta" 49/50.

8. Vernachlässigen Sie durch das Trinken das Wohl   Ja | Nein
Ihrer Familie?
9. Haben Sie keinen Ehrgeiz mehr, sobald Sie trinken?
10. Werden Sie von dem Wunsch verfolgt, zu gewissen Tageszeiten zu trinken?
11. Trinken Sie gern ein Glas am nächsten Morgen?
12. Schlafen Sie schlecht, wenn Sie trinken?
13. Lassen Ihre Geisteskräfte nach, wenn Sie trinken?
14. Bedroht das Trinken Ihre Stellung oder Ihr Geschäft?
15. Trinken Sie, um Ärger oder Unannehmlichkeiten zu vergessen?
16. Trinken Sie allein?
17. Haben Sie schon einmal an Gedächtnisschwund gelitten, wenn Sie getrunken hatten?
18. Sind Sie schon einmal wegen Alkoholismus in ärztlicher Behandlung gewesen?
19. Trinken Sie, um Ihr Selbstbewußtsein zu stärken?
20. Haben Sie schon einmal wegen Trunksucht in einer Klinik oder einem Entziehungsheim gelegen?

Wenn der Befragte eine von diesen Fragen bejaht, besteht die Vermutung, er könnte Alkoholiker sein. Werden zwei von diesen Fragen bejaht, dann ist es nicht unwahrscheinlich, daß er Alkoholiker ist. Hat der Befragte dagegen drei oder mehr Fragen bejaht, dann ist er – nach Ansicht einiger Psychiater – zweifellos ein Alkoholiker.

Der Heirats(un)willige

Alfred Adler erzählt die Geschichte eines 30jährigen Mannes, der durch Liebenswürdigkeit und feines Benehmen die Gunst eines Mädchens errungen hatte. Er dachte an die Verlobung. Der Mann hatte aber hohe Erziehungsideale und legte dem jungen Mädchen viele Anordnungen und Opfer auf. Er hatte sich geschworen, nicht eher das Mädchen heiraten zu wollen, bis es bestimmte Prüfungen und Anforderungen erfüllt hatte. Eine Zeitlang fügte sich das Mädchen dem Ansinnen, dann brach das Mädchen abrupt die Beziehungen zu dem Mann ab. Der Mann reagierte mit „nervösen Anfällen". Adler schreibt über die individualpsychologische Aufklärung des Falles, daß es das Ziel des Klienten von Anfang an gewesen sei, nicht zu heiraten und der Ehe aus dem Wege zu gehen. Daher die unangemessenen Forderungen und das herrschsüchtige Verhalten gegenüber dem Mädchen. Er war als einziger Sohn einer verwitweten Mutter aufgewachsen und stand „unter der Fuchtel" der Mutter, war aber immer bemüht, seine Mutter niederzuzwingen, seine Minderwertigkeitsgefühle auszugleichen und den Kampf mit der Frau aufzunehmen. Diese Kampfsituation behielt er auch in der Liebesbeziehung bei, denn er zweifelte an seiner Männlichkeit und sah die Ehe ebenfalls als Kampffeld an. Eine Niederlage in der Ehe wollte er nicht und verhinderte mit seinen Forderungen eine normale partnerschaftliche Beziehung. Alfred Adler ist der Meinung, daß der Klient den nervösen Zusammenbruch, den er nach der Trennung von dem Mädchen erlebt, unbewußt arrangierte, um eine böse Erregung in sich zu nähren, den bösen, schlimmen Frauen grundsätzlich die Schuld anzukreiden und sich zeitlebens vor weiteren Liebesbeziehungen zu hüten. Er wird ein Leben lang ein verlorenes Ideal betrauern, sich aber gleichzeitig durch unangemessene Vorleistungen vor weiteren Liebesbindungen oder gar vor einer Heirat absichern. Er wandelt als lebender Vorwurf gegen die Frau über die Erde, mit der er von Kindestagen an schlechte Erfahrungen gemacht hat. Adler schreibt:

„Da sinkt die Schale mit der Schuld der Geliebten, und er selbst überragt sie an Gesittung und Charakter, und siehe: Er hat erreicht, nach was er Sehnsucht trug, er ist der Überlegene, er ist der Bessere, sein Partner aber ist ‚schlecht wie alle Mädchen'. Sie können sich mit ihm, dem Mann, nicht messen... Wüßte er um seine geheimen Pläne, so wäre sein ganzes Tun Gehässigkeit und böse Absicht, könnte danach den beabsichtigten Zweck, seine Erhebung über die Frau, nicht erreichen."[3]

Unsicherheit und Unselbständigkeit, Unterordnung und das Gefühl der Insuffizienz rufen im Kind schon Kampfstellungen und Streben nach Überlegenheit, Aggression und Ehrgeiz hervor. Die Versöhnung im Leben findet dieser Mann in dem beruhigenden Gefühl: *Wenn nicht* dieses unvollkommene, schlechte Mädchen gewesen wäre und wenn nicht alle Mädchen schlecht wären, würde ich mich zur Ehe entschließen und glücklich werden.

---

[3] Alfred Adler, Praxis und Theorie der Individualpsychologie, S. 8 ff.

Ich kenne einen eingefleischten Junggesellen, im Grunde ein liebenswürdiger und netter Herr, den viele Frauen schon „unter die Haube" bringen wollten. Bisher sind alle gescheitert, auch die, die sich an den gutsituierten Herrn *heranmachen* wollten. Und was antwortet der Herr, warum er noch keine Frau zum Heiraten gefunden habe?

„Keine war hundertprozentig!"

Sein Rationalisierungsmechanismus arbeitet hundertprozentig. Wer Vollkommenheit anstrebt, wird unverheiratet bleiben. Vollkommenheit und Fehlerlosigkeit wird es nur im Himmel geben. Er wird bei jeder Frau etwas auszusetzen haben. Wer sucht, der findet. Und wer nicht heiraten will – unbewußt selbstverständlich –, der findet immer einen guten Grund.

Ich werde als Berater auch sehr hellhörig, wenn mir eine Frau, etwa 30 Jahre alt, erzählt, daß sie *ständig* an verheiratete Männer gerät. Hat diese Frau nicht eine glänzende Sicherung eingebaut, vor dem Risiko der Ehe, das sie nicht eingehen will, bewahrt zu bleiben? Was will sie damit bezwecken? Welchen Schwierigkeiten geht sie damit aus dem Wege? Welchen Prüfungen weicht sie aus? Welche Entmutigung hat sie in ihrem Leben erfahren? Es gibt sogenannte heiratswillige Männer, die zwar wollen, aber niemals ernst machen. Sie haben eine panische Angst vor der Ehe. Einige haben Angst vor den Frauen, einige haben Angst vor sexuellem Versagen, einige haben Angst vor finanzieller Verantwortung, andere vor der Erziehung ihrer Kinder, die sie einmal haben könnten. Sie sind von ihren Gründen überzeugt und ziehen sich rechtzeitig zurück. Man sollte ihnen auch nicht die Ehe aufschwatzen. Gutmeinende Schwiegermütter und Mütter haben hier schon viel Unheil angerichtet. Später machen diese überredeten Heiratsunwilligen ihre Partner für alle Fehler, Ängste und Versagen verantwortlich.

Mädchen, die solche Männer kennenlernen, sollten sehr auf der Hut sein, wenn sie deren mimosenhafte Empfindlichkeiten entdecken, sobald es um Verlobung und Heirat geht.

Feindseligkeit und Liebesverlangen

Welchen Nutzen zieht der Liebende aus seinem gestillten Liebesverlangen? Welches Kapital schlägt der Liebende aus seinem Verhalten? Wenn wir nicht kritiklos alles als Liebe kennzeichnen wollen, müssen wir zurückfragen. Die einen wollen geliebt und damit anerkannt werden, andere wollen Sicherheit, Geborgenheit und Schutz und begeben sich in Abhängigkeit. Sie nennen es Liebe. Die Tendenz zum Nachgeben, das Streben nach Einfluß, die Neigung zur Distanz, der Wunsch nach Macht und Erfolg, alle diese Tendenzen müssen nicht von vornherein neurotisch und zweifelhaft sein. Neurotisch werden solche Handlungen, wenn sie aus dem Rahmen fallen, wenn sie unnatürliche Züge annehmen. Der neurotische Zug wird später am Konflikt deutlich.

Da ist ein junges Mädchen, das ein heftiges Liebesverlangen zeigt. Es sucht einen Partner, der freundlich zu ihm sein soll, der seine Einsamkeit vertreibt, es anerkennt und ständig bewundert, weil es das nie erfahren hat. Es merkt nicht, daß es hochgradig empfindlich ist, daß andere unter seiner Empfindlichkeit leiden, daß es nur andere für Schwierigkeiten, schlechte Laune, schlechte Atmosphäre und Launenhaftigkeit verantwortlich macht. Das Mädchen ist unfähig zu lieben, weil sein Bedürfnis nach Liebe so groß ist. Die Lebensstilanalyse macht deutlich, wo die Feindseligkeit ihren Ursprung hat. Es ist unter mehreren Kindern aufgewachsen, doch die Eltern zogen den Ältesten vor, der ein Muster an Sauberkeit, Pünktlichkeit und Korrektheit war. Das Mädchen fühlt sich zurückgesetzt, beginnt aggressiv gegen die Geschwister und hin und wieder gegen unschuldige Tiere zu werden. Eifersucht kennzeichnet sein Verhalten. Es wird häufig bestraft und sieht im Entzug mehrerer Dinge eine persönliche, ungerechtfertigte Bestrafung und verstrickt sich immer tiefer in Feindseligkeit. Es fühlt sich gedemütigt. Wir lassen im Augenblick die neurotischen Einstellungen der Eltern außer Betracht. Das Mädchen wird hilflos, zeigt immer weniger Opposition und wird auch von den Eltern häufiger und nachhaltiger eingeschüchtert. Es unterdrückt seine Feindseligkeit mehr und mehr, um nicht die Liebe der Eltern gänzlich zu verlieren. Außerdem schleppt es Schuldgefühle mit sich herum, weil es in unserer Kultur als ein Zeichen höchster Respektlosigkeit gilt, den Eltern zu grollen und nicht gehorsam zu sein. In groben Zügen ist das Ergebnis dieses: Das Mädchen verrennt sich in eine negative Erwartungshaltung, von den Eltern und allen übrigen kann es nur Schlechtes und Unangenehmes erwarten. Es haßt nicht nur seine Geschwister und Eltern, sondern alle Menschen. Mißtrauisch und trotzig steht es der Welt gegenüber. Ja, die ganze böse

Welt ist gefährlich und furchteinflößend. Solche Liebesbedürfnisse zu stillen ist natürlich eine Sisyphusarbeit, und kein durchschnittlicher Mann ist in der Lage, so überdurchschnittlich zu lieben. Der Konflikt stellt sich dann auch bald ein. Geht er allein aus, will er in ihren Augen fremdgehen. Interessiert er sich gar noch für andere Menschen, fühlt sie sich vernachlässigt. Gehen sie gemeinsam aus, heuchelt er nur Gemeinsamkeit, Glück und Harmonie. Sagt er etwas Liebes, will er nur etwas erreichen. Sagt er etwas Kritisches, fühlt sie sich gedemütigt. Geht ihm ein Satz zu laut über die Lippen, ist er grausam. Das Mißtrauen ist durch Eltern und Geschwister geschürt, die feindselige Haltung schließlich zum Lebensstilprinzip erhoben worden. Entmutigung und Resignation lassen immer nur Schlimmes befürchten. Eine Korrektur eines solchen Lebensstiles erfordert verständlicherweise eine lange Einübungszeit. Die falsche Gewöhnung liegt so weit zurück, die Weltanschauung ist von Kind auf zu negativ gewesen.

Sadistische und masochistische Praktiken

Das Begehren eines Mannes und das Begehren einer Frau sind mehr als der organbezogene Geschlechtstrieb. Wenn die Frau erregt wird, wirkt die Erregung auf den Mann, der die Erregung hervorgerufen hat. Der Mann fühlt das Verlangen, sie zu erobern. Besonders bei perversen Handlungen, bei denen Demütigung, Erniedrigung und Selbsterniedrigung eine entscheidende Rolle spielen, *genießt* es der Partner, die Reaktionen des anderen zu beobachten. Dieses lustvolle Zuschauen fügt dem rein sexuellen Genuß noch eine weitere Befriedigung hinzu, die dem Machtstreben entspringt. Die Eroberung des anderen, das Gefühl der eigenen Macht, die dem anderen zugefügte Demütigung oder seine Schamlosigkeit sind Faktoren, die Qualität und Intensität des perversen Genusses steigern.

Sadistische und masochistische Verhaltensweisen korrespondieren in der Regel mit dem Lebensstil des betreffenden Menschen. Sadismus dient dem einen als Überkompensation, um sich nach erfolgten Zurücksetzungen, Demütigungen und schlechte Behandlung zu rächen. So kann die Frau zur Sadistin werden, wenn sie sich in ihrer Kindheit versklavt fühlen mußte, durch harte Erziehung zum Schweigen gebracht wurde. Später schwingt sie die Peitsche als Herrschaftssymbol.

Zunächst muß hier die psychoanalytische Theorie besprochen werden, die nach Freud sadistische Triebe als zum Menschen gehörig annimmt. Aggression und Angriffs*lust* gehören zum normalen Liebesverlangen, denn Umarmungen und Küsse sind mit Beißen, Druck und Gewalttätigkeit verbunden. Dieser Ableger des Aggressionstriebes vervollständigt das menschliche Inventar. Er beginnt mit dem Trotz des Kindes als einer Komponente des Aggressionstriebes. Auch diese Deutung muß in Frage gestellt werden, da der Trotz als Abwehrhaltung gegenüber einer erdrückenden Erziehung, gegen eine vom Kind empfundene Tyrannei sich etabliert. Der Psychotherapeut Josef Rattner kommentiert:

„Auch die Brücke von der Reinlichkeitserziehung (Analsadismus) zum sadistischen Verhalten ist rein spekulativ: Wir haben wenig Anlaß, dieser Konstruktion Glauben zu schenken... Die Psychoanalyse hat jedoch nicht erklärt, unter welchen Bedingungen die normale menschliche Aktivität zu sadistischer Gewalttätigkeit entartet, wie sie auch nicht verständlich macht, warum es moralischen und sexuellen Sadismus gibt. Die Annahme einer sadistischen Konstitution hat wenig auf sich: Sie ist eine Bemäntelung der Unwissenheit... Daraus läßt sich vielleicht auch die Vorliebe der Sadisten für die Sphäre der Defäkation ableiten. Die Psychoanalyse hat mit Fixierungen auf der ‚analen Stufe der Libido-Entwicklung‘ derlei zu erklären versucht. Ihre Hypothesen wirken wenig überzeugend. Der Sprung von den ‚Töpfchen-Tragödien‘ der kleinen Kinder zur Drecklust erwachsener Sadisten ist allzu weit."[4]

Sadismus ist kein Bestandteil der Natur des Menschen, wohl aber das Ergebnis pädagogischer Härte. Wer in seiner Kindheit „niedergeknüppelt" wurde, wem Gehorsam und Disziplin eingebleut wurden, wer gedemütigt wurde, der bäumt sich auf, träumt von Beherrschung und grausamer Rache. Der Geschlagene wird zum Schläger, der Getretene zum Tretenden.

Oft ist *Eifersucht* das auslösende Moment, der zu kurz Gekommene hängt Wunschträumen von Größe, Macht und Gewalt nach. Neid kann eine bösartige sadistische Färbung bekommen. Diese Feindseligkeit ist kein angeborenes Element, eher die Reaktion auf erlittene Unterdrückung, auf Lieblosigkeit, auf Ver-

---

[4] Josef Rattner, Psychologie und Psychopathologie des Liebeslebens, Kindlers Akademische Taschenbücher 1970, S. 82 u. 96.

nachlässigung und unbewältigte Lebensangst. Sadismus ist die Überkompensation des Schwächlings, des Ohnmächtigen, des mit Minderwertigkeitsgefühlen beladenen Menschen. Das Vorbild der Erwachsenen spielt für die Kinderseele eine entscheidende Rolle. Rücksichtslosigkeit des Vaters, brutales Verhalten zur Mutter können den Wunsch zur Überwältigung und Menschenverachtung hervorrufen. Die Gesinnung, zu überwältigen und Gewalt anzuwenden, hat im Charakter des Heranwachsenden seinen Niederschlag gefunden. Sie wird sich folgerichtig auch im Sexualleben manifestieren. Auf der Schiene dieses Lebensstiles fährt die Sexualität folgerichtig weiter.

Die Partnerwahl des Sadisten ist ein Spiegelbild seiner inneren Verfassung. Seine Überwältigungsphantasien offenbaren seinen dissozialen Charakter. Sein Gemeinschaftsgefühl ist gestört, seine Mitmenschlichkeit getrübt. Seine Liebeszuwendung hat einen krankhaften Akzent. Er sucht keinen Partner, sondern ein Objekt. Es gibt für ihn kein Miteinander, sondern nur Beherrschung und Untertänigkeit. Der Partner wird bewußt und unbewußt nach diesem Schema gefunden. Der Sadist *benötigt* einen Menschen, den er entwürdigen kann. Er ist Herr und Gebieter, der andere Sklave. Aus dem tyrannisierten Kinde hat sich der Tyrann entwickelt. Seine Selbstwertstörungen gibt er folgerichtig an andere weiter. Der Partner wird pausenlos entwertet und heruntergesetzt.

Unsere freiheitliche demokratische Erziehung muß diesem gesamten Phänomen Rechnung tragen. Der Mann als Krone der Schöpfung, der besondere Privilegien genießt, die Frau als Sklavin und Gebärmaschine, als Mittel zum Zweck müssen als Erziehungsvorbilder der Vergangenheit angehören. Aber auch die Entwürdigung der Frau in der Werbung, die als Konsum-Objekt mißbraucht wird, die wie Schnaps nebenbei genommen, wie Schokolade vernascht und wie eine Zigarre konsumiert wird, muß systematisch abgebaut werden.

Was will der Masochist?

Er unterwirft sich einem anderen. Er entrinnt dem unerträglichen Gefühl der Vereinsamung und macht sich zu einem Glied einer anderen Person. Die führt, liebt, beschützt ihn, dominiert über ihn, hält und trägt ihn. Der Masochist ist ein innerlich *abhängiger* Mensch, der es aufgegeben hat, er selbst sein zu wollen.

Das gilt ganz allgemein, nicht nur im sexuellen Bereich. Wo ein Mensch ein Anhängsel des anderen ist, wo er als Objekt behandelt wird, seine Eigenständigkeit und Unabhängigkeit aufgegeben hat, da ist Masochismus im Spiel. Wieder geht es um die harte, unterdrückende, zurückversetzende, tyrannische Erziehung, die hier ins Gegenteil geschlagen ist. Ein Wesenszug des Lebensstiles ist Passivität auf allen Gebieten. Der Lebensstil ist gekennzeichnet durch Abhängigkeit, Anlehnungsbedürfnis, geringe Selbsteinschätzung und eingebildete Wertlosigkeit. Der andere erhält grenzenlose Macht; er ist alles – der Masochist nichts. Gleichzeitig ist er aber ein Teil von ihm, nimmt teil an seiner Kraft und seiner Gewalt, an seiner Macht und Größe. Der Masochist trifft selbst keine Entscheidungen, er ist aller Verantwortung entbunden. Er trägt kein Risiko. Der andere steht über allem, verantwortet alles und gestaltet alles. Und doch hat der Masochist Gemeinschaft. Er genießt eine pervertierte Gemeinschaft. In der Anbetung des anderen fühlt er sich wohl. Die Unterwerfung von Leib, Seele und Geist ist Auslieferung an einen anderen, die Aufgabe der eigenen Freiheit und der Verantwortung. Der Masochist schlägt daraus Kapital. Nicht entscheiden, nicht planen, schaffen und das Leben gestalten zu müssen ist für den Masochisten Glück, Zufriedenheit und Genuß. Er ist glücklich, wenn er genommen, mitgenommen, mitgerissen und gezogen wird. Er will nicht handeln, sondern behandelt werden. Die unterwürfige Haltung kann dann dem Zweck dienen, sich Beruhigung durch Liebe zu verschaffen. Die persönliche Sicherheit ist ihm so wichtig, daß er bereit ist, jeden Preis dafür zu bezahlen. Bei Licht besehen, ist diese Liebe eine Pseudo-Liebe.

Dem Masochisten ist die Lebensangst buchstäblich eingetrichtert und „eingebleut" worden. Er weicht vor jeder Verantwortung zurück und ist von seiner Wertlosigkeit überzeugt. Die Angst sitzt ihm in allen Poren, sie lähmt seine Initiative, macht ihn hilflos und schuldbewußt. Der Masochist ist das Ergebnis seiner autoritären Erziehung, die in der Vergangenheit hoch im Kurs stand. Hier müssen auch die Kirchen umlernen, damit nicht eine gepredigte und geforderte Unterwerfung – besonders der Frau – perverse Blüten treibt.

Demut ist eine ehrbare christliche Tugend, aber sie darf nicht mit Selbstaufgabe und Resignation verwechselt werden. In der Beratung, vor allem bei Frauen aus bewußt christlichen Kreisen, begegnen wir hin und wieder dem Typ, der im falschen Duldertum sich selbst einen Heiligenschein verleiht oder der sich zum Märtyrer emporgedemütigt hat. Diese Frauen finden handfeste christliche Begründungen für ihr Schicksal und tragen es nicht nur mit Fassung, sondern fast – so scheint es – mit innerem Gewinn. Der Masochist läßt sich schlagen und quälen, demütigen und beschimpfen. Er erträgt alles, nur um die menschliche Gemeinschaft, diese verzerrte und pervertierte Partnerschaft, nicht zu verlieren.

Eine bestimmte Form masochistischen Verhaltens wird von Alfred Adler als *pseudo-masochistisch* geschildert. Bei gesteigertem Minderwertigkeitsgefühl sucht der Neurotiker durch Überkompensation eine Erfüllung zu finden. Alfred Adler schildert den Fall eines Masochisten, der durch einige Organminderwertigkeiten und damit durch stark hervortretende Minderwertigkeitsgefühle „sich in einen herrschenden Mann verwandelt". Wörtlich schreibt Alfred Adler:

„Und er sichert sich dieses Gefühl der männlichen Überlegenheit – ganz wie in der kindlichen pathogenen Situation – durch Schmerzen und Isolierung... Ganz so wie der Masochist, der durch Unterwerfung um Liebe, das heißt in seinem Sinne um Geltung wirbt, die Sexualerregung der Frau hervorrufen will. Von hier zweigt eine Reihe von Perversionen ab, bei denen es sich darum handelt, durch auffällige Überschätzung der umworbenen Person deren Leidenschaft zu erregen und damit über sie zu siegen."[5]

Diese Form des Masochismus strebt wie der Sadismus nach Überlegenheit. Das scheinbar ambivalente, gegensätzliche Verhalten ist das Verfolgen eines neurotischen Lebensplanes. Wie der Masochist sich auch immer gibt, er verliert sein Ziel nicht aus den Augen.

Sadomasochismus als soziales Problem

Zum Schluß dieses Kapitels soll noch ein Blick in die Schmerz-Lust-Perversion aus sozialkritischer Sicht versucht werden. Der Sadomasochismus ist kein sexuelles, sondern ein menschlich-kulturelles Problem. Wenn im Altertum bei den beliebten Circus-Spielen Menschen und Tiere gehetzt, gefoltert und abge-

---

[5] Alfred Adler, Praxis und Theorie der Individualpsychologie, S. 68.

schlachtet wurden und Tausende grölten und jubelten, so zeigt sich daran die Manipulierbarkeit der Menschen. Gleiches gilt für Box-, Ring- und Stierkämpfe. Hier identifizieren sich die Charaktere mit Sadisten und Masochisten. Eine Ausgeburt sadomasochistischer Praktik waren die Hexenverbrennungen des Mittelalters. Perverser Machtwunsch, der nicht aus einer sexuell verwilderten Natur des Menschen ableitbar ist, tobte sich an der Minderwertigkeit der Frau jahrhundertelang aus und vernichtete Millionen dieser unterprivilegierten Existenzen.

Daß bestimmte Herrschaftssysteme und Erziehungspraktiken eine masochistische Grundhaltung hervorbringen, ist an vielen geschichtlichen Beispielen abzulesen. Die psychoanalytische Theorie hat diesem soziokulturellen Hintergrund zu wenig Bedeutung beigemessen und traumatische Erlebnisse in der frühen Kindheit als nachwirkende Krankheitsursachen überbetont. Das Klima im Elternhaus, eine autoritär ausgerichtete Erziehungspraxis, das Oben-Unten-Schema, das Anleiten zum Buckeln und Dienern, die gutgemeinte Predigt der Kirche, die zu falscher Demut und Unterwürfigkeit führte, das Herr-Knecht-Verhältnis, das auch noch in unserem Jahrhundert praktiziert wird, alles das sind Faktoren, die die Psyche eines Menschen und seine Gesamteinstellung zum Leben prägen.

Militaristisches Denken stand in Deutschland bis zum Zweiten Weltkrieg immer hoch im Kurs. Die Erziehung zum Kadavergehorsam trieb schönste Blüten. Hier fand der Masochismus seinen Nährboden. Unterwürfigkeit wurde groß geschrieben. Blinder Gehorsam und bedingungslose Gefolgschaft standen hoch im Kurs. Rassische und vor allem politische Ideologien und Irrlehren können ganze Völker zu Masochisten werden lassen.

Gibt es in den siebziger Jahren keine Unterdrückung mehr? Die radikale Linke in Deutschland bestreitet das entschieden. Diese Revolutionäre, die die Entfremdung und Unterdrückung des Menschen zu allererst von den Produktionsverhältnissen herleiten, wollen eine radikale Veränderung des Bestehenden. Sie bilden Kommunen, um die patriarchalische Familie und die bürgerliche Kleinfamilie, die als Brückenkopf des Kapitalismus bezeichnet werden, zu zerschlagen. Es geht den Linken ferner um die Aufhebung des monopolkapitalistischen Eigentums von Produktionsmitteln. Sie bedauern es auch, daß die Arbeiter bis heute dahin tendieren, ihre Unterdrückung psychisch auf die individuelle Unterdrückungsgeschichte in der Familie zurückzu-

führen statt auf die kollektive Unterdrückung im Produktions-
prozeß und in den Institutionen. Sie wollen eine revolutionäre
Sozialpsychologie entwickeln, mit deren Hilfe Veränderungs-
prozesse in kleinen Kollektiven beschrieben und analysiert werden können.

Don Juan, der Eroberer

Don Juan ist wahrscheinlich keine historische Persönlichkeit gewesen. Es ist möglich, daß der spanische Mönch und Dichter
Tirso de Molina um 1620 diese literarische Figur in einem seiner
Dramen geschaffen hat. Don Juan verführt ein Mädchen aus be-
stem Hause, und als dessen Vater die Ehre seiner Tochter retten
wollte, tötete ihn Don Juan. Die Psychoanalyse hat einen Begriff
davon abgeleitet: Donjuanismus. Er meint das hemmungslose
und unstillbare Verlangen eines Menschen, der gewissenlos und
ohne Skrupel immer neue Frauen verführen *muß*, um sie anschließend laufen zu lassen. Alfred Adler bringt den Donjuanismus mit dem *männlichen Protest* in Verbindung. Er sieht den
Mann vor sich, der Angst vor den Frauen hat, der sich als
Schwächling den Frauen gegenüber fühlt und sich schon als Kind
der Frau aus Liebe unterwarf.

Don Juan fürchtet sich vor dem „dämonischen" Einfluß der
Frau. So drängt auch der *männliche Protest* den Lebensfeigen
zum Donjuanismus. Viele Frauen auf einmal oder hintereinander, nur keine auf Dauer. Einzig das Gefühl eines flüchtigen Sie-
ges ohne Gegenleistung ist verlockend. Hat er die Frau erobert
und verführt, hat er seine Eroberungssucht befriedigt, besitzt die
Frau keinen Reiz mehr für ihn. Don Juan ist also der *sagenhafte*
Frauenverführer und Schürzenjäger. Er ist im Grunde ein Frau-
enfeind, der Erfolge sammelt wie Jagdtrophäen. Es hat ihn zu
allen Zeiten gegeben, und selbst die Griechen haben im Götter-
vater Zeus donjuanistische Neigungen verewigt. Er ist weder ein
galanter Verführer noch ein edler Liebhaber. Er täuscht und lügt,
betrügt und schwindelt in einem fort. Halten wir also fest: Donjuanismus ist keine *sexuelle* Unersättlichkeit. Das wäre ein Mißverständnis. Die sexuelle Lust, die orgastische Befriedigung ist
nicht die Haupttriebfeder. Der Triumph, jemanden erobert, eine
Burg erstürmt zu haben, steht vor der sexuellen Befriedigung.
Liegt doch die Vermutung nahe, daß Don Juan an Impotenz litt

und zur Hingabe, das heißt zu echter Partnerschaft gar nicht fähig war.

Don Juan ist kein Vollblutmann, wie viele glauben. Casanova dagegen war ein edler Liebeskünstler. Don Juan war ein herrschsüchtiger Eroberer, im Grunde ein Waschlappen, der an seiner Männlichkeit zweifelte, der im Angriff sein Opfer erlegte und anschließend verschwand. Don Juan will herrschen, gewinnen, will siegen. Die Pose des Unwiderstehlichen kennzeichnet seine Machtgier. Don Juan will unterwerfen, den Fuß auf seine Beute stellen. Daß er kein Liebhaber in gutem Sinne ist, davon zeugt die Quantität seiner Eroberungen. Quantität widerspricht der Qualität, einer harmonischen, partnerschaftlichen Beziehung. Don Juan braucht die zweifelhaften Erfolge, um sich brüsten zu können. Für Don Juan ist jede Frau eine Herausforderung seines Machtwillens: Wie alle Feiglinge und schwachen Männer hat er sich ein schutzloses Wild für seine Ruhmbegierde ausgesucht, und er holt sich Siege über Wesen, die durch ihre menschliche Position schon von vornherein für die Niederlage bestimmt sind.

In der Beratung werden immer wieder Fälle bekannt, wo Mädchen darüber klagen, daß sie nach dem Verkehr vom Jungen „sitzengelassen" werden. Er hat erreicht, was er wollte, seine Unwiderstehlichkeit hat sich bestätigt. Für viele Mädchen ist dieses Verhalten unverständlich. Zum Teil hängt das wohl damit zusammen, daß die Desillusionierung nach dem Geschlechtsverkehr anders verläuft als beim Mann und die Vorbedingung der Zärtlichkeit und Zuneigung größer ist.

Nun gibt es verschiedene Abstufungen: vom Frauenhelden bis zum süchtigen Donjuanisten. Das verführerische Verhalten des Don Juan ist nur die übersteigerte Form der eben beschriebenen Einstellung. Die Psychoanalytiker nehmen an, daß er ein verkappter Homosexueller sei. Viel einleuchtender und aus seinem Lebensstil erhellbar erscheint, daß er sich ständig beweisen muß, wie stark und männlich er ist. Und diese *Sucht* treibt ihn von Abenteuer zu Abenteuer. Er sammelt *nackte Tatsachen*, wie andere Briefmarken oder seltene Bücher sammeln. Der Jäger und Eroberer muß sich und seinen Freunden und Kameraden beweisen, daß er ein Kerl ist, daß ihm die Frauen zu Füßen liegen. Er ist es seinem Renommee schuldig, daß er immer besondere „Blumen pflücken" will, Mädchen, die außergewöhnlich attraktiv und begehrt sind. Je mehr sie ihm die kalte Schulter zeigen, desto werbender verfährt er. Die kostbarsten Stücke sind ihm die liebsten. Mädchen, die sich ohne Widerstand anbieten, sind für ihn uninteressant. Donjuanisten kosten den Sieg aus, nicht die sexuelle Befriedigung, sie wollen den Triumph und nicht den Genuß. Sie schätzen die Trophäe und verzichten auf körperliche Harmonie und Glück. Männer, die den Ruf als Don Juan haben, die als unwiderstehliche Verführer gelten, sind für die Partnerwahl *nicht empfehlenswert*. Das Testergebnis lautet unmißverständlich: Von einer Bindung mit Donjuanisten ist abzuraten.

Mädchen, die nur an Verheiratete geraten

„Es ist zum Verzweifeln, ich gerate immer an Verheiratete", sagt die 26jährige. Sie hat einige Männerbekanntschaften hinter sich. Zwei Männer hat sie in Firmen kennengelernt, in denen sie beschäftigt war. Als die erste Bindung im Sande verlief, wechselte sie die Firma und stolperte in der zweiten in das gleiche Abenteuer hinein. Sie liebt reifere Männer. Und die waren leider verheiratet, wie sie bedauernd feststellte. Diese junge Dame hatte keinen Vater. Sie sehnte sich nach Geborgenheit und väterlicher Bestätigung. Gleichzeitig wehrte sie aber eine zu starke Bindung ab, weil die Enttäuschungen der Mutter ihren Lebensstil empfindlich beeinflußt hatten. Die Mutter hatte das Mädchen umsorgt und behütet, mit Liebe „überschüttet" und das Mädchen künstlich klein und hilflos gehalten. Auch in der Partnerbeziehung sehnte es sich später nach der Eltern-Kind-Beziehung. Es wählte keinen Partner, sondern einen väterlichen Betreuer und Beschützer.

Warum verlieben sich junge Mädchen in verheiratete Männer? Zwei Möglichkeiten stehen im Vordergrund: Sie wollen unbewußt einen verheirateten Mann, oder sie lieben ältere Männer, weil sie so etwas wie einen Vaterersatz suchen. Es gibt Mädchen, die unbewußt darum einen Verheirateten vorziehen, weil er vergeben ist, weil er im Grunde niemals ganz zu haben ist. Sie können ihn nicht verlieren, weil sie ihn niemals ganz besessen haben. Er kann ihnen nicht weglaufen, weil er ihnen nicht gehört. Er kann sie nicht enttäuschen, weil sie die Enttäuschung schon von vornherein vermeiden wollen. Solche Personen können Niederlagen nicht ertragen, sie wollen nicht verschmäht werden. Aus Angst vor einer möglichen Krise sichern sie sich ab. Sie wählen eine Bindung, die keine Bindung ist. Sie wählen das Halbe, weil sie nur das Halbe in der partnerschaftlichen Begegnung leisten können.

Insgesamt sollte man allen Frauen raten, die ein halbes oder ganzes Auge auf verheiratete Männer gerichtet haben: Diese Männer lassen sich in der Regel nicht scheiden, auch wenn sie es versprechen. Sie lügen meist, wenn sie erzählen, sie seien unglücklich verheiratet, und sie werden in der Regel immer zu ihrer Frau halten und nicht zu ihrer Geliebten.

Sexgehemmte ziehen sich an

Ein junger Pfarrer, eben mit seiner Ausbildung fertig, fragte mich, ob er eine bestimmte Frau, die ich später kennenlernte, heiraten könne. Schon die Frage nach seiner Liebe zu dem Mädchen ergab eine merkwürdige Antwort.

„Ein Pfarrer muß verheiratet sein. Ein unverheirateter Pfarrer ist wie ein Gottesdienst ohne Liturgie. Das gibt es nicht. Jedenfalls nicht in der Evangelischen Kirche. Das erwartet man einfach."

Ich: „Und die Liebe?"

Er: „Wissen Sie, mit der sogenannten Liebe wird viel Unfug getrieben. Der Wirbel, der um das Rumoren der Hormone gemacht wird, widerstrebt mir. Sex ist eine gute Sache. Gott sei Dank, daß die Kirche das endlich eingesehen hat, aber ..." (Er macht eine Pause.)

Ich: „Aber?"

Er: „Meine Bekannte und ich sind uns einig – ganz einig –, daß dieser Rummel für uns nicht in Frage kommt."

Ich: „Sie sagten, Ihre Bekannte und Sie seien sich einig. Worüber sind Sie sich einig?"

Er: „Daß es vor der Ehe nicht die geringsten sexuellen Kontakte gibt. Halten Sie mich bitte nicht für theologisch engstirnig, aber in dieser Zeit des ethischen Pluralismus muß man ein Zeichen setzen. Ich bin ausgesprochen dankbar, daß meine Bekannte da mitzieht."

Dann lernte ich das junge Mädchen kennen. Es war sehr modern angezogen und trug einen Supermini. Ich hatte eine ganz andere Frau erwartet. Sie war die älteste von vier Geschwistern, ihre Brüder waren „Leichtfüße". Zwei mußten heiraten. Ihr Vater ging ständig fremd. So wurde alles Sexuelle für sie zum Inbegriff des Schmutzigen. Um gegen Eltern und Geschwister antreten zu können, wählte sie den Weg der unbedingten Sauberkeit. Um aber ernst genommen zu werden, kleidete sie sich ausgesprochen modern und leitete einen Mädchenkreis, deren Teilnehmer über 20 Jahre alt waren. Im Gespräch wurde deutlich, daß sie stolz darauf war, in jeder Weise modern zu sein, aber zugleich als engagierte Christin angesehen zu werden. Eltern und Brüder hatten Hochachtung vor ihr, daß sie bei ihrer Aktivität so standfest war und ihnen und der Gemeinde ein sauberes und makelloses Christsein vorexerzierte. Der besagte junge Pfarrer kam aus einem „Weiberhaushalt", wie er es nannte. Drei ältere Geschwister, alles Mädchen, und die Mutter hatten den Jungen entsprechend verwöhnt. Unbewußt hatten sie ihn gleichzeitig von Kind auf gegen alles Weibliche eingenommen. Die ständige Bevormundung, Aufsicht, Kontrolle und Bemutterung hatten seinen Widerstand systematisch gefördert. Eine homosexuelle Komponente war unverkennbar. Aber als Pfarrer sah er in dieser Beziehung keine Möglichkeit der Realisierung. Die Beratung enthüllte beiden ihre irrigen Lebensziele. Beide verheirateten sich nach zweijähriger Verlobungszeit. Ihr geistiger Hintergrund gibt dieser Ehe heute ein gewisses Maß an Zufriedenheit. Es bedurfte allerdings vieler Besprechungen mit der Frau, um ihre geistliche Überheblichkeit und ihren oft peinlich wirkenden Pharisäismus abzubauen, den sie in der geschilderten Familienkonstellation schon früh gewählt hatte.

Wen wählt der Homophile?

Homophilie nennt man die sexuelle Anziehung zwischen zwei Wesen gleichen Geschlechts. Sie ist eine uralte Kulturerscheinung. Wir finden sie bei Naturvölkern, im klassischen Altertum, in allen Zeiten und Zonen. Homosexualität meint mehr die sexuelle Aktivität der Partner.

Es besteht aber kein Zweifel, daß homosexuelle Männer zu Frauen Beziehungen suchen, wie auch lesbische Frauen Ehen mit Männern zu schließen versuchen.

In der Beratung fragte mich ein 24jähriger Homophiler, ob er ein Mädchen heiraten könne, das drei Jahre älter sei als er. Als bewußter Christ lehne er es ab, mit einem Mann zusammenzuleben.

Ich: „Warum wollen Sie denn unbedingt heiraten?"

Er: „Die Einsamkeit halte ich nicht aus. Wenn ich abends im Zimmer sitze, fällt mir die Decke auf den Kopf. Meine Freunde und Bekannten sind alle verheiratet. Wenn ich sie besuche, fühle ich mich in ihrer Gesellschaft überflüssig. Ich habe den Eindruck, daß sie mich nur dulden. Es ist mehr Mitleid als aufrichtige Freude, wenn sie mich einladen – glaube ich jedenfalls."

Ich: „Aber Sie glauben, daß Sie mit dem Mädchen Ihre Einsamkeit überwinden?"

Er: „Wir sind beide einsam. Vor einem Vierteljahr lernte ich sie kennen. Sie ist so anlehnungsbedürftig. Ich mag das. Und noch nie ist sie mir zu nahe gekommen."

Einige Wochen später lernte ich die Freundin des Homophilen kennen. Sie trug Schwarz, weil vor einem halben Jahr ihre Mutter gestorben war. Die Ehe der Eltern war geschieden. Der Vater hatte Zuchthaus verbüßt, weil er sich an diesem Mädchen – also an seiner Tochter – vergangen hatte, noch bevor sie in die Pubertät gekommen war. Die sexuellen Beziehungen hatten sie so schockiert, daß Männer von ihr verachtet wurden – bis dieser junge Mann kam, ein gutangezogener, sauberer und netter Mann. Beide gehörten einer freikirchlichen Gemeinde an und verstanden sich in ihrem geistlichen Erleben und fanden sich in einhelliger Ablehnung des Sexkultes unserer Zeit. Sie besuchten gemeinsam den Gottesdienst und geistliche Rüstzeiten, teilten ihre Einsamkeit, teilten ihre kleinen und großen Freuden.

Sie: „Er hebt sich wohltuend von allen Männern ab. Er ..." (bricht ab).

Ich: „Ja?"

Sie: „Sie wissen schon, man liest so viel in Illustrierten, die davon schreiben – das ganze dumme Zeug vom Sex."

Ich: „Wie sehen Sie denn als Christin die Sache mit dem Sex?"

Sie: „Gott hat das bestimmt richtig gemacht. Ich glaube schon, er gehört irgendwie dazu, aber es gibt doch auch Menschen, die brauchen ihn nicht, meinen Sie nicht auch?"

Ich: „Sicher. Aber werden Sie dann heiraten?"

Sie: „Warum sollen wir nicht? Wir werden den Versuch ohne Sex machen. Bis jetzt brauchten wir ihn nicht. Und er will nicht. Wir harmonisieren auf vielen Gebieten. Und das Gebet ist eine wunderbare Kraftquelle. Er weiß, daß ich mich vor *dem* ekle – er respektiert das."

Ich: „Hat er Sie schon mal geküßt?"

Sie: (Zuckt mit dem Mund und fährt sich mit dem Handrücken über die zusammengepreßten Lippen – regelrecht ängstlich kommt es hervor) „Nein! Er gehört nicht zu jener Sorte Männer."

Zwei Menschen, die der Einsamkeit entfliehen wollen, fliegen aufeinander zu. Einsamkeit ist kein Heiratsgrund. Ob sie durchhalten und das Risiko einer Ehe eingehen werden, ich weiß es nicht.

Ich habe nichts mehr von ihnen gehört. Auf jeden Fall erbrachten die Gespräche eine Erhellung ihrer Gefühle und Hemmungen. Die Wahrscheinlichkeit, daß sie scheitern, ist größer, als sie beide wahrhaben wollen. Die Einsamkeit kann stärker sein als die Einsicht in ihre Fehler und Leitmotive. Das Beispiel zeigt, daß zwei Menschen genau an der Stelle angezogen werden, wo neurotische Erwartungen sich erfüllen.

Alfred Adler schildert die Lebensgeschichte einer 25jährigen lesbischen Patientin. Sie war vier Jahre älter als ihr Bruder, dem sich die ganze Aufmerksamkeit der Familie nach der Geburt zuwandte. Sie wurde zur Seite gedrängt. Der Vater war gewalttätig, die Mutter leichtsinnig. Das kleine Mädchen zog sich vom Vater zurück und sah im Bruder auch einen gewalttätigen Menschen. Sie band sich an keinen, nur eine Lehrerin interessierte sich für das Mädchen. Sie wurde zum Studium bestimmt. Mit 10 Jahren wurde sie (ungewollt) Zeuge einer Geburt beim Dienstmädchen im Nachbarhaus. Ihre Abneigung und Schrecken vor der weiblichen Rolle wuchsen. Alfred Adler schreibt wörtlich:

„Ihre Ausartung in die Homosexualität hat lange Zeit in Anspruch genommen. Sie war schon persönlich mit einer Lesbierin ihrer Vaterstadt befreundet, aber es bedurfte noch zweier Jahre, bis sie eines Tages nach einem heftigen Streit mit ihrer Mutter in einem Zug von Rachsucht zu diesem lesbischen Mädchen ging und seither mit ihr lebt." [6]

Adler geht davon aus, daß der Homosexuelle oder Homophile ein entmutigter Neurotiker ist, dem zum mitmenschlichen Verhältnis mit dem andersgeschlechtlichen Partner die seelische Vorbereitung fehlt.

---

[6] Adler, a.a.O. S. 136 ff.

Die Einehe steht in unserer Gesellschaft hoch im Kurs. Bewußt und unbewußt werden Kinder und Heranwachsende von diesem Leitbild geprägt.

Der Homophile, der die Andersartigkeit seiner Einstellung zum anderen Geschlecht verwünscht und in vielen Fällen neurotisch auf die Vorstellungen dieser Gesellschaft reagiert, sieht oft in der Ehe mit einer Frau die Heilung seines „Leidens“. Da viele Mitbürger dem Homophilen, wie er sich gern nennt, mit Widerwillen, Ekel oder Haß begegnen, fühlt er sich bedroht und schließt sich gern mit Gleichgesinnten zusammen. Das Gefühl der Bedrohung steht allerdings in keinem Verhältnis zur wirklichen Bedrohung, die von einzelnen oder von der Gesellschaft ausgeht. Darüber hinaus muß man sagen, daß der Heterosexuelle unserer Zeit sich wohl Mühe gibt, den Homosexuellen zu verstehen, wahrscheinlich aber gar nicht fähig sein *kann,* ihn voll zu tolerieren. Da der Homophile nicht selten seine Neigung überkompensiert, um anerkannt zu werden, entwickelt er einen starken Ehrgeiz, potenziert seine Leistungsfähigkeit und „erkauft“ sich diese Anerkennung durch die Heirat mit einer Frau. Er leidet und will sich anpassen. Er will dazugehören. Er will nicht verachtet, belächelt, diskriminiert oder benachteiligt werden. Er stürzt sich in die Ehe und wartet insgeheim auf ein Wunder, das in der Regel nicht eintritt und nicht eintreten kann.

Er muß der Gesellschaft gegenüber eine Maske tragen und ein Doppelleben führen. Alles, was über Liebe, Ehe und Freundschaft gesagt und geschrieben wird, empfindet er für sich als unzutreffend. Er wehrt ab, verdrängt und interpretiert um. Diese Auseinandersetzung führt bei den meisten Homophilen zu neurotischem Verhalten. Viele Homophile tragen sich mit dem Gedanken, einen Hausstand zu gründen, ein Häuschen im Grünen zu haben und ein harmonisches Familienleben zu gestalten. Sie wollen *normal* sein, sich anpassen und werden häufig zum Heiraten überredet. Man sagt ihnen, daß die Liebe schon noch kommen werde. Ist eine solche zusammengeredete Ehe dann gescheitert, fällt es diesen Menschen wie Schuppen von den Augen. Sie beugen sich der Gesellschaft, die die Heterosexualität sehr hoch bewertet. Und sie berufen sich auf Freud, der meinte, daß der Geschlechtstrieb von Hause aus *nicht* auf einen bestimmten Gegenstand gerichtet sei, sondern einzig und allein nach seiner eigenen Befriedigung strebe.

Der bekannte Schweizer Eheberater Theodor Bovet warnt davor, Homophilen die Ehe anzuraten:

„Ab und zu wird – sogar von Ärzten! – den Homophilen der Rat gegeben, sie sollten heiraten, um ‚auf andere Gedanken zu kommen'. Das ist ziemlich das Verkehrteste, was man ihnen raten kann, ja, im Hinblick auf die Folgen für die Ehe und Familie ist ein solcher Rat geradezu ein Verbrechen. Die Ehe ist ganz allgemein kein Sanatorium, erst recht nicht für Homophile. In ganz leichten Fällen von Bisexualität kann man die Frage erwägen, aber immer nur in einem ganz offenen Gespräch mit der Frau. Bereits geschlossene Ehen mit Kindern geben schwere Probleme auf; die meisten Frauen tolerieren homophile Freundschaften des Ehemannes meist schwerer als Untreue mit einer Frau."[7]

Das Ersatzobjekt – die Liebe des Fetischisten

Der Fetischist ist ein Neurotiker, ein neurotisch Liebender, der in seiner Beziehung zum anderen Geschlecht gestört ist. Er sucht nicht die Begegnung mit dem leibhaftigen Partner, er besorgt sich einen Ersatz. Die „Liebe" zu einem Menschen hat er auf einen Teilbereich des Körpers oder auf einen Gegenstand in seinem Umkreis beschränkt. Der Anblick, Besitz oder die Berührung dieses Fetischs verschafft ihm Lust.

Was ist ein Fetisch?

Als die portugiesischen Sklavenhändler des 18. Jahrhunderts zum ersten Mal die animistischen Religionen Afrikas kennenlernten, gaben sie den animistischen Kultobjekten den Namen „Fetisch". Ein Fetisch bedeutet Zauber, Abbild, göttliche Verehrung, magische Kraft. Fetischismus bedeutet *Teilanziehung*. Er kann sich langsam entwickeln oder aufgrund eines einmaligen, tief verhafteten Ereignisses plötzlich entstehen. Freud glaubte, die zu dieser sexuellen Fixierung führenden erotischen Eindrücke würden in früher Kindheit empfangen. Neuere Untersuchungen des Kinsey-Institutes haben dagegen gezeigt, daß die Ursprünge des sexuellen Fetischismus eher in der Pubertät zu suchen sind.

---

[7] Theodor Bovet, Ehekunde, Tübingen 1962, S. 80.

Alle Körperteile und Gegenstände eines Lustobjektes können dem Fetischismus dienen. Die häufigste Anziehung lösen Brust, Haare, Beine, Schenkel und Gesäß aus. Die Teilanziehung hängt vermutlich damit zusammen, daß das Kind und der Jugendliche in der Pubertät kaum einen Gesamteindruck vom Menschen empfangen können. Ein bestimmter „Typ" wird bevorzugt, bestimmte Eigenschaften fallen ins Auge. Unser gesamtes Vokabular, das wir dazu benutzen, hat einen fetischistischen Hintergrund. Wir bevorzugen Blondinen, Brünette, Rothaarige, Herbe, Schlanke, Vollschlanke, voll- und kleinbusige Frauen. Beine und Busen einer Frau, die die Männer zu hypnotischen Blicken veranlassen, können Gegenstand einer fetischistischen Verehrung werden.

Jede Epoche und jedes Volk hat seine bevorzugten Fetische. So wurde die Männerwelt des 19. Jahrhunderts durch das Gesäß und seine herausgestellte Form in der Kleidung fasziniert. Die Japaner empfanden früher den langen Hals als besonders attraktiv, und die Chinesen schwärmten für kleine, bandagierte Füße. Nach dem Zweiten Weltkrieg wurde – von Amerika kommend – die Sexbombe zum Fetisch. Der überdimensionale Busen einer Marylin Monroe, einer Russel, Sophia Loren und Brigitte Bardot wurden Angelpunkt fetischistischer Fixierung. Solange der Fetischismus keinen zwanghaften Zug annimmt, spricht man im allgemeinen nicht von einer Perversion. Daß die Übergänge von einer harmlosen Teilanziehung bis hin zur völligen Verlagerung des sexuellen Zieles fließend sind, wird wieder an Beispielen deutlich, die uns täglich begegnen und die wir nicht als abnorm bezeichnen. Die Frau, die von ihrem Angebeteten eine Haarlocke in einem Medaillon auf der Brust trägt, der Liebhaber, der einen Handschuh seiner Geliebten wie eine Reliquie aufbewahrt oder sich gegen Abend vor dem Einschlafen ein parfümiertes Taschentuch von ihr unter die Nase reibt, das sind keine Fetischisten, aber sie messen einer Sache einen Wert bei, den der Fetischpriester seinem kultischen Gegenstand gab und gibt.

Die bekannteste Form des Fetischismus ist die, die sich auf Kleidungsstücke richtet. Das Kleidungsstück, der Slip oder der Büstenhalter können den Sexualpartner ersetzen, oder der Vorgang des Aus- und Ankleidens ersetzt den Geschlechtsverkehr.

Die fetischistischen Neigungen, die sich beim männlichen Geschlecht stärker ausprägen, denn echte Fetischisten sind überwiegend Männer, spielen bei der Partnerwahl immer eine entscheidende Rolle.

Was bezweckt der Fetischist mit seiner Perversion?

Beim normalen Menschen ist der Fetisch lediglich eine Erinnerungszeichen an den geliebten Partner. Er küßt in Erwartung auf die kommende Begegnung das Bild, das er bei sich trägt, dreht an dem Ring, den sie ihm geschenkt hat oder beschnuppert das Taschentuch, das er als ein Stück von ihr – ungewaschen selbstverständlich – aufbewahrt. Der Fetisch ist ihm zum Ersatzobjekt geworden.

Daß die Perversion des Fetischismus eine konstitutionelle Komponente hat, wie unter anderem auch Sigmund Freud angenommen hat, ist bis heute unbewiesen. Interessanter dürften die Kindheitsschicksale sein, wo sich bereits abnorme Gemütsverfassungen widerspiegeln. Freud behält darin recht, daß Verdrängungen an der fetischistischen Verirrung beteiligt sind. Allerdings sind der strapazierte Ödipus- und Kastrationskomplex kaum geeignet, überzeugende Erklärungen für die Perversion zu liefern.

Der Fetischist hat Angst, sich mit dem leibhaftigen Partner einzulassen. Seine Kontaktschwäche und innere Vereinsamung verlebendigen einen Gegenstand, der benutzt, geliebt, angesprochen, gestreichelt, geküßt und gedrückt wird. Untersuchungen verdeutlichen, wie sehr der Fetischist den Gegenstand zum Du, zum Partner macht, in seiner Personifizierung des Gegenstandes aber auf kindlicher Stufe stehenbleibt. Die Gemeinschaftsbeziehung ist von Grund auf gestört. Die Angst, die der Fetischist vor der Frau und der körperlichen Liebe hat, zwingt ihn zu einer Fiktion. Er flieht in die Selbsttäuschung, er verliebt sich in ein Schein-Du. In seinem neurotischen Sicherungsbedürfnis flieht er zu erotischen Gegenständen, die wenigstens einen Hauch vom Partner aus Fleisch und Blut verkörpern. Die Deutung, der Fetischist habe in erster Linie Furcht vor dem weiblichen Genitale, scheint nicht den Kern zu treffen. Er flieht das *Ganze* und begnügt sich mit *Teilen*.

Nun gibt es eine weitere Form fetischistischer Neigungen, die sich unter Verliebten oder Verheirateten abspielen können. Der Partner existiert, die Du-Beziehung ist vorhanden, aber sie erfährt ein merkwürdiges Ritual. Die Frau wird nicht, so wie sie ist, geliebt, sondern sie muß sich in eine Larve hüllen. Die partnerschaftliche Beziehung ist auf bestimmte Wünsche, bestimmte

Parfüms, Strümpfe und Haarteile angewiesen. Im Prostituiertenbereich kann sich der „Freier" solche Extravaganzen kaufen. Die Dirnen kennen die Vorlieben ihrer Kunden und kleiden sich entsprechend.

Wieder liegt die Gefahr nahe, daß die Frau in ihrem Sosein nicht geliebt wird, daß erst die Verkleidung, eine bestimmte Verpackung oder ein Gegenstand am Körper die Liebesbeziehung entfachen. Das kann zu schweren Enttäuschungen bei der Frau führen, wie ich das in einem Beratungsfall erlebt habe.

Ich holte eines Tages eine Klientin ins Beratungszimmer, die ich namentlich nicht ansprechen konnte, weil sie das erste Mal zu mir kam. Im Zimmer drehte sie sich zu mir um, nannte ihren Namen und sagte: „Ich bin äußerlich eine ganz andere Frau als innen. Das ist mein Problem. Mein Mann will mich so haben, was sagen Sie dazu?"

Einen Augenblick lang hielt ich sie für wahnkrank. Sie hatte noch nicht Platz genommen und mir schon ihr Kummerpaket abgeliefert. Als sie mir gegenüber saß, kramte sie in ihrer Handtasche nach Bildern, die sie nebeneinander auf den Tisch legte.

„Das bin ich, in dieser Aufmachung sitze ich Ihnen als Larve gegenüber", sagte sie.

Sie trug eine Perücke mit langen schwarzen Haaren, die ihre 42 Jahre unvorteilhaft verschleierten. Schwarze lange Augenwimpern hatten die normalen verlängert. Ein Photo, das sie mitgebracht hatte, fiel aus dem Rahmen. Es zeigte die Dame im Karnevalskostüm mit schwarzen Netzstrümpfen und den überlangen schwarzen Haaren. Ich nahm das Photo in die Hand.

„So will mein Mann mich sehen. Ich habe es ihm aus der Brieftasche genommen. Ich schäme mich, daß es das einzige Photo von mir ist, das er anderen vorzeigen will. Er hat sich eine Frau zusammenphantasiert, die unbedingt so angezogen sein muß." Sie macht eine Pause und sagt dann: „Sonst klappt es nicht."
Ich: „Was klappt nicht?"
Sie: „Der Verkehr. Er braucht meine Aufmachung als Stimulans."
Ich: „Und?"
Sie: „Mich widert das an und bewirkt, daß ich mich beim Koitus völlig gleichgültig verhalte. Mein Wesen, meine Lebensart, meine Probleme und meine Wünsche interessieren ihn nicht. Er schätzt mich nur in dieser fürchterlichen ‚Verpackung'. Das entwürdigt mich."

Sie schildert ihre Ehe als ein Nebeneinanderleben ohne Du-Beziehung. Um die Liebes- und Partnerbeziehung überhaupt aufrechtzuerhalten gelingt dem Ehemann eine Fiktion, eine Selbsttäuschung. Sein Gemeinschaftsgefühl war immer gestört, und nur mit Reizgegenständen hält er notdürftig eine Partnerbeziehung aufrecht. Isolation und Einsamkeit fürchtet er wie eine qualvolle Strafe. Darum benutzt er diese Notlösung, um nicht an seiner Kontaktstörung zu zerbrechen. Dieser Ehemann hatte nie einen Freund, nicht einmal einen Kameraden, mit dem er zuweilen seine Freizeit geteilt hätte. Als Einzelgänger schlich er durchs Leben und stürzte sich jeweils im Karneval in das menschliche Getümmel, um als anonymer Teilhaber anonyme menschliche Wärme und Nähe zu erfahren. Die Ablehnung der Frau verbirgt sich hinter seiner Geschmacksverirrung. Der Fetisch steht im Vordergrund. Die Frau ist ein fast entbehrliches Anhängsel.

„Ich bin ein stiller Typ", sagt die Frau. „Wenn ich schweige, ist es gut. Er will mich sehen. Er braucht die Bewegung im Raum. Sonst steigert sich seine Verlassenheitsangst."

In einem Gespräch bezeichnet sich diese Frau als „lebendigen Kleiderständer", auf den er seine ausgefallenen Wäschestücke hängt, um sich abzureagieren. Diese Ehefrau hatte einen Artikel über Fetischismus gelesen und mit dieser treffenden Formulierung die Furcht und Verachtung des Mannes vor der Frau charakterisiert. Als Einzelgänger und Eigenbrötler leistet er sich eine Attrappe, um selbstherrlich und unabhängig bleiben zu können. Der Fetischist ist ein erotischer Kümmerling, dem das Drum und Dran wichtiger ist als der Inhalt. Seine Persönlichkeit ist krank. Schon in der Kindheit sind seine mitmenschlichen Beziehungen gestört. Angst hält ihn auf Distanz. Er verhält sich wie ein Zwangsneurotiker, der seinen Fetisch ritualisiert. Er entwertet Liebe und Partnerschaft, degradiert die Frau und täuscht hinter obskuren Utensilien eine deformierte Liebesgemeinschaft vor.

Motive zur Partnerwahl nach C. G. Jung

Der Schweizer Psychiater und Begründer der *komplexen Psychologie*, C. G. Jung, ein ehemaliger Mitarbeiter und Schüler Freuds, hat den Gesamtverband des Seelischen einer Person in Teilpersönlichkeiten gegliedert. Das Partnerbild, das unbewußt die Partnerwahl steuert und regelt, wird geformt durch die eigenen Strukturmuster der psychischen Gesamtheit einer Person.

Introvertiert – extravertiert oder: Gegensätze ziehen sich an

Die Seelenkunde hat festgestellt, daß – ganz grob betrachtet – die Menschen von Geburt her in zwei Gruppen gegliedert werden können: Solche, die in einer oberflächlichen Berührung mit der Umwelt schon das Empfinden der Gemeinsamkeit haben, und solche, die sich lange einsam fühlen, bis sie wirklich eine enge, intime Fühlung erreicht haben. Hierfür gibt es verschiedene Typenbezeichnungen. Die bekanntesten sind wohl:
– der Introvertierte (der nach innen gekehrte Mensch)
– der Extravertierte (der nach außen gekehrte Mensch).

Schon die antike Temperamentslehre enthält Aussagen über das Verhältnis der Persönlichkeit zur Um- und Mitwelt. Der frohsinnige Sanguiniker ist nach außen gekehrt und dubezogen. Er ist der Extravertierte. Der Melancholiker dagegen ist schwermütig, nach innen gekehrt und selbstbezogen. Er ist der Introvertierte.

Die Ausdrücke Introversion und Extraversion stammen von dem Schweizer Psychologen C. G. Jung, der darüber ausführliche Untersuchungen angestellt hat.

Der Introvertierte neigt eher dazu, sich verlassen zu fühlen, der Extravertierte kommt schnell und leicht mit der Umwelt in Kontakt. Der nach innen Gekehrte erträgt allerdings leichter die Einsamkeit, ist von Hause aus stiller, verschlossener, zugeknöpfter. Er setzt sich auch leichter über das Alleinsein hinweg.

Er kann sich glänzend mit sich selbst beschäftigen, kann stundenlang und tagelang seine Hobbys pflegen. Man sieht ihn nicht und hört ihn kaum, wenn er im Keller isoliert vor sich hin arbeitet. Der Introvertierte neigt eher zum Grübeln, nimmt alles schwerer, bewegt es aber in seinem Herzen und schleppt es mit sich herum. Daß Gegensätze sich anziehen und vielfach Extravertierte und Introvertierte sich finden, hat der Psychiater und Konstitutionsforscher Kretschmer nachgewiesen:

„Untersuchungen an einer größeren Reihe von Ehepaaren haben ergeben, daß mindestens 70% aller Ehen sogenannte Kontrastehen sind, d. h., daß die Ehegatten sowohl auf körperlichem wie auch auf seelischem Gebiet in wichtigen Punkten kontrastieren. Je extremer ein Mensch extravertiert ist, um so stärker neigt er erfahrungsgemäß dazu, einen extrem introvertierten Menschen zum Partner zu wählen. Es ist, als ob durch diese Ergänzungstendenz die Natur beständig bestrebt wäre, Extremformen auszuschalten und durch eine Vermischung der Extreme die Art immer wieder auf die Mittellinie zurückzuführen.“[1]

Es hängt mit den Lebensstilergänzungen zusammen, daß der Stille gern den Gesprächigen, der Verschlossene den offenen Typ wählt. Wenn diese Gegensätze allerdings zu hart hervortreten und ein Partner empfindlich reagiert, können diese wesensmäßigen Verschiedenheiten zu erheblichen Spannungen beitragen.

Kommen plötzlich unangenehme Seiten zum Vorschein, so wird der Partner pauschal abgelehnt. Dem Extravertierten erscheint der andere plötzlich kühl, kalt und beleidigend. Seine Sprachlosigkeit wird als Lieblosigkeit, seine Kühle und Reserviertheit werden als mangelnde Zuneigung gewertet. Verstehen es beide nicht, ihre Enttäuschungstoleranz heraufzuschrauben, kann aus einer Mücke ein Elefant, aus einer Bagatelle ein schwerer Ehekonflikt werden. Haben beide Partner nicht diese Grundstruktur in der Tiefe erfaßt, können sich Verliebte, Verlobte oder Verheiratete schnell entfremden. Die Stille wird als Boshaftigkeit, das Schweigen als Feindschaft gedeutet. Spricht man in der Beratung den sogenannten Introvertierten darauf an, weist er diese Vorwürfe seines Partners weit von sich. Und mit Recht. Er ist anders als der Extravertierte, der dem Introvertierten schnell als Schwätzer und billiger Unterhalter erscheint. Seine leichten Formen und seine Hemdsärmeligkeit werden als Takt-

---

[1] P. Plattner, Glückliche Ehen, Goldmann Taschenbücher 1965, S. 13 u. 27.

losigkeit gewertet. Von der Etikette hält er nicht viel, auch nichts von gespreizten Umgangsformen und angelernten Höflichkeits- formeln. Er sprengt gern alle Konventionen, hat sein Herz auf der Zunge, sprudelt los und legt sich keinen Zwang an. Wenn er mit Freunden und Bekannten spielend eine Konversation er- öffnet, auf Feierlichkeiten im Mittelpunkt steht, durch Späße und Witze für Stimmung sorgt, sieht sein introvertierter Partner ihn als Schürzenjäger, als leichten Vogel und oberflächlichen Unter- halter. Er vermutet, daß der andere aufgrund seiner schnellen Kontakte ständig „durch die Gegend flirtet", wie mir einmal eine Klientin von ihrem Verlobten sagte.

Der nach außen Gekehrte braucht das. Er lebt von den Mit- menschen, er bejaht die Außenwelt, läßt sich widerstandslos mitreißen und einspannen, verliert dabei leicht einen festen Standpunkt, der ihm im übrigen fremd ist. Er geht auf den ande- ren zu und hat in der Straßenbahn, im Café, im Club, in der Firma und auf dem Sportplatz sofort Kontakt.

Der Introvertierte ist starr, weiß genau, was er will, redet nicht viel und handelt. Er ist wenig konziliant, paßt sich ungern an und erwartet eher, daß der andere sich anpaßt. Ihn kennzeichnet gegenüber dem Extravertierten eine gewisse Festigkeit und Klar- heit. Er hat Linie und Konsequenz. Darum eckt er leichter an, ist ob seiner Geradheit und Direktheit schnell unbeliebt. Er läßt sich nicht leicht mitreißen, nicht schnell begeistern. Er wartet ab und tritt erst einmal auf der Stelle. Er will die Kontrolle behal- ten und bestimmen, was gemacht wird. Hier wird unverkennbar seine Selbstliebe deutlich. Der Introvertierte besitzt ein geringes Kontaktbedürfnis. Er hat Freunde, aber wenige. Meist sind seine Freundschaften – wenn er sie hat – nicht oberflächlich und sehr dauerhaft. Introvertierte sind sehr tierlieb, können auch schlimmstenfalls Menschenverächter werden. Der Introvertierte liebt die Form, die Etikette und die Konvention. Höflichkeitsfor- men schaffen Distanz, und die wünscht er sich. Und weil er sich an Regeln und Grundsätze hält, ist er wesentlich schwerer um- zustimmen. Der Psychologe Mirke hat durch einen interessanten Versuch belegen können, wie 20 Schüler im Alter von etwa 10 Jahren, die zur Hälfte extravertiert und zur anderen Hälfte in- trovertiert waren, auf einen Stäbchenversuch reagierten. Er wählte acht verschiedenfarbige Stäbchen (goldene, silberne, rote, gelbe, blaue, grüne und farblose) aus und bat die Schüler, jeweils das schönste herauszusuchen. Alle zwanzig entschieden sich für das goldene. An die letzte Stelle legten sie die farblosen Stäbchen. Die zweite Stufe des Experiments bestand darin, mit den Stäbchen verschiedene Legeaufgaben durchzuführen, und zwar so, daß mit den goldenen immer unangenehme, mit den farblosen nur angenehme Tätigkeiten verbunden waren. Diese Experimente veränderten die Einstellung zu den Stäbchen. Am Ende des Experiments wählten die Schüler die farblosen als die sympathischsten aus. Allerdings bestand bei extravertierten und introvertierten Kindern ein erheblicher Unterschied. Die Extravertierten stellten sich im Durchschnitt nach 20 Versuchen um, die Introvertierten allerdings erst nach über hundert Versuchen. Ihre Starrheit und Festigkeit sowie ihr Nonkonformismus traten deutlich zutage.

Introversion – Extraversion als Lebensstilhaltungen

Alfred Adler, der nicht von Introvertierten, sondern von *Isolierten* spricht, führt diese Grundeinstellung auf Verzärtelung oder zu strenge Erziehung zurück. Er schreibt:

„In die Gruppe der verzärtelten Kinder gehören auch jene, denen man alle Schwierigkeiten aus dem Wege räumt, deren Eigenarten man freundlich belächelt, die sich alles herausnehmen dürfen, ohne auf nennenswerten Widerstand zu stoßen. Diesen Kindern fehlt jede Gelegenheit, jene Vorübungen zu machen, die im weiteren Leben dazugehören, um den Anschluß auch an anschlußwillige Menschen in der richtigen Weise anzustreben ... Da man ihnen nicht Gelegenheit gibt, sich in der Überwindung von Schwierigkeiten zu üben, sind sie für ihr weiteres Leben äußerst mangelhaft vorbereitet. Alle Erscheinungen dieser Art haben gemeinsam, daß das Kind mehr oder weniger isoliert wird. Wir haben dann Kinder vor uns, die ihren Zusammenhang mit der Umwelt nicht so deutlich empfinden, ihn vielleicht ganz ablehnen. Sie können keine Kameraden finden, halten sich von den Spielen ihrer Altersgenossen fern. Auch Kinder, die unter einem schweren Druck in der Erziehung, etwa unter großer Strenge, aufwachsen, sind von der Isolierung bedroht."[2]

Adler sieht die Introversion nicht als schicksalhaft angeborene Gegebenheit, sondern als multifaktorielles Phänomen an. Daß allerdings eine gewisse dispositionelle Vorgegebenheit vorhan-

---

[2] A. Adler, Menschenkenntnis, Fischer Bücherei, 1966, S. 48 f.

den ist und das Kind von daher bei der Lebensstilkomposition aufgrund dieser Vorgegebenheit die ihm gemäße Art bevorzugt, darf angenommen werden. Es verbietet sich von daher, bei Introversion und Extraversion von psychischen *Mechanismen* zu sprechen. Der Begriff „Mechanismus" paßt eher in die Welt materiell-technischer Vorgänge und nicht in die beseelte, belebte Wirklichkeit. Introversion ist eine zielgerichtete Lebensstilhaltung, wobei das Interesse stets von Sachen und Personen weg auf das eigene Subjekt konzentriert bleibt. Umgekehrt ist Extraversion eine Lebensstilfrage, bei der Menschen, Sachen, Mitwelt und Umwelt vor der eigenen Person Vorrang haben. Der Introvertierte ist ichbezogener, der Extravertierte dubezogener.

Es wurde zu Anfang gesagt, daß es diese Typen chemisch rein nicht gibt und daß der Mensch im Laufe seiner Lebensstilentwicklung bestenfalls dazu neigt, das eine oder andere Prinzip für sein Gesamtverhalten zu bevorzugen. Das schließt nicht aus, daß der Introvertierte bei vielen Gelegenheiten im Leben extravertiert reagiert und umgekehrt. Beide Typen, die zweifellos eine gewisse habituelle Festigung erfahren haben, entscheiden heute und morgen so, wie es in ihr Konzept paßt. Günstige und ungünstige Lebensverhältnisse fördern die eine oder andere Grundeinstellung. Ein Kind, das in einer friedlichen, liebevollen Atmosphäre aufwächst, wird sich der Um- und Mitwelt aufgeschlossener zeigen als Kinder, die durch Mißerfolge, Entmutigung und Ablehnung gedämpft werden. Diese Herausforderungen können sie veranlassen, sich zurückzuziehen, sich abzukapseln, zu Eigenbrötlern zu werden, Geheimnisse und Kümmernisse für sich zu behalten und eine entsprechende Lebensart zu entwickeln.

Gegensätze als Konfliktmöglichkeit

Sie ist 24 Jahre alt, Verkäuferin, extravertiert, verlobt mit einem introvertierten Akademiker. Schon der Beruf *Verkäuferin* verrät ihre nach außen gerichtete Einstellung. Sie kann überreden, überzeugen, auf stille, umständliche, unentschiedene Käufer einreden, hat gern Besuch, empfängt gern Freunde, geht gern auf Parties, zum Tanzen und unter Menschen. Er ist ein unscheinbarer, unauffälliger, kühler Typ und kleidet sich auch dementsprechend. Von Beruf ist er Geologe, 31 Jahre alt. Er liebt die Natur, vor allem die stille Natur. Er wandert mit seiner Braut gern durch die Berge, bleibt an jeder Ecke stehen und „schaut, ob die Steine noch da sind", sagt sie spöttisch.

„Was denkst du?" fragt sie ihn während einer Wanderung.

„Was soll ich denken", sagt er, „ich habe eben mal überschlagsweise ausgerechnet, wie lange dieser Stein wohl im Regen und in den Geröllmassen abgeschliffen wurde, bis er die jetzige Form bekam."

„Und warum machst du das alles mit dir selbst ab? Warum hältst du nur Zwiesprache mit deinem Herzen?"

Im gemeinsamen Urlaub hat sie ihn nur gefragt. Bei mir, in der Beratung, hagelt es Vorwürfe.

„Er ist ungesellig, ein richtiger Spielverderber, ist wie ein Granitblock zwischen den Gästen, ist meist unbeteiligt und redet nur, wenn wir gehen sollen."

„Wir kommen beide nicht aus sehr vornehmen Familien, aber er ist penetrant korrekt, geradezu langweilig. Er spricht von Etikette, wenn es so richtig lustig wird. Macht mich auf mein Benehmen aufmerksam, wenn ich mal ausgelassen bin."

Ich: „Und was hat Sie an ihm besonders angezogen?"

Sie: „Seine vornehme Art, sein zurückhaltendes Wesen. Ich kenne mich ja selbst, ich bin schon als Kind vorlaut gewesen und wollte beachtet werden. Wenn Leute da waren, habe ich einen Zirkus veranstaltet. Waren die Leute weg, habe ich Schläge bekommen."

Ich: „Hatten die Eltern denn keine Zeit für Sie?"

Sie: „Ich hatte noch drei Brüder, so richtige Spießer, kluge Kerle, das gebe ich zu. Zwei haben studiert und einer ist nach dem Abitur erfolgreicher Kaufmann geworden. Und ich..." (Sie macht eine kleine Pause.)

Ich: „Und Sie?"

Sie: „Ich galt nichts. Hatte schlechte Noten. Redete dummes Zeug und bekam ständig Vorhaltungen."

Insgeheim hatte das junge Mädchen seine gescheiten Brüder beneidet. Denn es wählte ebenfalls einen stillen, aber gescheiten jungen Mann aus, mit einem zurückhaltenden, vornehmen Wesen. Durch den Mann wurde sie als Frau aufgewertet. Bei Geselligkeiten stand sie im Mittelpunkt. Sie besuchte bewußt Parties, lud häufig Freunde und Bekannte ein. Allerdings hatte sie nicht bedacht, daß der introvertierte Verlobte nicht ständig Liebesschwüre hauchen, ihr Nettigkeiten sagen und ihr Komplimente machen würde. Der introvertierte Partner behielt das für sich.

Und das machte sie wütend. Freunde und Bekannte konnten das besser. Er fand das geheuchelt.

„Die sind raffiniert, das ist doch Süßholzgeraspel. Scheinheilige Gesellen sind das", sagte er.

„Er liebt mich nicht, er spricht nicht von seiner Arbeit. Schließlich bin ich nicht so dumm, um daran keinen Anteil zu nehmen. Ich erfahre keine Sorgen von ihm, keine Probleme und keine Freude. Das macht er alles mit sich ab. Und das soll Liebe sein?" fragt sie mich.

Ich kenne beide inzwischen zwei Jahre. Sie sind seit knapp einem Jahr verheiratet. Beide haben erheblich umlernen müssen. Jeder hatte gegen den anderen einen ganzen Katalog von Vorwürfen. Keiner verstand es, sich in die Seele des anderen richtig hineinzuversetzen, die Lebensgrundstimmung zu erfassen und den Lebensstil zu verstehen. Beide waren auf dem besten Wege, ihre kleinen Meinungsverschiedenheiten ins Unermeßliche zu potenzieren, Schweigen als Bosheit, Lachen als Hemmungslosigkeit und Kontaktfähigkeit als Zudringlichkeit zu betrachten. Hier beginnen die Mißverständnisse bei grundverschiedenen Typen.

Die Fee im Keller oder die Animus-Anima-Projektion

Wir kennen alle die Sage von Plato, die davon berichtet, daß der Mensch ursprünglich *androgyn*, das heißt männlich und weiblich zugleich gewesen sei. Die Götter hätten zur Strafe den Menschen in zwei Teile geteilt. Seither versuchten die beiden Hälften wieder zusammenzufinden. Diese Sehnsucht zueinander und das geheimnisvolle Angezogenwerden wird Liebe genannt. Nun stecken in allen Mythen Wahrheitskerne. Auch im Schöpfungsbericht der Bibel schimmert etwas von der Zwitterhaftigkeit des Menschen hindurch. Eva, die aus der Rippe des Adam gestaltet wird, weist dieselbe ursprüngliche Zusammengehörigkeit auf. „Da sprach der Mensch: ,Diese ist nun endlich Gebein von meinem Gebein und Fleisch von meinem Fleische. Die soll Männin heißen; denn vom Mann ist sie genommen. Darum verläßt der Mann Vater und Mutter und hängt seinem Weibe an, und sie werden *ein* Leib."[3]

---

[3] 1 Mose 2,23f.

Aus zwei wird eins. Gott hat die Schöpfung so angelegt, daß Mann und Frau zu *einem* Leib, zu einer Ganzheit nach Leib, Seele und Geist sich ergänzen. Die Ergänzung spielt eine große Rolle in der Partnerbeziehung. Ergänzen können sich aber nur zwei Menschen, die sich entsprechen. Sie zeigen zwar individuelle Besonderheiten, aber von zwei grundverschiedenen Naturen zu sprechen geht nicht an. Der rein maskuline Mann und die rein feminine Frau würden sich gegenüberstehen, würden durch eine große Kluft getrennt sein, meint C. G. Jung.

Darum spricht C. G. Jung, der Begründer der Komplexen Psychologie, von der „Animus-Anima-Situation", von dem Bild, das jeder Mensch vom andersgeschlechtlichen Partner in sich trägt und das seine Partnerwahl bewirkt. Er spricht von dem Mann, der das Bild der Frau von jeher in sich trägt, das Bild einer bestimmten Frau. Das Bild ist im Grunde eine unbewußte „von Urzeiten her kommende und dem lebenden System eingegrabene Erbmasse, ‚ein Typus' (Arche-Typus) von allen Erfahrungen der Ahnenreihe an weiblichen Wesen, ein Niederschlag aller Eindrücke vom Weibe, ein vererbtes psychisches Anpassungssystem … Dasselbe gilt auch von der Frau, auch sie hat ein ihr angeborenes Bild vom Mann."[4]

Es handelt sich also um die weibliche Komponente im Mann und um die männliche Komponente in der Frau. Diese „andere Seite" ist der „dunkle Pol", der „Schatten", wie die Ergänzungskomponente genannt wird. In der *Komplexen Psychologie* Jungs verkörpert die Anima den Gegentypus der Liebenden. Die andere Seite des Mannes, das Weibliche in ihm, ist der Gegenpol, der Gegensatz. „Je lichter und leichter er, desto schwerblütiger wird sie sein. Ist er ein denkender Kopf und klarer Geist voll zielbewußter Ratio, ergänzt sie diese seine eine Hälfte durch lebhaftes Gefühlsleben oder irrationale Sprunghaftigkeit und abenteuerliche Extravaganz. Auf daß ein rundes Ganzes entstehe. Je heiliger er, desto unheiliger, ‚dämonischer' wird sie sein; je männlicher desto weiblicher – usw. Und immer wird dies ‚unbegreifliche' Anderssein dem Mann Reiz und Faszination bedeuten."[5]

Vereinfacht ausgedrückt, ist die Anima das Idealbild der Frau, das der junge Mann im Herzen trägt. Es ist das archetypische

---

[4] C. G. Jung, Über die Psychologie des Unbewußten, Zürich [8]1943.

[5] Gustav Richard Heyer, Der Organismus der Seele, München [4]1958.

Bild, das er gern auf die geliebte Person projiziert. Er sieht den Partner nicht, wie er wirklich ist, sondern durch diese archetypische Brille. Der junge Mann erkennt nicht die guten oder schlechten Charaktereigenschaften, die Schwächen, Fehler und Mängel, er sieht nur die verborgene weibliche Seite seiner Mann-Natur. Ein Stück seiner selbst begegnet ihm darin. Er sieht Züge und Eigenschaften in den anderen hinein, die idealisiert, objektiv übertrieben und damit falsch sind. Diese Illusion ist die Wirkung jenes Arche-Typus, jenes unbewußten Bildes, das in uns liegt, das Vater, Mutter, eine geliebte Kindertante, die eigene Schwester oder einen geliebten Menschen repräsentieren kann. In der Begegnung mit einem bestimmten Menschen wird es geweckt und füllt sich mit Leben. Je genauer nun der leibhaftige Partner dem inneren Bild entspricht, desto feuriger und heißer, desto leidenschaftlicher und überfallartiger wirkt die Partnerbeziehung. Wo Freud vom Es spricht, spricht Jung von der Schatten-Person. Der Schatten gehört zum Menschen und wandert mit. Er kann groß, klein und verzerrt sein. Der Schatten ist also als tiefenpsychologischer Begriff die unbewußte Persönlichkeitsseite, die dunkle, unbekannte Begleitperson der Seele. Die Schattenperson agiert im Unbewußten, im Keller, wie eine selbständige Person, wie eine verborgene Fee. Dieser Schatten darf nicht moralisch verstanden werden. Die Bezeichnung „dunkler Pol" bezieht sich auf die Unbewußtheit unseres Schattens. Denn die Schattenperson verkörpert die nicht bewußt gelebte, unausgelebte Persönlichkeitsseite. Und die Begegnung mit einem Partner, der dem eigenen Schatten entspricht, übt stets eine nicht erklärbare Faszination aus.

Ich kenne einen Klienten, der sich diesen Vorgang mit der indischen Lehre von der „Seelenwanderung" erklären will. Die Anziehung sei so magischer Art, das Bild sei so bekannt, als hätte er die Person schon einmal in einem früheren Leben geliebt.

Der Psychotherapeut G. R. Heyer spricht von der „verwunschenen Prinzessin aus einem fernen Märchenland", die bei einer Begegnung plötzlich aus dem Souterrain unseres Lebens, aus dem Dunkel bzw. aus dem Halbdunkel heraustritt und ihr Aschenbrödeldasein aufgibt.

„Da kommt, durch eine Tarnkappe unsichtbar, Aschenbrödel – Anima aus dem Keller gehuscht. Sie gleitet auf das Paar zu – und plötzlich steht sie vor der Frau, mit der sie eine entfernte Ähnlichkeit hat. Seltsam, jetzt ist es nicht mehr die unscheinbare

Magd, sondern eine Fee. Eine Fee, die wie ein Schleierbild vor der Dame schwebt, so daß das Auge des Mannes halb die wirkliche Frau, halb die Anima sieht – und schon ist er gebannt, verliebt, verfallen. Wen liebt er nun? Jene Frau oder seine Anima? Wollten wir nun noch weitererzählen, gäbe es leicht ein typisches letztes Kapitel unseres Märchens. Denn Sie können sich denken, wie der Mann, je längere Zeit vergeht, desto öfter und schmerzlicher erfährt, daß er seine Liebe einem Bild geschenkt hat. Solange Feenbild und leibhafte Frau sich decken, mag's gehen. Aber das pflegt nicht ewig zu dauern."[6]

Die Animus-Anima-Reaktion gaukelt dem Menschen ein illusionäres Bild vor, das ist wichtig. Jung und einige seiner Schüler scheinen der Ansicht zu sein, daß eine Partnerschaftsbeziehung ohne diesen psychischen Mechanismus nicht denkbar ist. Bovet scheint auch dieser Meinung zu sein, wenn er schreibt:

„Ohne die Projektion wären wir dem Partner überhaupt nicht nahegekommen; sie bildet die notwendigen Anknüpfungspunkte. Aber noch in anderer Weise sind Anima und Animus für die Liebe des Partners wesentlich: Der Mann ist nur durch seine eigene weibliche Hälfte, also seine Anima überhaupt fähig, eine Frau zu verstehen; ebenso versteht die Frau den Mann nur dank ihres eigenen Animus. Die Anima des Mannes ist gewissermaßen das seelische Organ, das die weibliche Sprache versteht und ihn befähigt, sich in sie einzufühlen."[7]

Auf dem Hintergrund dieser Arbeitshypothese ist es auch verständlich, daß verschiedene Menschen auf den anderen unsympathisch, wenig anziehend oder gar abstoßend wirken können. Der Partner ist das genaue Gegenteil der Animus-Anima-Projektion. Er entspricht nicht dem inneren Bild.

Die menschliche Hormonproduktion scheint auf biologischem Gebiet diesen psychologischen Tatbestand zu bestätigen. Ein Mensch produziert nicht nur Hormone des eigenen Geschlechts, sondern auch die des anderen. Im weiblichen Geschlecht dominiert das weibliche, im männlichen das männliche Geschlechtshormon. In dem Augenblick, wo eine Überproduktion des gegengeschlechtlichen Hormons eintritt, findet man Frauen, die einen Bart tragen, eine tiefe Stimme haben, und Männer, die einen Körperbau haben, der dem der Frau ähnelt.

[6] Heyer, a. a. O. S. 152 f.
[7] Theodor Bovet, Ehekunde, Tübingen 1962, S. 80.

So ist es wahrscheinlich einleuchtend, daß es keinen hundertpro-
zentigen Mann und keine hundertprozentige Frau gibt. Denn jeder trägt vom anderen Geschlecht einen mehr oder weniger großen Prozentsatz von Hormonen in sich. So ergibt sich die
Hypothese, daß der Mensch mit Hilfe der Projektion das gegen-
geschlechtliche Seelenbild, das er in sich trägt, auf den Partner
projiziert in dem Bestreben, sich durch diesen voll zu ergänzen.
Nach den Vorstellungen der Schüler Jungs kann dieses gegenge-
schlechtliche Seelenurteil alle nur möglichen Züge tragen. So
kann die Frau eine positive Ergänzung sein, aber auch die unein-
gestandenen Schwächen des Mannes darstellen. Er heiratet seinen *Schatten*. Jung verstand unter Schatten also den kindlichen
Persönlichkeitsanteil. Seine Schüler sprechen auch von einem
persönlichen Dunkel, als der Personifikation des Minderwerti-
gen, des Verworfenen und Bösen, das während des Lebens verdrängt und in seiner Entfaltung gehindert worden ist. Dieser negative Aspekt, der auf der Lauer liegt, den man bei sich selbst
aber nicht zuläßt, findet sich dann in der Partnerwahl wieder.

Und welchen Zweck hat eine solche Wahl? Welchen ökono-
mischen Nutzen zieht der Partner aus der Wahl eines solchen
Sündenbocks? Der Sündenbock oder dunkle Pol, der Schatten
wurde gewählt, um eigene Schuldgefühle auf den anderen zu
übertragen. Hier spielt sich ein unbewußter psychodynamischer
Prozeß ab.

Da ist ein 20jähriger Finanzbeamter, ein Muster von Sauberkeit, Pünktlichkeit und Ordentlichkeit. Er ist überall beliebt und
will auch überall beliebt sein. Nur wenn er bei Geburtstagsfeiern
und Beförderungen im Amt einige Gläschen getrunken hat, wird
seine Zunge locker. Er erzählt haarsträubende schmutzige Witze.
Das Ventil ist geöffnet, die dunkle Seite tritt ans Licht. Er ist
mit einem Mädchen verlobt, das jahrelang in einer verrufenen
Bar gearbeitet hat und gelegentlich in vorgerückter, nächtlicher
Stunde den Gästen Striptease vorführte. Dieses Mädchen kam
in die Beratung, weil es den widersprüchlichen Charakter des
Mannes nicht verstehen konnte. Auf der einen Seite verschaffte
er sich über das Mädchen, das ihm auch privat Striptease-Vor-
stellungen geben mußte, eine relativ freie Ersatzbefriedigung,
ließ sich gern von ihr Einzelheiten ihres leichten Lebenswandels
erzählen, wobei die Fragerei kein Ende nahm. Immer neue De-

tails will er wissen, in immer neuen Versionen mußte das Mädchen seine Erlebnisse auftischen. Diese zum Teil erfundenen Berichte des Mädchens verschafften ihm eine phantasiemäßige Ersatzbefriedigung. Anschließend bestrafte er seine Verlobte mit merkwürdigen Strafen. Das Mädchen stand sehr unter seinem Einfluß, es mußte einmal drei Viertel seines Gehaltes sofort auf ein gemeinsames Sparkonto überweisen und vier Wochen lang ohne Taschengeld leben. Es durfte sich zur Strafe kein neues Kleid kaufen oder bekam zum Geburtstag von ihm nur ein Buch mit Anstandsregeln, einen normalen Knigge, geschenkt. Hier interessiert nur die Tatsache, daß der Mann das Mädchen als Konfliktentlastung benutzte. Einige andere Motivationen sollen hier unberücksichtigt bleiben. Aber auch eine Selbstbestrafungstendenz schimmert durch das Verhalten des Mannes. Die merkwürdigen Strafen müssen als *externalisierte Selbstbestrafung* angesehen werden. Wie sehr diese Selbstbestrafung eine Rolle spielt, wurde in einem Gespräch mit dem Mann deutlich, der später unaufgefordert die Beratung aufsuchte. Auf die Frage, wozu er diese Strafprozedur anwende, sagte er:

„Nur so konnte ich vor mir selbst bestehen!"

Ich: „Was wollen Sie damit sagen?"

Er: „Ihre Geschichte erregte mich derart, daß ich Schuldgefühle empfand."

Die Einstellungs- und Funktionstypen

Introvertierte und Extravertierte lassen sich darüber hinaus nach C. G. Jung in weitere vier große Untergruppen einteilen. Jung ging davon aus, daß die Unterscheidung introvertiert – extravertiert nur ein grobes Raster darstellt und feiner Differenzierungen notwendig macht.

Er fand vier *Grundfunktionen* im Menschen:
Denken, Fühlen, Empfinden, Intuieren
und unterschied dementsprechend einen:
Denk-, Fühl-, Empfindungs- und Intuitionstypus. Alle vier Typen können extra- oder introvertiert sein. Diese vier Funktionen sind in der Psyche eines jeden Menschen angelegt, nur verbleiben die jeweils gegensätzlichen Funktionen im Unbewußten. Der voll bewußte Denktyp hat selbstverständlich auch Gefühle. Aber er wird vom Partner oft mißverstanden. Er stellt ihn als gefühllos,

kalt und triebhaft hin. Die vier genannten Grundfunktionen bilden Gegensatzpaare. Die Unterscheidung gelingt dadurch, daß alle Vertreter dieser vier Grundfunktionen die Welt, Sachen und Personen auf ihre Weise angehen, betrachten, kennenlernen und darauf reagieren. Die zwei Gegensatzpaare, die sich aus den vier Grundfunktionen bilden lassen, lauten:

denken und fühlen = Urteilsfunktionen,

empfinden und intuieren = Wahrnehmungsfunktionen.

Jung ging davon aus, daß diese Funktionen mehr oder weniger anlagebedingt im Menschen vorhanden sind. Jeder Mensch versucht, eine Anlage zu entwickeln und die übrigen mehr oder weniger unbenutzt zu lassen, wobei auch Einflüsse von außen oder bestimmte Erziehungspraktiken eine Typusprägung fördern können. Die Charakterisierung sieht nach Jung so aus:

Der *Denktyp* geht die Welt in erster Linie mit dem Verstand an. Da Introversion und Extraversion allen Funktionstypen eigen sein können, ergeben sich nach dem Jungschen Schema unter Umständen für das menschliche Zusammenleben, für das Gemeinschaftsgefühl gefährliche Zuspitzungen. Der Introvertierte lebt in seiner Eigenwelt. Er richtet sich nach eigenen Erkenntnissen. Dem introvertierten Denktyp kann darum jedes Mittel recht sein. In der Führungsspitze des Dritten Reiches soll Heinrich Himmler ein krasses Beispiel dieses Typs gewesen sein. Der Denktyp macht sein Handeln vom Denken abhängig und gilt als Verstandesmensch.

Der *Gefühlstyp*, der merkwürdigerweise auch zu den Urteilsfunktionen gerechnet wird, wird vom Fühlen und Gefühl beherrscht. Er reagiert stark auf die Wertungen sympathisch und unsympathisch, Gut und Böse. Seine Logik ist eine „Logik des Herzens"! Er ist der Gefühlsmensch. Zwei Gegensatztypen befinden sich jeweils auf der gleichen Achse. Der Denktyp oder Verstandesmensch und der Gefühlstyp oder Gefühlsmensch gehören der *rationalen Achse* an. Sie versuchen alle Vorgänge mit Verstand oder Gefühl zu messen oder zu beurteilen.

Der *Empfindungstyp* reagiert stark mit seinen Sinnen. Er gilt daher als der sinnliche Typ, als Genußmensch. Das Praktische und Konkrete stehen im Vordergrund. Sein Handeln hat reaktiven Charakter. Als Empfindungsmensch bevorzugt er das Ästhetische, Schöne, Geschmackvolle und Kultivierte.

Der *Intuitionstyp* reagiert nicht wie sein Antityp, er sieht von innen. Er läßt sich inspirieren, hängt Einfällen und Eingebungen nach. Er wird oft als Träumer und Schwärmer bezeichnet. Das Reale, Konkrete, von außen kommende, Geld und Zeit sind ihm fremd. Er ist unrealistisch, kindlich und naiv und steht oft nicht mit beiden Beinen auf der Erde.

Das Gegensatzpaar empfinden – intuieren bewegt sich gemäß des Achsenkreuzes auf der irrationalen Ebene. Gegenüber dem messenden und urteilenden Paar nehmen sie zur Kenntnis, beschreiben oder stellen fest. Dieses Typenpaar läßt sich stärker treiben und gehen, auch in ethischer Beziehung.

Der Schweizer Arzt und Psychologe P. Plattner hat sich mit der Partnerwahl der hier beschriebenen Typen eingehend beschäftigt und kommt zu der Feststellung:

„Die Erfahrung hat gezeigt, daß Ehepartner in der überwiegenden Zahl der Fälle dem gleichen Typenpaar oder (wie man im Hinblick auf das oben angeführte Schema auch sagen kann) der gleichen Achse angehören. Meist sind also beide Partner entweder rationale oder irrationale Typen... Ein Denktypus hat also sehr häufig einen Gefühlstypus zur Partnerin. In unserem Schema stehen sich die beiden Ehepartner folglich in der Mehrzahl der Fälle *gegenüber*. Das gilt ebenfalls für das andere, das irrationale Typenpaar."[8]

Daß die geschilderten Funktionstypen nicht rein auftreten, ist nach Jung selbstverständlich. Jeder Mensch trägt augenscheinlich mehrere Möglichkeiten in sich, verwirklicht aber im Leben bestenfalls eine. Man sagt, daß an der unentwickelten Gegenfunktion der eigentliche Typ erkannt wird. Ist beispielsweise der Gefühlsbereich gestört und kümmerlich entwickelt, tritt uns vermutlich ein Denktyp entgegen. Sind die Empfindungsmöglichkeiten schwach vertreten, so haben wir oft einen Intuitionstypus vor uns. Es sind gerade die weniger entwickelten Seiten, die nach der Partnerwahl den zukünftigen Eheleuten Schwierigkeiten bereiten. Zwei Menschen, die sich mit verschiedenen Lebensanschauungen begegnen, mißverstehen sich, hegen falsche Erwartungen voneinander und leben, reden und handeln aneinander vorbei. Der Denktyp, der alles mit der Logik in den Griff kriegen will, der klare Begriffe schafft und sein Handeln ergründet und begründet, ärgert sich über seinen Partner, der seinem Gefühl die Initiative überläßt, der nur *erfühlt*, was richtig oder falsch, geraten oder nicht geraten ist. Sie verdächtigen sich gegenseitig,

[8] P. Plattner, Glückliche Ehen, Goldmann Taschenbücher, 1965, S. 38 f.

geraten oder nicht geraten ist. Sie verdächtigen sich gegenseitig, daß der eine seinen Kopf und der andere das Herz sprechen läßt, der eine herzlos und der andere kopflos ist.

Die Eheschwierigkeiten eines Denktyps, der mit einem Gefühlstyp verheiratet ist, wurde mir in der Beratung deutlich. Der Mann ist 30 Jahre alt und unterhält ein Uhren- und Schmuckgeschäft. In die Beratung bringt er dicke Bücher mit, die er eben ausgeliehen hat. Es handelt sich um werbepsychologische Wälzer, die unter anderem werbewirksame Schaufensterdekorationen anbieten, Tricks und Kniffe verraten, mit welchen Methoden gearbeitet, mit welchen Texten annonciert und nach welchen verkaufspsychologischen Gesichtspunkten Ware beschafft werden muß. Er hat große Bestände an Modeschmuck und bestimmten Uhrenmarken. Er lehnt es ab, nach Aussehen und Gefühl einzukaufen. Für ihn entscheidet Qualität, Brauchbarkeit und Zuverlässigkeit. Es gibt ständig Auseinandersetzungen, weil seine junge Frau sich vom Gefühl leiten läßt, modische Neuheiten bejaht und dieses vorzieht und anderes ablehnt, Ware, die ihr ins Auge sticht und von der sie glaubt, daß sie leicht verkäuflich sei, partienweise abnimmt. Er spricht von „Weiberlogik" und von „Hausfrauenverstand". Sie sagt in einer Beratungsstunde: „Er nimmt erst einen Rechenschieber, zieht die Quadratwurzel, verkaufen tut er trotzdem weniger als ich."

Und in der Tat, sie *mißt* mit dem Gefühl. Mit dieser rationalen Meßeinheit hat sie größere Erfolge als der Mann. Sie hat eine glänzende Begabung, Kettchen, Tiere aus Steinen und Baumwurzeln zu fertigen und die begehrtesten Geschenkartikel aus Tannenzapfen, getrockneten Blumen und aus Muscheln herzustellen. Er hat die Logik, sie hat den richtigen „Riecher". Er weiß alles besser, sie hat den Erfolg. Er reagiert mit Minderwertigkeitsgefühlen und hält ihr jeden gefühlsmäßigen Fehleinkauf, der selbstverständlich vorkommt, unter die Nase. Er wird leicht ironisch, wenn er Gefühlsurteile bissig unter die Lupe nimmt. Diese Bissigkeit resultiert unter anderem aus dem Mangel an Verständnis für Gefühle, obwohl er diesen Typus angezogen hat. Hinzu kommt, daß der Mann introvertiert und daher noch theoretischer angelegt ist als der extravertierte Denktypus, der in der Regel praktischer veranlagt ist. Bei dieser Frau handelt es sich um den extravertierten Gefühlstypus, der speziell auf das Umweltecho angewiesen ist. Er braucht Resonanz und sucht Verständnis. Und ausgerechnet dieser Mann versteht sie nicht. Bei ihm schwingt nichts mit. Er läßt sich auf Parties und bei Diskussionen, bei Gesprächen mit Freunden nicht mitreißen. Er kritisiert seine Frau, daß sie bei dem Gespräch über die neue Margarine *unsachlich* war. Sie fühlt sich mißverstanden, nicht ernst genommen und schimpft auf ihn, daß er immer herzloser würde. Die Folge: Der introvertierte Mann zieht sich immer mehr zurück, die extravertierte Frau muß das als Lieblosigkeit verstehen, und das partnerschaftliche Verhältnis wird gestört, wenn nicht beide ein völlig neues, gegenseitiges Verständnis füreinander aufbringen. Ein auffallender Machtkampf, der nach individualpsychologischer Betrachtung im Hintergrund steht und im Laufe der Beratung abgebaut werden kann, soll in diesem Zusammenhang nicht verfolgt werden.

C. G. Jung geht davon aus, daß keiner dieser Typen starr festgelegt ist, sondern die Dynamik des Menschen eine Umfunktionierung ermöglicht.

Wenn wir aber von der individualpsychologischen Lebensstilanalyse ausgehen, müssen wir sagen, daß der Mensch eine dieser vier Funktionen deshalb immer mehr ausbildet, weil sie ihm gemäß ist und von ihm als Instrument benutzt wird, die Welt zu verstehen und zu beherrschen. Die Gegenfunktion wird dann immer stärker ins Unbewußte abgedrängt und bildet sich zum Gegenpol des Menschen, zum „Schatten" aus. Wählt nun ein Partner einen anderen aus, der gegensätzlich veranlagt ist, aber genau in seinen Lebensstil und Lebensplan hineinpaßt, kann es viele Spannungen und Krisen geben, da gegensätzliche Typen auch gegensätzliche Neigungen und Standpunkte vertreten.

Krisen bedeuten aber nicht Brüche und heillose Risse. Sie sind die große Chance des Menschen, das Leben partnerschaftlich und gemeinsam zu bewältigen und zu gestalten. Wer in den Hafen der Ehe mit spiegelglattem Wasser, ohne Wolken und Brisen einfahren will und eine störungsfreie Ehe erwartet, wird wahrscheinlich sein blaues Wunder erleben. Krisen sind keine Katastrophen, sondern Anreize und eine Herausforderung zur Gesundung. Krisen sind nützlich und hilfreicher, als es der Durchschnittsmensch wahrhaben will. Krisen können Umwandlungen schaffen und Einsichten vermitteln, den anderen besser zu verstehen und mehr gelten zu lassen. Wer die Krise nicht scheut und sie bei der Partnerwahl einkalkuliert, wird den Partner niemals als störend und aufreizend empfinden, sondern als Belebung und Ergänzung.

Die zweckbestimmte Liebe
und Liebe als Gesinnung

Der Ausdruck „zweckbestimmte Liebe" scheint diametral unseren landläufigen Vorstellungen zu widersprechen. Wir sagen doch
Die Liebe *überfällt* uns;
die Liebe *plagt* uns;
die Liebe *treibt* uns wie ein blinder Trieb;
die Liebe *reißt* uns mit;
sie *reißt* uns fort;
die Liebe *zieht* uns hinauf oder hinab;
die Liebe *bringt* uns um;
die Liebe *macht* uns kaputt;
die Liebe *zwingt* uns.

Der Zwang, der Trieb, das Schicksal, eine unerklärliche Peitsche müssen für ein unbestimmtes Agieren des Menschen herhalten. Ist Liebe aber ein Trieb, dem wir uns unterwerfen müssen, dem wir widerspruchslos ausgeliefert sind? Die Zeitwörter machen deutlich, wie falsch wir die Liebe einschätzen, was wir von ihr halten. Sehen wir genauer hin, erkennen wir, wieviel Kampf, Eroberungswille, Herrschsucht und Eifersucht unter dem Mantel der Liebe sich verbergen. Schon die Wortzusammensetzungen mit *Sucht* zeigen das Verkehrte der wahren Liebe. Wen die Liebe plagt, zerrt, zwingt und fortreißt, offenbart etwas von der ungestümen Leidenschaft, die sich hinter dem Verhalten des Liebenden verbirgt.

„Leidenschaften gehören in den Stall", sagt Karl Marx. Leidenschaften enthüllen etwas von den falschen Tönen, die die Liebe umgeben. Wir sagen Liebe und wollen den anderen *besitzen;*
wir sagen Liebe und wollen den anderen *haben;*
wir sagen Liebe und wollen den anderen *genießen;*
wir können ihn mit Eifersucht *quälen;*

wir sagen Liebe und sind uns nicht bewußt, daß wir ihn nur *benutzen;*

wir sagen Liebe und sind uns nicht bewußt, daß wir den Partner lediglich *ausbeuten.*

Das Paradoxe und zugleich Zweckbestimmte wird uns deutlich in den Ausdrücken: *berechnende* Liebe, *einkalkulierende* Liebe.

Es gibt eine primitive Art der Liebe, die niemals über das *orale* Stadium hinausgelangt ist. Wie das Kleinkind alles haben, alles in den Mund stecken und sich einverleiben will, ist diese Liebe auch durch Gier, Verschlingen und Begehren gekennzeichnet. Wie das Baby ganz auf Saugen und Sicheinverleiben eingestellt ist, kann sich der Lebensstil dieses heranwachsenden Menschen auf *Gefräßigkeit, Genüßlichkeit,* auf *verschlingende* Liebe im späteren Leben einstellen. Es bedarf keiner weiteren Erklärung, daß dieser Mensch auf einer primitiven Stufe stehengeblieben ist und seinen Lebensstil „auf Beutejagen" eingestellt hat. Er liebt seinen Partner, wie ein Jäger seine Beute liebt, die er töten und verspeisen will. Eine Beute wird *gejagt, erlegt, genossen.* Der Partner wird benutzt, ausgesaugt und wie eine ewig stillende Mutter ausgebeutet. Die Psychologie der Partnerwahl erhellt, daß diese Jäger bereitwillige *Opfer* aufspüren, die sich ihnen zur Verfügung stellen und dem Lebensstil des Jägers entsprechen.

Liebe als Auseinandersetzung

In der Beratungspraxis gewinnt man oft den Eindruck, daß die Beziehung zwischen Mann und Frau ein ideales *Schlachtfeld* widerspiegelt. Es wird heftig gestritten, gefochten, mit blanken und stumpfen Waffen. Und das Vokabular ist entsprechend. Ein Kasernenhofjargon schleicht sich in den besten Familien ein. Die Uneigennützigkeit der Liebe verschwindet am Horizont. Aus der Fülle dieser mitmenschlichen Beziehungen seien einige charakterisiert:

Er will das Mädchen *umlegen;*

sie *kämpft* um seine Liebe;

sie *verteidigt* ihn gegen seine Schwiegermutter;

die Frau hat sich dem Mann *unterworfen;*

der Junge hat das Mädchen wie eine Festung *belagert;*

schließlich hat er sie *erobert* und *erstürmt;*

sie hat sich nicht wehren können und ist *gefallen;*
er hat ihren Widerstand *gebrochen;*
die Frau wurde *vergewaltigt* oder *überwältigt;*
das Mädchen gibt den *Kampf auf;*
über kurz oder lang wird es *kapitulieren;*
die Frau wird im ersten *Sturmangriff genommen;*
er hat sie mit seinen Forderungen *überfallen;*
er *pirscht* sich an sein *Opfer heran;*
sie hat ihn *fix* und *fertig gemacht;*
der Junge hat das Mädchen *geknackt;*
ein Junge will ein Mädchen *ficken.*

Der Vulgärausdruck *ficken* stammt übrigens aus der Kriegssprache. In alter Zeit verwendete man für die Eroberung von Burgen sogenannte Mauerbrecher, die mit einem beweglichen Rammbock versehen waren. Diese Rammböcke nannte man Fickbäume. Unter Ficken verstand man also das gewaltsame Erobern einer Festung.

Überlegenheitsstreben, Machtstreben, Besitzgier und Herrschsucht verstecken sich hinter dem Zauberwort Liebe. Die reine Liebe ist auf dieser Erde ein Traum. Hinter, über, unter und neben die Liebe schieben sich die zweifelhaften Absichten.

Liebe aus Rachegefühl

Verletzte Eitelkeit ist ein schlechter Ratgeber für die Partnerwahl, und Racheimpulse sind keine begrüßenswerten Zwecke. Der Vorgang ist einfacher, als wir glauben, und komplizierter, als wir wahrhaben wollen.

Da ist Walter, ein junger 22jähriger Friseur. Er hat eine schwere Liebesenttäuschung hinter sich. Dieser Mißerfolg hat ihn vorsichtig gemacht. Jedenfalls glaubt er, jetzt mit doppelter Vorsicht zu Werke gehen zu müssen. Künftig wird er stärker seinen Verstand benutzen, meint er, um nicht hereinzufallen. Der Liebesverlust hat ein Loch gerissen. Ein leerer Raum verlangt, ausgefüllt zu werden. Eine Lücke muß so schnell wie möglich geschlossen werden. Unbewußt kommt die Liebe unter Druck. Die Enttäuschung muß kompensiert werden. Walter merkt nicht, daß unbewußte Rachegefühle sich einschleichen. Auf dem Tanzboden hat er vierzehn Tage später seinen *Ersatz* gefunden. Der Gedanke des Ersatzes huscht kurz durch sein Hirn, aber er weist ihn brüsk von sich. Er hat keinen Ersatz *nötig*, und er *braucht* kein Ersatz. Walter wollte seinen Verstand diesmal kräftiger betätigen als bei seinem gescheiterten Versuch, aber seine alten Vorstellungen und Gewohnheiten lassen ihn den gleichen Typ wählen.

Ganz allgemein gilt: Sollte diese Ersatzfigur selbst zur Liebe wild entschlossen sein, und solche gegenseitigen Wünsche, die wie mit einem Geigerzähler erspürt werden, sind häufig, steht einer Verlobung nichts mehr im Wege.

Sehr viele Konflikte, die eine Frau zwischen zwei Männern oder einen Mann zwischen zwei Frauen zeigen, haben ihre Mängel in irgendeiner alten Liebesenttäuschung, die durch eine Ersatzliebe ausgeglichen wurde, vielleicht ohne daß dieser Umstand damals voll zum Bewußtsein kam. Der Mensch, der sich aus einer Zwangslage in eine Ersatzliebe flüchtet, mag vor sich selbst nie zugeben, daß es sich um einen Ersatz handelt. Die Ersatzliebe, die nach einer Liebesenttäuschung zunächst einen scheinbar erfreulichen Ausweg geboten hat, erweist sich auf längere Sicht als eine quälende Fessel.

Die Ersatzgeliebten haben keine Ahnung von ihrem Glück und ihrer Lage. Kommen sie aus irgendwelchen Gründen dahinter, kann wiederum eine tiefe Enttäuschung folgen, und aus verletzter Eitelkeit suchen sie selbst nach neuen Partnern. Die Ersatzwahl wird in der Regel unkontrolliert getroffen. Der Mangel ist so fühlbar und die Enttäuschung so eindrücklich, daß Racheimpulse und eine Fehlwahl bei dieser überstürzten Suche gar nicht bemerkt werden.

Liebe als Bedürftigkeit

Besonders Freud und die Psychoanalytiker haben sich Gedanken über Liebe und Zärtlichkeit gemacht. Sie verstehen Zärtlichkeit als *Zielhemmung*. Die ursprüngliche Triebregung war auf ein bestimmtes Ziel gerichtet, mußte sich aber aus verschiedenen Gründen mit einer Teilbefriedigung begnügen. Zärtlichkeit wird daher als verkürzte genitale Liebe, als bruchstückhafte und frustrierte Liebe definiert.

Liebesleidenschaft, Idealisierung des Partners, voreheliche Abstinenzregeln, Liebeswerbung und Liebeslieder bedeuten in ihren Augen ein Emporloben der Zärtlicheit. Diese ritualisierten, kultivierten und zivilisierten Formen sind ihrer Meinung nach aber Beeinträchtigungen der genitalischen Liebe, bedeuten eine Idealisierung der Zärtlichkeit als *Zielhemmung*. Diese verzerrten, durch Erziehung programmierten Umwege der Liebe werden heute vielfach als repressive Begleiterscheinungen unserer westlichen Kultur gebrandmarkt.

Das sexuelle Verlangen ist aber ein Verlangen nach Liebe und Vereinigung. Es geht nicht nur um eine chemische Reizung, die Unbehagen verursacht und gelöst werden muß. Das sexuelle Verlangen ist mehr als ein Juckreiz, der befriedigt werden muß.

Wäre das der Begriff von Sexualität, würde die Onanie, die geschlechtliche Selbstbefriedigung, die ideale sexuelle Befriedigung sein.

Das sexuelle Verlangen zielt auf Vereinigung und ist keineswegs nur eine physische Begierde, die Lösung einer Unlust-Spannung. Das sexuelle Verlangen kann durch Angst vor Einsamkeit gesteigert werden oder durch den Wunsch, zu erobern oder erobert zu werden, durch Eitelkeit, durch das Verlangen, zu verletzen und zu zerstören – aber auch durch Liebe.

Die Liebe hat ihren Ursprung nicht in den Geschlechtstrieben, sondern ist ein Ergebnis der individuellen Ich-Entwicklung, insbesondere des Wunsches nach Verbesserung und Erfüllung des Selbst. Liebe ist eine emotionale Reaktion auf unbewußte Gefühle des Neides und der Gier. Starke, besitzenwollende Tendenzen zeichnen sich ab. Unter diesem Gesichtswinkel kann man die Liebe eher als *zielgehemmten Eroberungswillen* oder Besitztrieb kennzeichnen.

Damit wird deutlich, daß wir in der Liebe die Ziele und Zwecke, die geheimen Absichten und Wünsche unseres Lebens unterstützen. Darum ist die Frage nach der Liebe eine Frage nach den *Beweggründen* unseres Lebens. Wer die geheimen Triebfedern seines Wollens und die versteckten Ziele innerhalb seines Lebensstils durchschaut hat, der wird schnell ein Bild über die Konturen seiner Liebe gewinnen. Liebe und Zuneigung stellen sich ein, wenn unsere geheimen Wünsche erfüllt werden, wenn der andere unserem Lebensstil entspricht.

Die Enthüllung der Lebenspläne und Ziele ist eine Enthüllung der Liebe. Ein Mensch mit einem gutentwickelten Gemeinschaftsgefühl wird eine gutentwickelte Liebe vorweisen. Menschen ohne Gemeinschaftsgefühl sind arm an Liebe.

Der Mensch ist ein bedürftiges Wesen. Bedürftigkeit hat zwei

Bedeutungen. Einmal geht es um Dürftigkeit. Man könnte daher auch formulieren: Menschliches Leben ist dürftig, Menschsein ist dürftig, leidet Mangel, Menschsein ist Stückwerk. Die andere Bedeutung der Bedürftigkeit meint: Der Mensch hat Bedürfnisse. In der Tat, der Mensch kennt viele Bedürfnisse. Er kann nicht allein sein. Der Mensch ist ein soziales Wesen, er braucht das Du, das Gegenüber, „die Gehilfin, die um ihn sei". Ohne Du, ohne Gemeinschaft stirbt der Mensch. Seine Bedürftigkeit wird der Mensch bis an sein Lebensende nicht los. Er wird mit ihr geboren und stirbt mit ihr. Bedürftigkeit ist Mangel, Mangel strebt nach Begehren. Begehren ist Begierde. In ihr realisieren sich heftige, leidenschaftliche, aufbrausende, liebevolle und zärtliche Gefühle. Die Begierde kann sich auf Nahrung und Essen und Trinken, aber auch auf körperliche Vereinigung richten. „Hunger und Liebe sind die stärksten Triebe", heißt ein Sprichwort. Schon das kleine Kind kennt die Bedürftigkeit und den Mangel. Der Lebensstil kennzeichnet einen Menschen auch als Mangelwesen. Unsere Liebe, unsere Verliebtheit, Freundschaft, Partnerschaft und gegenseitige Anziehungskraft drücken unsere Wünsche und Absichten, unsere Bedürftigkeit und unseren Mangel aus. Was wir von früher Kindheit an erlebt oder nicht erlebt, bekommen oder nicht bekommen haben, die Art unserer Liebe verrät den Mangel. Unsere Liebe ist also vor und in der Ehe ein Spiegelbild unserer geheimsten Wünsche, unseres meist unbekannten Mangels, unserer verdeckten oder offenkundigen Bedürftigkeit.

Liebesverlangen und Ehrgeiz

Das Säuglingsalter läßt uns nicht los, und zwar unser ganzes Leben lang nicht. Wenn wir in der Eheberatung nach körperlichen Symptomen fragen, begegnen uns fortwährend Magenschleimhautbeschwerden (Gastritis) und Magengeschwüre (Ulcera). Die tiefenpsychologische Befragung enthüllt fast immer ein geheimes Verlangen nach mütterlicher Liebe und Fürsorge. Die ursprüngliche Geborgenheit bei der Mutter muß zu kurz gekommen, das Mißverhältnis zwischen Mutterliebe und Versagung offenkundig gewesen sein. Die Spätfolgen solcher lieblosen Kindheit schlagen sich in der Gesellschaft nieder. Das unbefriedigte kindliche Liebesverlangen schlägt später in Ehrgeiz um. Der heranwachsende

Mensch strebt und strebt und strebt. Sein Machtverlangen ist ein Streben nach Positionen im täglichen Leben, wo er Anhänger, Anbeter, Untergebene und Abhängige findet. Enttäuschtes Liebesverlangen wird in Ehrgeiz umgewandelt. Die Vereinsamung ist sein Todfeind. Er braucht Abhängige. Solange er mächtig und einflußreich ist, können ihn die anderen nicht verlassen. Er kann sie kaufen, ohne sich darüber im Bewußtsein klarzuwerden. Er kann sie für sich nutzbar machen. Die Wunschbilder dieses modernen Infantilismus bewegen sich vor unser aller Augen. Das Kindweib, wie es sich in Lolita, in Baby Doll und Brigitte Bardot verkörpert, ist die personifizierte Sehnsucht vieler Männer und „Jünglinge". Üppiger Mund und üppiger Busen – die Repräsentationen des Mütterlichen. Psychoanalytiker sind darum der Meinung, daß unsere Gesellschaft in den letzten Jahrhunderten einen Prozeß der Infantilisierung durchgemacht habe.

Die tyrannische Liebe

Mutterliebe geht in vielen Gewändern einher. Wenn wir unsere Verhaltensweisen studieren, stellen wir fest, daß vieles mit Liebe wenig zu tun hat. Unsere Liebe kann sich in verkappte Tyrannei kleiden, wenn wir Kinder künstlich klein halten. Die übersteigerte Freude an der „Niedlichkeit" der Kinder ist nur die Kehrseite der Lust, sie zu unterdrücken. Die totale Abhängigkeit anderer von uns nennen wir Liebe. Hier liegt einer der Gründe für die Geschwisterrivalität. Eltern haben ihre Freude jeweils an den kleinen, niedlichen Kindern. Der Ältere muß zwangsläufig das Neugeborene hassen. Würden die Eltern in jedem Kind den *ganzen Menschen* lieben, blieben ihnen Zurücksetzungen der anderen erspart. Wenn ältere Kinder sich spielend an der Pflege des Neugeborenen beteiligen, wenn sie nicht dauernd beiseitegeschoben werden, weil sie zu grob und zu lieblos seien, würden manche Eifersüchteleien und Haßgefühle wieder abgebaut. Wer das Niedliche, Aparte, Saubere, Unschuldige im Kinde liebt, projiziert seine Eigenliebe in das kleine Wesen hinein. Man liebt nur das Kind wieder, das man selber im Grunde geblieben ist. Und man genießt zugleich die Überlegenheit, die man seinem leibhaftigen Kinde gegenüber verspürt. Man liebt tyrannisch. Es soll möglichst lange klein bleiben, damit die Eltern möglichst lange etwas davon haben. Es soll allen anderen Kindern voraus sein, aber es soll auch alle anderen Kinder an Liebe und Gehorsam übertreffen. Wer jedoch in seiner Erziehung lange niedergehalten worden ist, wird in seiner psychischen Entwicklung gebremst. Er muß als Erwachsener alle die Züge aufweisen, die in das Bild des Infantilismus passen.

Aus innerer Unsicherheit ist er anlehnungsbedürftig, reagiert trotzig und rechthaberisch, ist vermutlich denkfeindlich eingestellt, ist ängstlich und aggressiv. William Grey Walter geht sogar davon aus, daß sich der Infantilismus physiologisch in den Hirnstromwellen des Elektroenzephalogramms niederschlage. Die mangelnde Reife der Mechanismen der Hirnrinde läßt die Hirnstromwellen wie bei Kindern erscheinen[1].

Selbstsucht und Selbstliebe

In den christlichen Kirchen wurden Selbstsucht und Selbstliebe gering eingestuft. Nächstenliebe galt als Tugend, Selbstliebe als Sünde. Immer wieder werden Selbstliebe und Selbstsucht gleichgesetzt. Calvin sprach von der Selbstliebe als von „einer Pest". Auch für Freud ist Selbstliebe nichts anderes als Egozentrismus, als Narzißmus oder Wendung der Libido auf sich selbst. Narzißmus ist eine Selbstbezogenheit, die liebesunfähig macht. Das Kleinkind, das sich füttern, versorgen, lieben und betreuen läßt, ist zur Liebe unfähig. Selbstliebe – wird gesagt – sei also ein Rückschritt des Erwachsenen auf die Babystufe. Hier haben uns auch theologische Interpretationen einen Streich gespielt. Wer andere Menschen liebt, muß sich selbst auch lieben, es wäre sonst ein unvorstellbarer Widerspruch, daß nur der andere geliebt werden soll. Die Bibel drückt das auch unmißverständlich so aus: „Liebe deinen Nächsten wie dich selbst." Und der verstorbene jüdische Philosoph Martin Buber kommentiert: „Denn er ist wie du, denn er fühlt wie du." Erst der Mensch, der sich selbst liebt, kann andere lieben. Ein Mensch, der sich selbst nicht liebt und bejaht, kann andere nicht bejahen und lieben. Mein eigenes Selbst muß darum genauso ein Objekt der Liebe sein wie der andere.

Selbst*sucht* unterscheidet sich von Selbst*liebe*. Der Selbstsüchtige kann nicht lieben. Er ist nur an sich interessiert, an seinen Gefühlen, Empfindungen, denkt an seinen Nutzen und beurteilt

---

[1] William Grey Walter, Das lebende Gehirn, Knaur Taschenbuch, 1963, S. 167 ff.

alles nach der Nützlichkeit und Brauchbarkeit für sich selbst. Von daher sind Selbstsucht und Selbstliebe Gegensätze. Der selbsüchtige Mensch liebt sich nicht zu viel, sondern zu wenig. Der Selbstsüchtige kann weder andere lieben, noch sich selbst. Er ist unglücklich und leer, kämpft dauernd mit seiner Unzufriedenheit und läuft damit dem Glück weg, das er ständig versteckt. Der selbstlose Mensch will nichts für sich, infolgedessen tendiert er zur Frigidität, wenn es sich um eine Frau handelt. Dieses Unbefriedigtsein produziert eine unglückliche Einstellung. Viele Menschen sind dem Leben gegenüber feindlich eingestellt. Je älter sie werden, desto unausstehlicher reagieren sie. Sie fühlen sich betrogen, sie haben immer gegeben und nichts bekommen.

Ich habe eine ältere Diakonisse kennengelernt, die im Begriff stand, an sich und der Welt zu verzweifeln. Ihr Leben bestand aus Opfer, Dienst, Hingabe und nochmals aus Opfer und Hingabe. Niemals bekam sie etwas für sich, niemals gestattete sie sich einen Genuß. Sie entdeckte im vorgerückten Alter, daß ihre Selbstlosigkeit Hochmut und Werkgerechtigkeit gewesen und daß sie in hohem Maße egozentrisch orientiert war. Sie hatte noch einen schönen Lebensabend vor sich und verstand biblische Aussagen wie die folgenden neu: „Liebe deinen Nächsten *wie dich selbst.*" Und: „Als Geliebte lieben wir."

Wer Liebe akzeptieren, Guttaten und Wohltaten genießen kann, der ist dazu bereit, Liebe zu geben.

Liebe und Fairneß

Liebe zum Nächsten im allgemeinen und Liebe zur geliebten Person im besonderen sind nicht voneinander zu trennen. Viele bilden sich ein, nur ihren Partner lieben und die übrige Gesellschaft negieren zu können. Wer seinen Nächsten nicht liebt, liebt auch seinen Partner nicht. Oder es handelt sich um eine Pseudo-Liebe, eine Liebe mit Hintergedanken, eine egoistische, selbstbezogene Liebe. Auch die Bibel macht auf diesen offensichtlichen Widerspruch aufmerksam, wenn sie schreibt, daß die Liebe zu Gott fragwürdig sei, solange sie nicht gleichzeitig den Mitmenschen einschließe. Wenn man sich in unserer Gesellschaft mit einem gewissen Respekt begegnet, wenn man Betrug und Gaunerei vermeidet, was hat das mit Liebe zu tun? Nächstenliebe ist eine andere Kategorie. Liebe bedeutet mehr als Fairneß. Fairneß ist ein kapitalistischer Grundsatz, eine Ware mit einem entsprechenden Gegenwert zu bezahlen. „Was du mir gibst, gebe ich dir." Nächstenliebe heißt, für den anderen Verantwortung zu empfinden, sich mit ihm eins zu fühlen. Fairneß ist zum Schlagwort unserer Gesellschaft geworden. Man haut sich nicht übers Ohr, aber man liebt sich auch nicht. Man fühlt sich nicht füreinander verantwortlich, bestenfalls respektiert man sich. Das ist viel, von der Liebe jedoch weit entfernt. Fairneß bedeutet: Seid nett zueinander, ohne Verpflichtung, ohne Verantwortung, völlig ohne Moral. Es gibt nicht wenige, die in dieser Unfähigkeit zur Liebe den moralischen Nihilismus erblicken. Liebe ist eine Kunst, und Könner sind selten. Liebe fällt uns nicht in den Schoß, Liebe ist kein Perpetuum mobile, ein Apparat, der von selbst läuft. Fairneß ist ein kapitalistisches Gebot, denn Betrug und Gaunerei zahlen sich nicht aus. Krumme Geschäfte laufen sich tot. Wirtschaftlicher Erfolg, und davon geht man aus, lohnen sich nur bei einer gewissen Ehrlichkeit und Sauberkeit. Was hat das mit Liebe und Verantwortung zu tun? Nur die Liebe ist die angemessene Antwort auf das Problem der menschlichen Existenz. Eine Gesellschaft, die Fairneß statt Liebe propagiert, wird an sich selbst zugrundegehen.

Die Rad-Theorie der rationalen Liebe

Eine Entmythologisierung der Liebe nimmt der amerikanische Soziologe I. L. Reiss vor. Die Entstehung einer Liebesbeziehung, die für die Bewohner der Fidschi-Inseln ebenso bezeichnend ist wie für einen New Yorker oder einen Eskimo, zeichnet er in ihren verschiedenen Phasen nach, wofür er eine „Radtheorie der Liebe" entwickelt hat.

Die vier Momente einer sich anbahnenden Liebesbeziehung entfaltet er folgendermaßen: Sie beginnt mit einer *Kommunikation*. Zwei Menschen begegnen sich, sprechen miteinander über ernste oder belanglose Dinge. Jeder versucht, sich in den anderen hineinzuversetzen. Zwei Menschen versuchen ihre Gedanken zu erraten, ihre Gefühle einzuschätzen und sich in den anderen einzufühlen. Führt diese erste Kommunikation zu einem günstigen Resultat, fühlt sich jeder in Gegenwart des anderen wohl und gelöst, kommt die Beziehung in die zweite Phase.

Reiss nennt sie *Selbstoffenbarung*. Zwei Menschen vertrauen sich an. Man teilt die Wünsche, Ängste, Hoffnungen, Pläne und Probleme des Partners. Auf dem jeweiligen sozialen und persönlichen Hintergrund entfaltet sich diese Selbstoffenbarung und hat bei allen Menschen individuelles Gepräge. Entscheidend für eine echte Liebesbeziehung ist aber nur das dazugehörige *Sich-Anerkennen-Können*.

Die dritte Phase kennzeichnet er als *gegenseitige Abhängigkeit*. Gemeinsame Erlebnisse, Gespräche und Aktionen bahnen sich an. Man ist aufeinander bezogen, voneinander abhängig, hat wechselseitige hohe oder weniger hohe Erwartungen, und jeder ist auf den anderen angewiesen.

Die vierte Phase bezeichnet er als *gegenseitige Befriedigung*. Hier ist selbstverständlich nicht nur an das Sexuelle gedacht. Alle Grundbedürfnisse nach Zuwendung, Bestätigung, Anerkennung, Ermutigung und Kommunikation sind hier berücksichtigt. Menschen – heißt es – passen emotional zueinander und können miteinander umgehen, um sich gegenseitig ihre vielfältigen Wünsche, Erwartungen, Hoffnungen und differenzierten Bedürfnisse erfüllen zu können. Die kreisförmigen Prozesse, die so aufeinander folgen, werden mit der „Rad-Theorie der Liebe" gekennzeichnet. Die vier Phasen, als kreisförmige Prozesse – Kommunikation, Sich-Anvertrauen, gegenseitige Abhängigkeit und Bedürfnisbefriedigung – setzen sich in einer Liebesbeziehung kontinuierlich fort. Wird die Drehung des Rades durch Verärgerung, Untreue, Eifersucht und Lieblosigkeit unterbrochen, so zerbricht die Liebesbeziehung, und die Kommunikation ist gestört. Für Reiss ist es unverkennbar: „Befriedigende sexuelle Beziehungen können in erheblichem Maße zum Sich-Anvertrauen beitragen und die gegenseitige Bindung des Partners noch vertiefen, doch sie können auf lange Sicht nicht ganz allein eine Beziehung tragen. Fehlen andere Gemeinsamkeiten, so ist diese Beziehung meist nicht von Dauer."[2]

Reiss geht davon aus, daß romantisierende Faktoren der Liebe immer mehr in den Hintergrund treten und „Hollywood-Illusionen" abklingen. Die vier Phasen eines Kreislaufprozesses nennt er im Gegensatz zur romantischen und zur Pseudo-Liebe *rationale Liebe*.

„Bei den anderen Formen der Liebe werden nicht alle Mo-

---

[2] I. L. Reiss, Freizügigkeit, Doppelmoral, Enthaltsamkeit, rororo, 1970, S. 108.

mente des Kreislaufes wirksam: Romantische Liebe beispielsweise entsteht oft schnell, wobei sich das Rad nur einige Male ‚dreht‘, und bei einer sexuell betonten Liebesbeziehung beschränkt sich die Kommunikation weitgehend auf die sexuelle Ebene, während die zahlreichen anderen Ebenen, die in der rational orientierten Liebesbeziehung zum Tragen kommen, ausgeschaltet werden."[3]

Sind alle Speichen des Rades bekannt, kann jeder Partner prüfen, ob die beschriebenen Faktoren vorhanden sind oder vorhanden waren.

Liebesfähigkeit und Gemeinschaftsgefühl

Liebesfähigkeit und verantwortliche Partnerschaft gründen nach Alfred Adler in einem gut fundierten Gemeinschaftsgefühl. Ein ungenügend entwickeltes Gemeinschaftsgefühl beschneidet soziale Beziehungen. Adlers Psychologie ist im Grunde Sozialpsychologie und damit die Grundlage unserer modernen Sozialpädagogik. Das Gemeinschaftsgefühl ist die Achse der Individualpsychologie. Auf diesem Hintergrund kann man sagen, daß Liebesfähigkeit und verantwortliche Partnerschaft Gemeinschaftsfähigkeit erfordern. Gemeinschaftsfähigkeit wiederum benötigt ein gesundes Selbstgefühl und ein ausgeprägtes Gemeinschaftsgefühl. Der Grund zu beiden wird schon in der frühen Kindheit gelegt, die bei Adler die gleiche Bedeutung besitzt wie bei Freud: Nur wird von ihm nicht ihr *sexueller*, sondern ihr *sozialer* Aspekt hervorgehoben.

Der Mensch ist ein Gemeinschaftswesen. Alle seine Probleme hängen von der Einstellung zur Umwelt ab. Der Mensch gehört zu den Lebewesen, die ohne einen engen Zusammenschluß mit ihresgleichen nicht existieren können. Von Natur aus kann er sich nicht *allein* behaupten. Das Gemeinschaftsgefühl ist die grundsätzliche Voraussetzung harmonischer mitmenschlicher Beziehungen. Es ist nicht angeboren, lediglich eine Anlage scheint vorgegeben, die entwickelt, ausgenutzt oder vernachlässigt werden kann. Es hängt beim Erwachsenen nicht davon ab, was er mitbekommen, sondern was er leisten kann. Die seelische Gesundheit des Menschen ist davon abhängig, wie er sich in die Gesellschaft und in die Gemeinschaft einzugliedern vermag.

---

[3] Reiss, a. a. O. S. 110.

Die Erziehung im Elternhaus, in der Schule und im weiteren Leben ist der Grundpfeiler eines guten Gemeinschaftsgefühls. Daraus entwickeln sich Zärtlichkeit, Nächstenliebe, Freundschaft und Liebe. Das Streben nach Macht entfaltet sich verschleiert und sucht sich heimlich und listig auf den Wegen des Gemeinschaftsgefühles durchzusetzen.

Adler hegte allerdings großen Zweifel an der Erziehung in der Familie, er glaubte nicht, daß die Eltern über den nötigen Scharfblick verfügten, um bei ihren Kindern seelische Fehlschläge im Ansatz zu erkennen und durch eine geeignete Behandlung zu bekämpfen. Die Erziehung zu hingebender Liebe muß in der Kinderstube beginnen. Sie ist nie fertig, sie muß immer wieder entfacht und vorgelebt werden. Egoismus, Rücksichtslosigkeit, quälende Eifersucht, Launenhaftigkeit, Mangel an Selbstzucht und Opferbereitschaft machen auch dann zur Ehe ungeeignet, wenn alle sexuellen Tests positiv ausgefallen sind.

Ist das Ziel der Überlegenheit dem heranwachsenden Kinde eingeimpft worden, so werden Partnerschaft und harmonisches Miteinander dem Kinde einmal schwerfallen. Die Überlegenheit über den Lebenspartner wird die Triebfeder der künftigen Partnerwahl sein. Die Gründe, warum zwei Partner nicht miteinander leben können, sind nicht selten die gleichen, warum sie sich gegenseitig angezogen und geheiratet haben. Gegensätze ziehen sich, wie schon gesagt, an: Der starke, dominierende Mann wählt die schwache, unterlegene, hilfsbedürftige Frau. Es kann auch umgekehrt sein. Wegen der Schwäche wird der andere geliebt. Wenn es dann zu Schwierigkeiten kommt, und die sind abzusehen, wirft der eine Partner die ganze Schuld auf den Versager, auf den Schwächling, auf den Hilflosen, den Unmündigen, auf den Unselbständigen und Anlehnungsbedürftigen.

Gemeinschaftsgefühl, Liebes- und Kontaktfähigkeit hängen weitgehend von der Mutter ab. Sie gibt das Modell für unsere späteren Beziehungen ab. Die Verhaltensforschung hat das eingehend an Affenkindern verdeutlicht. Äffchen, die frühzeitig von der Mutter getrennt wurden und mit Stoffpuppen aufwuchsen, zeigten als junge Erwachsene ein gestörtes Sexualverhalten. Sie reagierten krankhaft schüchtern oder aggressiv.

Wie soll der junge Mensch das Leben in seinen Höhen und Tiefen verarbeiten, wenn es ihm nicht zunächst im Elternhaus vorgelebt wird? Wenn die Ehe der Eltern stimmt, wenn die Kinder an Vater und Mutter ein Modell von Mitmenschlichkeit und harmonischer Gemeinschaft erfahren, bleiben negative, „papierene Leitbilder", die zu bestimmten Verhaltensweisen anleiten oder verleiten können, kraft- und wirkungslos.

Die Erziehung zur Partnerschaft ist keineswegs auf die Mutter beschränkt. Nicht nur die Eltern begegnen den Kindern, prägen und erziehen sie, sondern auch das Verhältnis der Eheleute zueinander ist von großer Bedeutung. Sie sind das Muster für zwischenmenschliche Beziehungen im späteren Leben. Denn Glück ist immer gesellschaftlich vermittelt. Zum Glücklichsein bedarf es des anderen. Allein kann man nur der Befriedigung seiner Bedürfnisse nachgehen. Die moderne Sozialarbeit, die soziale Einzelhilfe, trägt diesem Phänomen Rechnung. Im Mittelpunkt stehen die menschlichen Beziehungen. Sie geht davon aus, daß die zwischenmenschlichen Beziehungen eine außerordentliche Bedeutung haben. Sie sind die Haupt-, wenn nicht gar die ausschließliche Quelle wirklichen Glücks. Die Beziehung zwischen Mann und Frau, die als ein Leitthema Musik und Literatur aller Jahrhunderte durchzieht, ist eine der Urquellen menschlichen Glücks. Ein altes Sprichwort sagt, daß der als reichster Mann der Welt gilt, der die meisten echten Freunde hat. Auch in der modernen Industrie hat man erkannt, daß die Beziehungen zwischen Arbeitnehmern und Arbeitgebern, zwischen Wirtschaftsführung und Gewerkschaft, zwischen Arbeitnehmern untereinander viel bedeutsamer für das Leistungsergebnis sind als gute Löhne.

Liebe – Treue – Urvertrauen

Im Industriezeitalter steht die Treue nicht hoch im Kurs. Zuverlässigkeit wird gefordert, aber nicht Treue. Die Treue hat einen Hauch von Mittelalter. Sie erinnert an Ritterlichkeit und „Hohe Minne". Leider ist der Begriff auch von Dichtern erheblich strapaziert und von Politikern mißbraucht worden. Das Wort Treue hängt zusammen mit den Wörtern: Trauen, Trauung, Vertrauen.

Auch das Wort Trug, Mißbrauch des Vertrauens, geht auf den gleichen Tatbestand zurück. Diese Deutung besagt schon, daß die Treue uns nicht in die Wiege gelegt ist, daß sie vererbbar ist. Man *hat* nicht Treue, man *ist* treu.

Treue kann man nicht predigen, Treue muß man leben. Treue wird vom Kind erfahren, wenn die Eltern in gegenseitiger Treue leben. Treue ist mehr als das Gefühl von Liebe, das zwei Menschen füreinander empfinden. Darum schreibt W. Wydler: „So kann ein Mann oder eine Frau sich nicht in der Liebe ihres Gatten wirklich geborgen wissen, sondern nur in der Treue." Treue und Vertrauen bedingen einander. Sie beinhalten ein Gefühl des Sich-Verlassendürfens.

Das Kind, das unbewußt vertraut, der amerikanische Psychoanalytiker E. Erikson nennt das Urvertrauen, das sich geborgen und wohlfühlt, tankt Vertrauen für das ganze spätere Leben auf. Eine Verletzung des Urvertrauens drückt sich beim Erwachsenen im Urmißtrauen aus. Eifersucht und Enttäuschungserwartungen sind die Folge. Das Kind, das nicht nehmen konnte, das Vertrauen nicht genießen durfte, das sich mit dem Gebenden und Schenkenden, also mit der Mutter, nicht identifizieren konnte, reagiert mißtrauisch. Und Mißtrauen ist Eifersucht. Enttäuschungen in der Frühzeit schüren die Enttäuschungserwartungen des Erwachsenenalters. Fehlendes Vertrauen ist der Nährboden jeglicher Eifersucht. Als Kind konnte man sich nicht auf den Geber, auf die Mutter verlassen, später kann man sich nicht auf den Gatten, auf den Freund, auf den Partner verlassen.

Liebe ist eine Kunst – Liebe ist ein Beruf

Der amerikanische Psychologe Erich Fromm hat eines seiner Bücher betitelt: „Die Kunst des Liebens". Kunst hängt mit Können zusammen. Können verlangt Einübung. Liebe fällt uns nicht einfach in den Schoß. Liebe verlangt Können, Anstrengung, Einsatz der ganzen Persönlichkeit. Sie will gelernt, eingeübt und beherrscht werden. Liebe muß sich entwickeln können. Niemand hat die Liebe geerbt. Sie wurde uns nicht wie eine reife Frucht in die Wiege gelegt. Sie muß wachsen, blühen, reifen, sie muß gehegt und gepflegt werden. Es gibt Leute, die glauben, Liebe lerne man von selbst, so wie Atmen und Gehen. Davon kann aber keine Rede sein, vom richtigen Gehen ganz zu schweigen. Und Reifwerden setzt immer ein Sterben voraus: Das Kind in uns muß sterben, wenn ein reifer Mann oder eine reife Frau daraus werden sollen. Bei vielen exotischen Völkerstämmen werden oft komplizierte Riten vollzogen, auf die sich junge Menschen jahrelang vorbereiten, weil – mehr oder weniger unbewußt – Liebe und Reife als menschliche *Aufgaben* erkannt werden. Denn das Ziel der Reife ist, fähig zu werden für die

Liebe, aus dem Kindheitsstadium unvollkommener Liebe in das reife Stadium der Liebe hineinzuwachsen. Diese Aufgabe verlangt Mut und Einsatz. Menschen, die pessimistisch auf ihren Partner zugehen, die entmutigt die Schritte der Liebe tun, werden auf den falschen Partner zugehen. Die Liebe ist unausgereift und in einem infantilen Stadium steckengeblieben.

Liebe ist ein lebenslanger Beruf, den man nicht mit der linken Hand ausüben kann. Liebe erfordert Eigenschaften, die mit menschlicher Reife zusammenhängen. Sie erfordert in erster Linie Fürsorge, Achtung vor der Eigenständigkeit und Freiheit des anderen, Verantwortlichkeit und Verständnis.

Gefühle und Gesinnung

Liebe sollte mehr als unklare Gefühle beinhalten. Gefühle sind instabil, heute so, morgen so. Auf Gefühlen kann man keine Partnerbeziehung aufbauen – sie wechseln wie das Wetter. Gefühle werden von Zufälligkeiten, Äußerlichkeiten und zweifelhaften Motiven gespeist.

Liebe ist immer eine Aufgabe für zwei, sie kann nur gelöst werden, wenn zwei Menschen sich finden, die fähig sind, sich durch ihr ganzes Leben anzuerkennen und zu achten. „Dies und nicht die Lust oder der Besitz sind die Basis für die Liebe. Diese Art von Liebe kann vielleicht dem romantischen Ideal der Liebe nicht entsprechen; aber die Romantik ist keine sichere Basis für ein ständiges Zusammenleben. Sie verschwindet, wie sie kam, früher oder später."[4]

Es ist bezeichnend, daß in der Gegenwart die Bedeutung der *Sexualtriebe* wieder hervorgehoben wird. Man glaubt, sie befriedigen zu müssen wie Hunger und Durst. Die Tatsache, daß zur Liebe Verantwortung gehört, ist zur Karikatur entstellt. Etwas überspitzt formuliert, könnte man sagen: Es ist nicht entscheidend, zu wem man sich hingezogen fühlt, sondern, daß man ja zu ihm sagt, daß man nicht starr und kindlich an seinen Erwartungen und Bedürfnissen festhält und eine lückenlose Wunschbefriedigung erhofft. Viele Liebesbedürftige haben es in der Kunst der Selbsttäuschung weit gebracht. Sie sehen in alle möglichen Menschen ihr Ideal hinein – und erleiden bittere

[4] Rudolf Dreikurs, Grundbegriffe der Individualpsychologie, Ernst Klett Verlag, 1969, S. 173.

Enttäuschungen. Erwartungen sind gut, Erwartungen sind realistisch, aber sie sollten von *reifen* Partnern der Wirklichkeit ohne Groll, ohne Resignation und Entmutigung angepaßt werden. Liebe bedeutet: Verständnis haben für Eigenarten und Unarten, bedeutet: Achtung haben vor der Freiheit und Individualität des anderen. Dieses Verständnis fördert die gegenseitige Annäherung. Es erhöht die Verantwortlichkeit und steigert die Fähigkeit, sich nicht nur mit dem Partner, sondern auch mit den Mitmenschen auseinanderzusetzen, sie in ihrer Eigenart zu verstehen und ein lebendiges Verhältnis zu ihnen zu finden.

Liebe ist eine Gesinnung, die beim anderen Fehler und Versäumnisse nicht zuerst sieht. Liebe spielt nicht gleich mit dem Gedanken der Trennung und Scheidung, wenn Interessen kollidieren, wenn Schwierigkeiten sich auftun und Krisen entstehen. Liebe ist auch Kameradschaft, wenn man darunter versteht, daß sich beide vorbehaltlos annehmen, vorbehaltlos ja zueinander sagen, um die täglichen Schwierigkeiten des Lebens gemeinsam zu meistern. Allerdings meint Kameradschaft von Ehepartnern keineswegs ein Zusammenleben – losgelöst von der körperlichen Liebe. Denn gerade ihre intensivste Gestalt erfährt auch diese kameradschaftliche Partnerbeziehung in der geschlechtlichen Gemeinschaft. Liebe heißt: Zeit zu haben für den Partner, heißt nicht, die Zeit totzuschlagen und sprachlos aneinander vorbeizuleben. Gespräche erfordern Zeit und Geduld, hinhören zu können, erfordern eine Wachsamkeit des Herzens. Wo zwei Menschen nur noch Langeweile verbindet, versandet die Liebe, erstirbt selbst die beglückendste körperliche Gemeinschaft.

Die Liebe beklagt sich nicht über den Partner, über das vermeintliche Unglück und über die Ungerechtigkeit des Schicksals, sondern versucht, bei sich selbst, bei der eigenen Lieblosigkeit, dem eigenen Lebensstil und der falschen Erwartungen den Hebel anzusetzen. Auch die Liebe wird sich hinter der Scheu vor Selbständigkeit, hinter der Scheu vor Verantwortung, hinter der Angst um die eigene Überlegenheit, hinter Hemmungen und Minderwertigkeitsgefühlen verschanzen. Wer nur im Partner Verantwortungsscheu, Machtstreben, Dominanzwünsche, Ordnungsfanatismus oder Entscheidungsunfähigkeit erblickt, bei sich selbst aber alles in Ordnung findet, sollte seine Liebe auf egoistische Ichhaftigkeit untersuchen, sollte sich gegebenenfalls von einem Berater auf seine blinden Flecken aufmerksam machen lassen.

Hat Opas Ehe Zukunft?

Die meisten werden auf Anhieb diese Frage verneinen. Zuviel spricht dagegen. Die Erfahrungen zeichnen allerdings ein anderes Bild. Ein Sog zur Ehe ist unverkennbar. Er verdeckt offensichtlich die Krisenhaftigkeit und Anfälligkeit der gegenwärtigen Einehe. Mit großen Illusionen und vielen „guten Vorsätzen" steuern viele Eheaspiranten den „Hafen der Ehe" an – und erleiden dann doch Schiffbruch.

Seit langem wird der Einehe ein rasches Ende vorausgesagt. Das geforderte Ideal lebenslanger Treue und Liebe, von den Kirchen und vom Gesetzgeber vertreten, entspräche nicht mehr der gelebten Wirklichkeit. Die Ehe sei eine lebenslange Unterdrückungs- und Isolations-Institution, ein Instrument zur Erziehung autoritätsabhängigen Verhaltens, hemme den sozialen Fortschritt, sie sei gegen Mann und Frau – denn „kein Mensch ist von Natur aus monogam" (Leona Siebenschön).

Im Widerspruch dazu steht die soziologische Erhebung, daß von 100 jungen Leuten, die im heiratsfähigen Alter stehen, 96 die Ehe wollen. Noch niemals hat die Ehe in der Geschichte eine so magische Anziehung besessen. Der Psychotherapeut und Individualpsychologe Kurt Seelmann kommentiert:

„Eheberater und Wissenschaftler stellen die Ehe in Frage – die jungen Leute nicht!"

Genau 4 % der deutschen Männer und nur 2 % der deutschen Frauen halten nach einer Umfrage die Ehe für überholt. Diese Zahlen sprechen für sich. Selbstverständlich ist diese Heiratsbegeisterung mit Vorsicht zu genießen. Illusion, Faszination und Imagination spielen eine entscheidende Rolle. Täuschung und Selbstbetrug mangels ausreichender Sexualerziehung sind an der Tagesordnung. Es besteht kein Zweifel, die Ehe ist im Zeitalter der Kleinfamilie zerbrechlicher geworden, die Anforderungen und das Unbehagen haben sich verstärkt. Der Strukturwandel der Gesellschaft und die fortschreitende technisch-wissenschaftliche Zivilisation haben die Labilität der Ehe gefördert.

Die Lebenserwartung des Menschen ist auf 70 Jahre gestiegen. Früher wurden Menschen im Durchschnitt 40 Jahre alt und waren 20 Jahre verheiratet, wobei der Mann zuweilen mehrere Frauen hintereinander heiratete, weil die Sterblichkeit der Frau im Kindbett sehr hoch war. Eine Statistik, die die durchschnittliche Dauer der Lebensphasen einer Ehe zwischen 1890 und 1950 vergleicht, ergibt folgendes Bild: 1890 betrug die Gesamtdauer der Ehe 30,3 Jahre und 1950 41,3 Jahre. Inzwischen dürfte sie nahe an 50 Jahre heranreichen. 1890 betrugen die Ehejahre ohne Kinder nur ein Jahr, und 1950 waren daraus 16,2 Jahre geworden. Heute müssen wir mit 20 Jahren rechnen. Diese Zahl kommt zustande, weil eine wachsende Zahl von verheirateten Paaren kinderlos bleiben und viele auch nach der Verehelichung noch mehrere Jahre als kinderlose Liebespaare leben wollen.

Es ist unverkennbar, daß die Familie ein Durchgangsstadium in der Ehe geworden ist, die Gebärphase bis zum Ende der Familienauflösung umfaßte 1890 die gesamte Ehezeit der Partner. Die heute ins Auge springende lange kinderlose Zeit zu Beginn und in der Endphase der Ehe verlangt eine sexualpädagogische Aufarbeitung. Die Eheleute benötigen einen größeren gesellschaftlichen Kontakt, die Frau eine gute Chance, wieder ihren alten Beruf oder einen anderen aufzugreifen. Eine stärkere emotionale Bindung der Partner aneinander muß gewährleistet sein, damit Ehekrisen in der Lebensmitte, die heute gehäuft auftreten, und langweilige, stagnierende, erlebnisarme Partnerbeziehungen vermieden werden können. Die Sturm- und Drangjahre sind vorüber, die Expansion vor der Lebensmitte abgeschlossen. Die Kinder sind erwachsen und verlassen das Haus, ein Gefühl der Leere und Sinnlosigkeit, Enttäuschung und Lebensangst kann sich einstellen. Besonders der Mann, im Leistungsdruck seines Berufes stehend, ist in seiner Lebensmitte in der Familie ein unbekannter, fremder Mann geworden, der immer weniger Zeit findet, sich um seine Kinder und um seine Frau zu kümmern. Sucht er nach einer vollbrachten Karriere und ihren Enttäuschungen einen Weg zurück, dann sieht er: Frau und Kinder haben sich – ohne ihn – ein eigenes Leben aufgebaut. Die Korrektur des Lebensweges, eine Änderung der bisherigen Leitlinie seines Lebens ist schwer. Hier müssen Mann und Frau verständnisvoll und bedingungslos füreinander da sein, wenn nicht psychische Störungen und körperliche Zusammenbrüche die Schwierigkeiten der Ehe vervielfachen sollen. Auf diesem Hintergrund gewinnt die Partnerwahl und die bis dahin gelebte Partnerschaft eine ungeheure Bedeutung. Sie wird in einer kommenden Sexualerziehung mit eine wichtige, vorbeugende Rolle zu spielen haben.

Es ist bezeichnend, daß sich unsere Gesellschaft um das Gebiet der Säuglingspflege und der Kleinkindererziehung bemüht – zu Recht, daß aber die Probleme der Partnerwahl völlig unzureichend behandelt werden. Lediglich in der Eheberatung sind solche Fragen tiefenpsychologisch bedeutsam.

Der Moralkodex hat sich gewandelt, die Ehe ist geblieben. „Junge Leute erwarten von der Ehe, was sie früher vom Leben erhofften: Glück", sagt der Psychologe Kentler. Und Guido N. Groeger, der Direktor des Evangelischen Zentralinstitutes für Familienfragen in Berlin, schreibt: „Vielleicht stehen die jungen Leute am Beginn eines neuen Kapitels der langen abendländischen Ehegeschichte. Drei Faktoren müssen dabei von vornherein in Rechnung gestellt werden. Der erste ist die augenfällige und deutlich vergrößerte Glückserwartung des einzelnen, das Verlangen, der Wunsch nach intensiverem, erfülltem Leben und Erleben ... Der zweite Faktor ist eine zum Teil magisch anmutende Erwartung an die Ehe selbst. Von ihr wird vielfach die Lösung aller Probleme erwartet. Der dritte Faktor ist die verlängerte Lebenserwartung, die eine Ehedauer bis zu einem halben Jahrhundert ermöglicht – mit einem Partner. Weiß man eigentlich, was verlangt wird, wenn quasi selbstverständlich Treue gefordert wird?"[1]

Die Ehe als Zweckverband

Über die „Urform" der Ehe wissen wir so gut wie nichts. „Aber von einer Promiskuität, einem ordnungslosen Verkehr zwischen den Geschlechtern fehlt jede Spur. Am wahrscheinlichsten ist, daß die Beziehungen von Mann und Frau, also die Ehe, von den Sippen oder Großfamilien gestiftet wurden, sowohl um den Stamm fortzusetzen als auch zwischen den Sippen freundschaftliche, ‚schwägerliche' Verbindungen herzustellen. Von einer

---

[1] Guido N. Groeger, Die jungen Ehen, in: „Ehe" 1/69.

ehelichen Partnerschaft konnte keine Rede sein, sondern die Frau oder die Frauen waren Besitz des Mannes, Liebe wohl mehr eine fakultative Nebenerscheinung."[2]

Ehen waren Institution und Zweckverband, dienten der Zeugung, Pflege und Erziehung von Kindern und wurden von Martin Luther als „Heilmittel gegen die Begierde" oder als „Spital der Siechen" bezeichnet. Immanuel Kant sprach von der „Verbindung zweier Personen verschiedenen Geschlechts zum lebenslänglichen, wechselseitigen Besitz ihrer Geschlechtseigenschaften". Nebenzweck war eine Arbeits- und Wirtschaftsgemeinschaft. Lenin sah in erster Linie politische Aufgaben, und C. A. Sacharoff forderte in erster Linie künstlerische Aufgaben für die Ehe.

Die Personalisierung der Ehe

In jüngster Zeit wurde die Zweckbestimmung der Ehe grundsätzlich kritisiert, Ehegesetze und -institutionen als solche in Frage gestellt. Man betrachtet die Institution der Ehe als starres Korsett, anstelle des Ehe-Vertrages oder der -Stiftung, der -Gesetze und -Schemata tritt eine neue „Modellvorstellung von der Ehe" (Th. Bovet), nämlich die partnerschaftliche Zwei-Einheit der „Eheperson", die vom ständigen Dialog zweier Personen lebt. Bovet schreibt:

„Das bedeutet aber nicht, daß nun Mann und Frau aufhören, als Personen zu existieren und zur ‚Eheperson' verschmelzen, wie das weibliche und männliche Keimzellen tun. Vielmehr lebt die Eheperson, vergleichbar mit dem Proton und dem Elektron im Wasserstoffatom ... So sind auch die klassischen Disziplinen Theologie, Biologie, Psychologie und Recht unzulänglich, um das Ganze zu erfassen, und wir müssen eine selbständige, auf der ‚Kategorie Ehe' aufbauende Ehegemeinschaft oder ‚Gamologie' begründen, die das Phänomen ‚Ehe' als solches wahrnimmt und studiert."[3]

Der Prozeß der Personalisierung oder Verpersönlichung ist das hervorstechendste Merkmal der Neuzeit. Und doch bleiben viele Probleme ungelöst.

---

[2] Theodor Bovet, Ist die Ehe überholt?, in: Reinhold Ruthe (Hrsg.) Ist die Ehe überholt? Claudius Verlag, München 1970, S. 9.
[3] Theodor Bovet, a. a. O. S. 13.

Nach einer Umfrage haben 33 % aller Mütter in der Stadt und 80 % auf dem Lande keinen Urlaub. 40 % der nicht erwerbstätigen Mütter haben kein Taschengeld oder nur eines unter DM 15. Nach einer UNESCO-Umfrage sind in der Bundesrepublik „92 % der Männer mit ihren Ehen zufrieden, 80 % der Frauen dieser Männer aber nicht".[4]

Infolge jahrhundertelanger Unterdrückung ist die Frau daran gewöhnt, im zweiten Rang ihr Dasein zu fristen und mit Unzufriedenheit zu reagieren. Das „verkrüppelte Frauenideal" ist, wie der Schwede Barbow Backber sein Buch genannt hat, noch nicht beseitigt. Mit dem Prozeß der Emanzipierung und Liberalisierung geht ein Kampf gegen Verherrlichung der Mutterschaft, gegen den „Weiblichkeitswahn", gegen obligatorische Mutterliebe einher, die von Sinah Walden als „die letzte heilige Kuh unserer Gesellschaft" angesehen wird. Daß diese verständlichen Bewegungen aber auch eine andere Seite haben, macht der Psychologe W. Metzger deutlich, wenn er den „Mutterberuf" aus psychologischer Sicht beleuchtet und die Untersuchungen der letzten Jahre, was die Mutter-Kind-Beziehung angeht, auf folgenden Nenner bringt.

„Mutterliebe ist obligatorisch nicht von der Gesellschaft aus, mit der man darüber diskutieren könnte, sondern vom Kind aus, das darüber nicht mit sich diskutieren läßt, weil es auch bei der im übrigen sorgsamsten und vollkommensten Versorgung, wenn die Liebe fehlt, seelisch und körperlich verkümmert, verdummt und mit sehr hoher Wahrscheinlichkeit asozial wird."[5]

Um das Kinderproblem zu lösen, hat der englische Biologe Alex Comfort die „konsekutive Polygamie"[6] vorgeschlagen. Er geht davon aus, daß die erste Ehe bestenfalls so lange Bestand haben wird, bis die Kinder aus dem Hause sind. Die Ehepaare, deren Liebe erkaltet ist, bekommen die Freiheit, sich zu trennen und nach neuen Partnern Ausschau zu halten. Und wie steht es mit den alten Menschen in der Ordnung der „konsekutiven Polygamie"? Was wird aus den *alternden* Frauen? Der Mann wird bis ins 7. und 8. Lebensjahrzehnt noch Liebes- und Sexpartnerinnen finden. Die Frau wird diese „Ordnung" bestimmt härter treffen. Viele werden, wenn die Ehe aufgelöst wird, allein leben müssen.

---

[4] René Leudesdorff, in: Ist die Ehe überholt?, S. 19.
[5] Wolfgang Metzger, in: „Die Zeit", 46/68.
[6] Alex Comfort, Krise der Ehe, 1966, S. 14.

Die Ehe hat sich gewandelt und wird sich weiter wandeln, aber sie bleibt eine auf Dauer, Kontinuität und Lebensgemeinschaft angelegte soziale Betätigungsmöglichkeit, eine Kombination von funktionaler Gemeinschaft, von Wohngemeinschaft, Wirtschaftsgemeinschaft, Geschlechtsgemeinschaft, Interessengemeinschaft und Gesprächsgemeinschaft, eine Glaubens- und Überzeugungsgemeinschaft und nicht zuletzt Zeugungs- und Erziehungsgemeinschaft. Auch wenn es kein christlich-kirchliches Recht auf die Ordnung der Einehe gibt, wird niemand die jüdisch-christliche Tradition im Bereich der Personalisierung ernsthaft in Frage stellen. Gegenüber allen Unkenrufen skeptischer Mitbürger hat die Einehe Zukunft, wenn auch unter anderen Voraussetzungen als früher. Eine der repräsentativsten Untersuchungen der letzten Jahre stammt von dem verstorbenen Hamburger Sexualwissenschaftler Hans Giese und seinem Mitarbeiter Gunter Schmidt. Am Schluß ihres Buches über eine Befragung von über 3000 Studenten der Bundesrepublik heißt es: „Die Abweichung von der traditionellen Moral ist zwar beträchtlich, *doch eine sexuelle Revolution hat nicht stattgefunden*... Der Zeitpunkt sexueller Beziehungen wird vor die Heirat verlegt. Zugleich aber herrscht die Meinung vor, daß auch die voreheliche Sexualität monogam sein und in die Ehe münden sollte. Damit ist die Sexualität der meisten unverheirateten Studenten im Wortsinne vor*ehelich*: Sie kopieren und antizipieren ‚Ehe' für den Familienstand ledig... Wo es um die Ehe und Familie geht, sind die Standards der Studenten den traditionellen Vorstellungen noch am engsten verhaftet. Nun ist aber die traditionelle Familienideologie, die auf monogame, lebenslange, treue, fertile Ehe abzielt, letztlich der Kristallisationspunkt der traditionellen Moral; dieser Kern wird von den meisten Studenten prinzipiell akzeptiert."[7]

Zu ähnlichen Ergebnissen kam die Gießener Soziologin Helge Pross, die mit einem Team von Meinungsforschern 1970 die Ehe in der Bundesrepublik unter die Lupe nahm. Im Auftrag der Illustrierten „Stern" reisten monatelang die Befrager durch die Bundesrepublik und förderten ein erstaunliches Ergebnis zutage. Frau Pross kommentiert das Resultat dieser Recherchen:

[7] H. Giese / G. Schmidt, Studenten-Sexualität, rororo, 1968, S. 394.

„Wir hatten ja mit einer großen Zustimmung der Deutschen zur Ehe als Institution gerechnet, aber selbst unsere optimistischsten Erwartungen haben sich als zu pessimistisch erwiesen. Die Masse der Befragten hat eine nachgerade überwältigende, man könnte sagen erdrückend positive Einstellung zur Ehe."[8]

Man versteht die Ehe nicht als Zwangsanstalt. Die meisten Deutschen laut dieser Befragung – und das sind 86% – sehen in ihr eine unzerstörbare, ewige Institution, die es immer gegeben habe und die es immer geben werde. Nochmals Helge Pross:

„Der Gedanke, es könnten sich unter anderen gesellschaftlichen Bedingungen auch andere Formen der Partnerbeziehung entwickeln, kommt den meisten Befragten nicht. Allmählich neige ich zu der Annahme, daß die Ehe in den letzten hundert Jahren nie so gesichert war wie augenblicklich."[9]

Gefährdet die Freizügigkeit vorehelicher Beziehungen die Institution Ehe?

Sexuelles Chaos, sittliche Verwahrlosung und das Ende der Zivilisation sind von ungezählten Autoren prophezeit worden. Aber gehen diese Pessimisten von richtigen Voraussetzungen aus? Wie sieht die Wirklichkeit aus? Greifen wir noch einmal auf Untersuchungen zurück, die in den letzten Jahren in Amerika erstellt und analysiert wurden. Nirgendwo finden wir eine Bestätigung für entsprechende Thesen. Viele Fachleute haben seit langem behauptet, voreheliche Beziehungen würden die Institution Ehe zerstören: Warum sollten junge Leute noch heiraten, wenn sexuelle Beziehungen auch ohne Ehe zu haben seien. Oder man sagt, voreheliche Beziehungen müßten zur Promiskuität führen und wären so reizvoll und unverbindlich, daß eheliche Beziehungen langweilig würden. Diese Behauptungen sind samt und sonders nicht stichhaltig. Das Hauptmißverständnis liegt offenbar darin, daß die sexuell-körperlichen Beziehungen der zukünftigen Eheleute viel zu hoch bewertet und die seelischen Faktoren unterbewertet werden.

Daß die Motivationen andere Ziele verfolgen und nicht in erster Linie sexueller Natur sind, macht der amerikanische Sozio-

---

[8] Aus: „Stern" 26/70.
[9] Aus: „Stern" 26/70.

loge I. L. Reiss deutlich, wenn er 1962 die Verhaltensmuster der Sexualität und die vorehelichen sexuellen Standards folgendermaßen analysiert:

„Heute werden bei uns Ehen größtenteils aus Liebe geschlossen. Das bedeutet, daß eine personale und nicht allein eine sexuelle Partnerbeziehung besteht. Die meisten Menschen – vielleicht nicht alle – brauchen die Bindung an andere Menschen... das ist der entscheidende Punkt: Die Unvollkommenheit des einzelnen und sein Bedürfnis nach einer sicheren gesellschaftlich gebilligten Beziehung zu jemandem, den man liebt, ist immer noch das wichtigste Motiv für eine Heirat. Die Institution der Ehe ist unabhängig davon, ob nun voreheliche Beziehungen akzeptiert werden oder nicht." [10]

Reiss geht davon aus, daß „Freizügigkeit bei Zuneigung" in vieler Hinsicht außerehelichen Beziehungen entgegenstünde. Für diese Behauptung liefert Schweden eine nachprüfbare Bestätigung. Kalvesten und Zetterberg haben herausgefunden, daß eine großzügige Einstellung zum vorehelichen Geschlechtsverkehr mit einer restriktiven Einstellung zum Ehebruch Hand in Hand geht. Die deutschen Untersuchungen von Giese und Schmidt des Sexualverhaltens deutscher Studenten weisen eine ähnliche Relation auf. Daß außereheliche Beziehungen nicht unbedingt mit vorehelicher Praxis zusammenhängen müssen, haben auch die Autoren Burgess und Wallin festgestellt [11]. Oft sind die Interpretationen zu oberflächlich, die Hintergründe zu wenig analysiert. Beide Forscher kamen jedenfalls zu dem Ergebnis, daß neben den sexuellen Bedürfnissen in erster Linie Rachegelüste, Anhebung des sozialen Status, Verteidigung der Unabhängigkeit und andere Zwecke eine Rolle spielten.

Von der Großfamilie zur Kernfamilie

Das industrielle Zeitalter hat die traditionelle patriarchalische Familie zerstört. Die Familie änderte sich von der Produktionsgemeinschaft zur Konsumgemeinschaft, und die Basis der modernen Familie ist nicht mehr *ökonomisch*, sondern *personal* bestimmt. In der vorindustriellen Zeit war die wichtigste Einheit

---

[10] I. L. Reiss, Freizügigkeit, Doppelmoral, Enthaltsamkeit, rororo, 1970, S. 137.
[11] E. W. Burgess / P. Wallin, Engagement and Marriage, New York, 1953.

der Gesellschaft die Großfamilie. Hier wohnten die Verwandten des Inhabers einer wirtschaftlichen Vollstelle, der in der Regel selbständiger Kaufmann, Handwerksmeister oder Hofbesitzer sein mußte, unter einem Dach zusammen und arbeiteten in seinem Betrieb mit. Dazu gehörten die Eltern des Besitzers, die Geschwister seines Vaters, seine eigenen Geschwister und seine Kinder sowie die Gesellen, Knechte und Mägde des Hauses. Verheiratet von allen Genannten war einer, der Inhaber der Vollstelle. Nur ihm wurde die Heiratserlaubnis erteilt. Das galt mit geringen Ausnahmen bis ins vorige Jahrhundert. Erst 1868 wurden alle wesentlichen Beschränkungen aufgehoben, 1919 beseitigte die Reichsverfassung die letzten dieser durch die Entwicklung der Produktionsverhältnisse überholten Bestimmungen. Jeder, der die Volljährigkeit erreicht hatte, konnte jetzt heiraten. Und eigentlich setzte sich erst nach dem Ersten Weltkrieg die Liebesheirat gegenüber der Vernunftheirat durch. Der Säkularisierungsprozeß der industriellen Revolution durchlöcherte das Fruchtbarkeitsideal der christlichen Kirchen („seid fruchtbar und mehret euch"), und die sich allmählich verbreitende Empfängnisregelung brachte die Geburtenziffern erheblich zum Sinken. Gegenüber der „Verfügungsgewalt über die Kinder" wird in der Gegenwart die „Eigenständigkeit der Kinder" betont[12]. Gerhard Wurzbacher spricht sogar von einer „zentralen Stellung" des Kindes in der heutigen Familie. Das vorherrschende Leitbild war die väterliche Autorität. Jede Vorgesetztenposition wurde an diesem Leitbild gemessen und mit der Vaterrolle identifiziert.

„Die berufliche, kirchliche und staatliche Hierarchie war eine Hierarchie der Väter. Vom Familienvater über den Landesvater und den Heiligen Vater bis hin zum himmlischen Vater war die Autorität einheitlich begründet."[13]

Die väterliche Autoritätsstruktur ist heute weitgehend geschwunden, anstelle der väterlichen Autorität ist die Sachautorität getreten, oder wie Max Weber definiert, die „rationale Herrschaftsordnung hat die traditionelle" verdrängt.

[12] Gerhard Wurzbacher, Leitbilder gegenwärtigen deutschen Familienlebens, ³1958, S. 163.
[13] Siegfried Keil, Sexualität, Kreuz Verlag, 1966, S. 100.

Mehrere sozialistische Staaten haben in den letzten Jahren neue Ehe- und Familiengesetze erlassen (CSSR, Polen, DDR, zuletzt die Sowjetunion am 1. 11. 1969). Alle sozialistischen Staaten begreifen die Ehe als einen auf Lebenszeit aus freiem Willen zwischen zwei Menschen geschlossenen Bund.

„Die Monogamie wird überhaupt nicht angezweifelt", schreibt der DDR-Professor Rudolf Neubert[14]. Und der Sowjetrusse A. Chartschew beurteilt die heutige Familie so:

„Die Familie der kommunistischen Gesellschaft wird manch eine der Besonderheiten und Funktionen verloren haben, die ihr in der Vergangenheit eigen waren oder heute noch eigen sind. Doch kann man hierin unter keinen Umständen ein Anzeichen für das ‚Absterben' der Familie erblicken, wohl aber die Bedingung dafür, daß sie ihrer vornehmsten Bestimmung besser gerecht wird: Hort der Liebe und des persönlichen Glücks zu sein und die Kinder, die junge Generation, zu erziehen."[15]

Wie hoch gerade die Sowjetunion die Familie einschätzt, wird daran deutlich, daß sie im Frühling 1970 das erste Institut für Ehe und Familienkunde gründete und die erste Eheberatungsstelle mit Psychologen, Soziologen, Psychiatern und Pädagogen einrichtete. Die Propagierung der freien Liebe in den zwanziger Jahren wurde schon 1938 durch eine rigorose Ehe- und Familiengesetzgebung revidiert.

Kommune und Gruppenehe

Ein weiterer Reformversuch sind die neuzeitlichen Großfamilien und Kommunen. Die Kommune wird definiert als Wohn- und Lebensgemeinschaft von mehr als zwei erwachsenen Menschen verschiedenen Geschlechts. Ihre Verfechter argumentieren, daß sie entspannter, freier, unabhängiger und rationeller sei. Sie biete bessere Entfaltungsmöglichkeiten, vermittle ein neues Lebensgefühl in der Gemeinschaft und sei das Modell der Zukunft und die Gemeinschaftsform von morgen. Ihre Befürworter wollen aus geistiger und räumlicher Enge herauskommen, wollen ver-

---

[14] Rudolf Neubert, in: „Ist die Ehe überholt?", S. 102.
[15] A. Chartschew, Familie im Kommunismus, 1960, S. 24.

hindern, daß frustrierte Mütter neurotische Kinder haben und einseitig mit Kochtopf und Brutgeschäft engagiert sind. Sie kämpfen für antiautoritäre Lebensformen in einer autoritären Gesellschaft, gegen „repressive Zweierbeziehungen" und bejahen eine kollektive Sexualität. Sie sehen in der gegenwärtigen Kleinfamilie lediglich einen Stabilisierungsfaktor bestehender Gesellschaftsverhältnisse und in den Wohngruppen Zellen, in denen eine vernünftige Gesellschaftsordnung vorweggenommen werden kann und von denen gesellschaftsverändernde Wirkungen ausgehen.

Aber selbst linken Sexualrevolutionären wie dem Psychoanalytiker Reimut Reiche sind hier Bedenken gekommen. In seinen Untersuchungen über Kommunen in Deutschland schreibt er: „Eine klassische Familienfunktion kann der hier skizzierte Kommunetyp nur schwer oder gar nicht übernehmen: die Kinderaufzucht. Es gibt in den hochentwickelten Industrieländern kaum ein Beispiel eines praktizierten Modells frühkindlicher Sozialisation außerhalb der Familie, das signifikant befriedigendere Resultate erbracht hätte als die durchschnittlichen Fälle von Familiensozialisation."[16]

Viele Autoren trennen scharf zwischen Großfamilien und Kommunen, wonach wechselseitige Partnerbeziehungen in den Großfamilien und Wohngemeinschaften verpönt sind. Man hat vielfach gemeinsame Ziele und Aufgaben, weil man davon ausgeht, daß gegenseitige Sympathie für einen krisenfesten Zusammenschluß nicht ausreicht. In Deutschland gibt es eine Reihe christlicher Wohngemeinschaften und Sozietäten mit missionarischen und sozialen Zielen, die sich bewährt haben und über das Stadium des Experiments hinausgelangt sind.

Die Verfechter der Kommunen gehen von der berechtigten Erkenntnis aus, daß die Sexualität des Menschen nicht durch Instinkte gesichert ist. Sie ist für den Menschen verfügbar, von ihm variierbar und manipulierbar. Sie läßt sich unter politischen und wirtschaftlichen Interessen verändern und lenken. So haben die kulturanthropologischen Forschungen von Benedict, Malinowski, Mead und anderen ergeben, daß in verschiedenen Kulturen verschiedene Ausprägungen des Verhaltens verschiedene Ausformungen menschlicher Intimgemeinschaften in Relation zu den bestehenden gesellschaftlichen Verhältnissen gebildet ha-

---

[16] Reimut Reiche, Sexualität und Klassenkampf, Verlag Neue Kritik, 1968, S. 57.

ben. Daher auch die Schlußfolgerung, daß die monogame Dauerverbindung von Mann und Frau nicht durch die Natur des Menschen bedingt ist. Auch entwicklungsgeschichtliche Zusammenhänge zwischen lebenden Primaten und den Menschen geben keine Erklärung für die Monogamie. Bestenfalls könnte der Gibbon ein tierischer Vorfahre des Menschen sein, weil man bei ihm eindeutige Dauerverbindungen von Männchen und Weibchen findet.

Die Großfamilie hat zweifellos Vorteile. Besonders für Menschen, die an unterentwickelter Ich-Stärke leiden, gibt die Gruppe ein Gefühl kollektiver Sicherheit und vermindert das Gefühl der Isolierung. Gegenüber der Kleinfamilie bestehen mehr Möglichkeiten der persönlichen Entfaltung. Es stehen mehr Erwachsene zur Verfügung, es gibt also mehr Verhaltensmuster zur Identifikation. Daher fassen die Ideologen der Kommunen ihre Kritik an der bürgerlichen Kleinfamilie so zusammen:

„Starke emotionale Bindungen des Kindes an die Eltern als einzig relevante Identifikationsobjekte,
frühe Entwöhnung von der Mutterbrust,
strenge Reinlichkeitserziehung,
Verneinung und Unterdrückung der kindlichen Sexualität, geringer Freiheitsspielraum aufgrund der Wohnverhältnisse und der Ruhebedürfnisse der Eltern,
wenig Kontakt mit anderen Kindern,
durch diese Individualisierung bilden sich Egoismus, Besitzstreben bei gleichzeitiger Abhängigkeit, keine Ausbildung spezieller Fähigkeiten,
durch die Unterdrückung der kindlichen Bedürfnisse wird die Entwicklung spezieller Fähigkeiten gehemmt und die Intelligenz vernachlässigt."[17]

Auch für die Linken gilt die Familie als wichtigste Sozialisierungsinstanz. Besonders in der ersten Phase der Sozialisation, die etwa mit dem sechsten Lebensjahr abgeschlossen ist, soll die Grundlage für spätere Entwicklungsmöglichkeiten gelegt werden. Mit Leidenschaft kämpfen sie gegen die autoritäre Struktur der Kleinfamilie, die demokratiefeindliche Untertanen heranbilde. Wie der Vietnam-Kongreß 1968 der Beginn der antiautoritären Kinderladenarbeit in Berlin war, so haben die Großfamilien

---

[17] Berliner Kinderläden, Kiepenheuer und Witsch, 1970, S. 13.

in Vietnam eine beispielhafte Bedeutung für die Kommunengründung in Deutschland. Immer wieder stoßen wir auf die tiefenpsychologischen Erkenntnisse, daß die Frühphase der Kindheit, die symbiotische Mutter-Säugling-Verbindung für den Sozialisationsprozeß von entscheidender Bedeutung ist, und von den Verfechtern dieser Form von Lebensgemeinschaft realisiert werden soll. Zweifellos sind die Großfamilien in Vietnam ein wirtschaftliches Erfordernis, um mit primitiven Arbeitsgeräten den Reisanbau und die notwendigen Eindämmungs- und Bewässerungsanlagen kollektiv in Gang zu halten. Die erweiterten Familien mit Großeltern, Onkel, Tanten, Vettern und Cousinen, die auf Gedeih und Verderb zusammenhalten, bilden ein großes Potential für Kinderpflege und Aufzucht und verhindern die vorzeitige Entwöhnung des Säuglings von der Mutterbrust, wie das in Kleinfamilien, wo beide Eltern arbeiten, der Fall ist. Sie verhindern weiterhin eine vorzeitige Reinlichkeitsdressur, die mit Züchtigungen und Androhungen von Liebesentzug einhergehen. Diese Versagungen sind ja darum sozialtypisch, weil die Eltern arbeiten müssen, stark ruhebedürftig sind, sie dann zu härteren repressiven Maßnahmen greifen, den Lernprozeß der Kinder behindern, die spätere Liebesfähigkeit beschneiden, die Aggressionsbereitschaft fördern usw. Eine Kette ohne Ende. Man kann solche Argumente nicht mit einer Handbewegung vom Tisch fegen. Sie wollen gehört, diskutiert und verarbeitet werden. Allerdings bezweifle ich, ob eine „Zertrümmerung der bestehenden repressiven Institutionen, eine Überführung der Produktionsmittel in die Kontrolle der Gesellschaft" diese Probleme lösen werden, wie radikale Ideologen linker Prägung fordern.

Daß die Kommunen auch die sexuellen Probleme nicht gelöst haben, macht ein schriftlich formuliertes Eingeständnis deutlich: „Problematischer ist es, etwas Eindeutiges über die positiven Wirkungen des kollektiven Lebens auf die Sexualität zu sagen. Auf diesem Gebiet kontrastieren die Erwartungen auf größtmögliche subjektive Befriedigung wahrscheinlich am stärksten mit dem, was die Kommune zu leisten vermag ... Für viele wird der Wunsch nach einer befreienderen Sexualität das Hauptmotiv für ein kollektives Wohnen bleiben. Wahrscheinlich ist es aber in der Gegenwart nicht möglich, diesen Wunsch durch promiskuöse Verbindungen in der Kommune zu befriedigen. In der Praxis aller uns bekannten Wohnkollektive hat es nie für längere

Zeit so etwas wie eine Gruppen-Sexualität gegeben... Unsere Erfahrungen lassen sich dabei in zwei Richtungen beschreiben: Das Zusammenleben in einer Gruppe schafft Voraussetzungen für ein befriedigendes, länger dauerndes Liebesverhältnis zwischen zwei Menschen, was offenbar unserer Bedürfnisstruktur am gerechtesten wird. Es besteht eine größere Chance für eine menschliche Beziehung, die nicht so sehr durch äußere Zwänge bestimmt und zementiert wird, sondern durch das Interesse an der Person des Partners, und die wahrscheinlich auch weniger irrational zu lösen ist, wenn das sinnliche Interesse aneinander erlischt... Der Beitrag der Kommune zur Befreiung der Sexualität ist also gewiß begrenzt."[18]

Das sind die Schlußsätze eines Buches, in dem die Linken selbstkritisch das Kommuneleben analysiert haben. Es sind zweifellos die extremsten Wohnkollektive, die sich von Großfamilien dadurch unterscheiden, daß sie über die alten repressiven Familienformen hinausgehen und die Befriedigung der eigenen individuellen Bedürfnisse verbinden mit dem politischen Kampf gegen die Quellen ihrer Unterdrückung, wie sie meinen.

Zusammenfassung über Einehe und Kleinfamilie

Nach Untersuchungen des EMNID-Institutes für Sozialforschung, die 1966 veröffentlicht wurden, spiegelt die Familiensituation ein Bild zunehmender Normalisierung der Familie in unserer Gesellschaft wider. 82% der Befragten leben in voll intakten Familien. In 4% der Fälle leben die Eltern geschieden. Diese Zahlen sagen allerdings wenig über die Anfälligkeit und Krisenhaftigkeit der Klein-, Kern- oder Gattenfamilie. Eine Aufschlüsselung der Zahlen aus Amerika ergibt beispielsweise folgendes Bild:

„Etwa zur gleichen Zeit, in der Mitte des Jahres 1955, gab es 3,3 Millionen Kinder unter 18 Jahren – das sind 5,9% der Gesamtbevölkerung –, deren Eltern geschieden waren und nur 2,7 Millionen Waisen. Also mußten sich in diesem Zeitraum etwa 6 Millionen minderjährige Kinder an diese Hauptformen familiärer Desorganisation anpassen."[19]

---

[18] Kommune 2, Oberbaumpresse, Berlin, 1969, S. 309f.
[19] Paul H. Jacobsen, American Marriage and Divorce, New York, 1959, S. 129ff.

Hier wird Desorganisation definiert als Verfall der Familiengruppe, die Auflösung und der Zusammenbruch der Struktur sozialer Rollen. Die Familie wird zur Attrappe. Man wohnt weiterhin zusammen. Interaktion und Kommunikation sind auf ein Minimum beschränkt. Es fehlt die emotionale Nähe und Wärme. Die Scheidungsprozesse sind in den letzten 50 Jahren in allen westlichen Ländern angestiegen. In den USA und in Deutschland um das Dreifache, in Australien um das Siebenfache, in Schweden um das Zehnfache und in England und Wales um das Dreißigfache[20].

Es ist aber naiv, zu glauben, daß bei einer Scheidungsquote von einem Viertel bis zu einem Drittel aller Ehen das Ideal der Monogamie nicht hoch im Kurs stünde. Erhebungen der jüngsten Zeit, wie wir sie eben besprochen haben, sprechen unmißverständlich für den hohen Wert, den man der Einehe beimißt, auch wenn man die überhöhten Wunschvorstellungen als unrealistisch begreifen muß. Die Gattenfamilie ist nach Meinungen der Soziologen den Anforderungen der Industriegesellschaft besser angepaßt. Die Verwandtschaftsbeziehungen sind nicht so eng, und die geographische Mobilität ist größer als in Großfamiliensystemen. Auch die Betonung der Emotionalität kommt innerhalb der Gattenfamilie den Anforderungen des Industriestaates entgegen. Automatisierung und geringe Befriedigung der Arbeit geben dem Arbeiter die Möglichkeit, in der Familie eine seelische Balance zu finden.

Auch Theodore Lidz, Psychologe an der Yale-Universität, ist davon überzeugt, daß die Kernfamilie der modernen Industriegesellschaft Erziehungsaufgaben besser wahrnehmen kann als eine neuformierte Großfamilie. Er verkennt nicht die Problematik und die Mängel der Kernfamilie, wenn er schreibt:

„Die moderne Familie, der eine sichere und einheitliche Tradition fehlt und die vom Zusammenpassen der beiden Elternpersönlichkeiten abhängt, ist vielen Belastungen und Unsicherheiten ausgesetzt, die an die in ihr aufwachsenden Kinder weitergegeben werden. Dennoch erweist sich gerade diese Familienform trotz aller ihrer Mängel der vom wissenschaftlichen Fortschritt angetriebenen Gesellschaft als überraschend gut angepaßt. Eine Rückkehr zu einer großfamiliären Form würde den

---

[20] William J. Goode, Soziologie der Familie, Juventa Verlag, München 1967, S. 173.

heutigen Anforderungen widersprechen. Wir brauchen eine Familie mit einem Potential zur Veränderung und zugleich einer grundlegenden Stabilität, eine Familie im dynamischen Gleichgewicht... Fassen wir zusammen: Sowohl die Anpassungsfähigkeit des Menschen als auch die Kontinuität der Kultur, die Träger seines Erbes an institutionellen Techniken hängen in hohem Maße von der Integrität der Familie ab. Die Struktur der isolierten Kernfamilie, die sich im Zuge von Verstädterung und Industrialisierung gebildet hat, ist besser als die Großfamilie dazu geeignet, ihre Nachkommenschaft mit jenem Anpassungsvermögen auszurüsten, das in einer sich rasch wandelnden Welt erforderlich ist."[21]

Gewiß, der modernen Kleinfamilie fehlt es an bewährten Gebräuchen und der unbewußten Überzeugung, daß die Lebensweise der Familie die richtige Lebensweise ist. Es fehlen ihr die Erfahrung der Kinderaufzucht und das bewährte Traditionsgut. Gleichzeitig ist das aber ein großer Vorteil. Das brüchig gewordene Traditionsgut und die Macht der starren Konventionen werden durch jeweils neue Generationen stärker abgeschwächt. Die Anpassung an ständig sich verändernde Lebensbedingungen ist größer.

Abschließend soll die Stimme eines Psychotherapeuten die gegenwärtige Situation von Ehe und Familie beleuchten:

„So gefährdet Ehe und Familie in unserer Zeit sind, herrscht doch Übereinstimmung unter Tiefenpsychologen und Soziologen, daß diese Institutionen nicht als veraltet und überholt betrachtet werden dürfen. Im Gegenteil: Bei der Überwindung der Zeitkrise geht es wesentlich um eine Erneuerung und eine Vertiefung der Beziehungen von Mann und Frau in ihrer Rolle als Partner wie als Vater und Mutter."[22]

Zweifellos hat sich der Moralkodex gewandelt, aber die „feste Bindung steht im Vordergrund" (Viggo Graf Blücher) sowie das monogame voreheliche Verhalten. Die Ehe hat eine nie dagewesene Attraktivität erreicht. Und es ist jetzt Sache der Eltern, Erzieher, Lehrer und Sexualpädagogen, die Partnerschaftsbeziehungen junger Menschen vor der Ehe auf dem Vorwege fruchtbarer und konfliktfreier gestalten zu helfen.

[21] Theodore Lidz, Familie und psychosoziale Entwicklung, S. Fischer Verlag 1971, S. 212.
[22] Wilhelm Bitter, Der Verlust der Seele, Verlag Herder 1969, S. 95.